Grundlagen des Destinationsmanagements

von

Prof. Dr. Bernd Eisenstein

2., überarbeitete Auflage

Oldenbourg Verlag München

Lektorat: Thomas Ammon
Herstellung: Tina Bonertz
Titelbild: thinkstockphotos.de
Einbandgestaltung: hauser lacour

Bibliografische Information der Deutschen Nationalbibliothek
Die Deutsche Nationalbibliothek verzeichnet diese Publikation in der Deutschen Nationalbibliografie; detaillierte bibliografische Daten sind im Internet über http://dnb.dnb.de abrufbar.

Library of Congress Cataloging-in-Publication Data
A CIP catalog record for this book has been applied for at the Library of Congress.

© 2014 Oldenbourg Wissenschaftsverlag GmbH
Rosenheimer Straße 143, 81671 München, Deutschland
www.degruyter.com/oldenbourg
Ein Unternehmen von De Gruyter

Gedruckt in Deutschland

Dieses Papier ist alterungsbeständig nach DIN/ISO 9706.

ISBN   978-3-486-72509-4
eISBN 978-3-486-77995-0

Vorwort

Der durch die veränderten Rahmenbedingungen intensivierte Wettbewerb der touristischen Destinationen hat zu einer umfassenden Diskussion rund um die Frage geführt, wie insbesondere traditionelle Destinationen den neuen Anforderungen gerecht werden können. Zahlreiche Veröffentlichungen der letzten Jahre versuchen, diese Frage zu beantworten, und beschäftigen sich mit dem Konzept des modernen Destinationsmanagements.

Auch wenn dessen Grundzüge erklärt werden, so steht das moderne Management der Destination dabei nicht im Mittelpunkt der vorliegenden Publikation. Es wird im Folgenden vielmehr dargelegt, welche Rolle dem touristischen Zielgebiet im System Tourismus zufällt und welche Wirkungen der Tourismus im Zielgebiet entfalten kann. Es wird aufgezeigt, wie sich die Nachfrage nach Reisezielen darstellt, welche Phasen der touristischen Entwicklung ein geografischer Raum durchlaufen kann und welche Bestandteile als Produktionsfaktoren eine Rolle für die Wettbewerbsfähigkeit der Destination spielen.

Dieses Buch will ein Grundverständnis für das „Produkt Reiseziel" im Sinne eines touristischen Raumes vermitteln. Es soll als Grundlage für die spätere, tiefergehende Auseinandersetzung mit den Problembereichen und Lösungsansätzen des Managements von Tourismusorganisationen und Destinationen dienen.

Für Unterstützung und Anregung gilt mein Dank Christian Eilzer, Alexander Koch, Wolf Schlumbaum, Katrin Sievers, Anna Eva Ludwig und dem ganzen IMT-Team.

Für die hier vorliegende Neuauflage wurden zahlreiche Daten aktualisiert. Zudem wurden inhaltliche Überarbeitungen und Ergänzungen vorgenommen. Wesentliche Neuerung ist die Aufnahme einer Auswahl zukünftiger Herausforderungen des Destinationsmanagements, die nun das Kapitel 5 abrunden. Bedanken möchte ich mich bei Rebekka Schmudde, die mich bei der Erstellung ebenso zuverlässig wie umfänglich unterstützt hat.

Heide/Holstein, Juni 2013   Prof. Dr. Bernd Eisenstein
                                                          FH Westküste

                        Für Smilla

Fotos: Madlen Kayserling; 23821 Rohlstorf

Inhaltsverzeichnis

1 Das Reiseziel – Stellung im System Tourismus

Lernziele ◎

Am Ende dieses Kapitels sollten Sie Folgendes können:

- das Reisen als gesellschaftliches Phänomen begreifen;

- das System Tourismus als offenes System mit Wechselwirkungen zu zahlreichen Umweltbereichen erläutern;

- das Reisen als Nachfrage nach Räumen erkennen;

- die Einordnung des Reiseziels im System Tourismus vornehmen;

- den Begriff der Destination definieren.

Weitere Informationen unter **www.tourismus-grundlagen.de**

1.1   Das industriegesellschaftliche Lebensmodell

Der Tourismus umfasst alle Phänomene im Zusammenhang mit dem Verlassen des gewöhnlichen Aufenthaltsortes und dem Aufenthalt an einem anderen Ort[1] – dem **Reiseziel**. Dieser zeitlich befristete Aufenthalt von Personen an einem Ort außerhalb der gewohnten Umgebung zählt – neben dem Ortswechsel selbst und dem Motiv für den Ortswechsel – zu den **drei konstitutiven Elementen** des Tourismus.[2] In den Modellen zum Tourismus nimmt das Reiseziel dementsprechend eine zentrale Stellung ein.

Modelle, mit denen versucht wird, den Tourismus in seiner Gesamtheit zu erfassen und in einem gesellschaftlichen Kontext darzustellen, beziehen sich häufig auf Ansätze der Systemtheorie.[3] Zur Einordnung des „Reisens an einen anderen Ort" bietet sich zunächst das **industriegesellschaftliche Lebensmodell** von Krippendorf[4] an (siehe Abb. 1.1): Die Lebensbereiche Arbeit – Wohnen – Freizeit – Reisen sind als Subsysteme in ein übergeordnetes System integriert, das wiederum aus vier Bereichen (Gesellschaft, Umwelt, Wirtschaft, Staat) besteht, zwischen denen zahlreiche **Wechselwirkungen** existieren.

Das Modell verdeutlicht, dass der Mensch (der westlichen Gesellschaft) ein „Pendler" zwischen Alltag und Gegenalltag ist. Aufgrund kontinuierlicher Spannungsverhältnisse der Bedürfnisse (z. B. Freiheit und Sicherheit/Anregung und Entspannung) ist er stetig auf der Suche nach einem Gleichgewicht zwischen diesen Bedürfnissen.[5]

Augenscheinlich sind private Reisen von großer Bedeutung, um dieses Gleichgewicht zu erlangen. Der Aufenthalt am Reiseziel wird dabei zu einem alternativen Lebensmodell zur Situation am Heimatort. Er wird zum Gegenentwurf der Alltagskultur und die Vorstellungen darüber können realitätsferne Züge annehmen. Thiem spricht in diesem Zusammenhang von der „**Utopie der Ferienkultur**"[6] (siehe Abb. 1.2). Die Reiseziele fungieren als Gegenpole zur Alltagswelt; ihre Angebote sind Lösungsmöglichkeiten bei der nachfrageseitigen Suche nach *dem* „Zauberort"; dem Ort, an dem die Bedürfnisse erfüllt werden, deren Befriedigung im Alltag zu kurz kommt. Die verschiedenen „Zauberorte" wiederum konkurrieren miteinander um die Chance, vom potenziellen Nachfrager als Reiseziel ausgewählt zu werden.

---

[1]   Gemäß des weiten Tourismusbegriffs nach Freyer, W. (2011), S. 4.
[2]   Vgl. Freyer, W. (2011), S. 2; Schmude, J./Namberger, P. (2010), S. 2,
[3]   Unten einem „System" wird laut Ulrich, H. (1968, S. 105) „eine geordnete Gesamtheit von Elementen verstanden, zwischen denen irgendwelche Beziehungen bestehen oder hergestellt werden können."
[4]   Vgl. Krippendorf, J. (1984), S. 29.
[5]   Zur Modellbeschreibung vgl. Müller, H. (2008), S. 19f.
[6]   Thiem, M. (1994), S. 207.

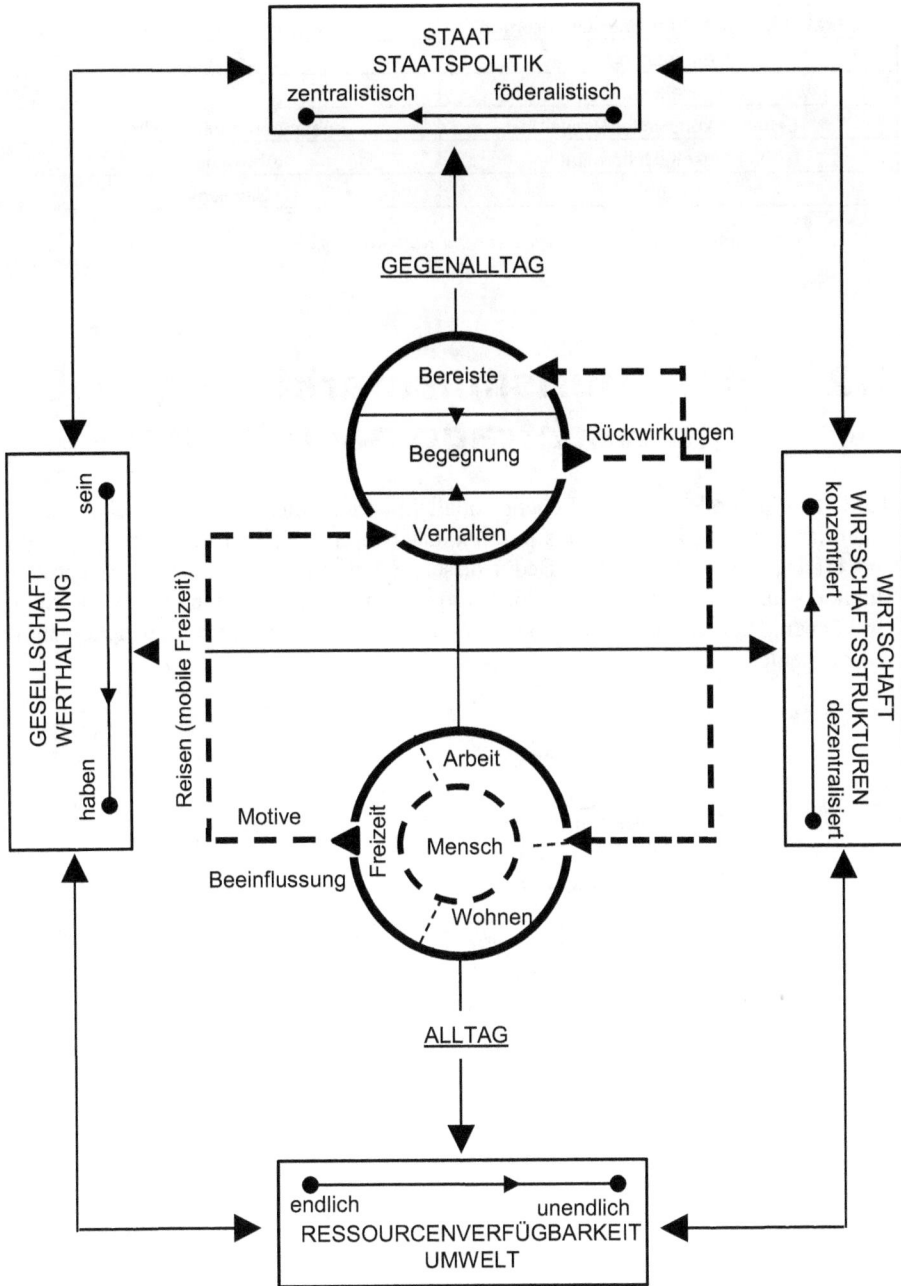

Abb. 1.1 *Industriegesellschaftliches Lebensmodell Arbeit – Wohnen – Freizeit – Reisen*
(Quelle: Krippendorf, J. (1984), S. 29)

Wirklichkeit der Kultur der Quellregion	Utopie der Ferienkultur
Vereinzelung	Gemeinschaft
Hektik	Ruhe
Leben in künstlicher Umwelt	Leben in natürlicher Umwelt
Eintönigkeit, Uniformität	Abwechslung
Ratio	Sinnlichkeit

Abb. 1.2   *Der „Ferienentwurf" als Gegenentwurf zur Kultur der Quellregion (Alltagskultur)*
(Quelle: Thiem, M. (1994), S. 207)

1.2   Der Tourismusmarkt: Angebot und Nachfrage nach Raum

Das industriegesellschaftliche Lebensmodell illustriert, dass die touristischen Nachfrager das jeweilige Zielgebiet als Raum aufsuchen, in welchem sie einen „Gegenalltag" erfahren wollen, um dort Bedürfnisse zu befriedigen, die sie am dauernden Wohnort – und damit im Alltag – nicht (oder nicht im gewünschten Maße) befriedigen können. Hierfür müssen die Touristen die räumliche Distanz zwischen Heimatort und Zielgebiet überwinden.

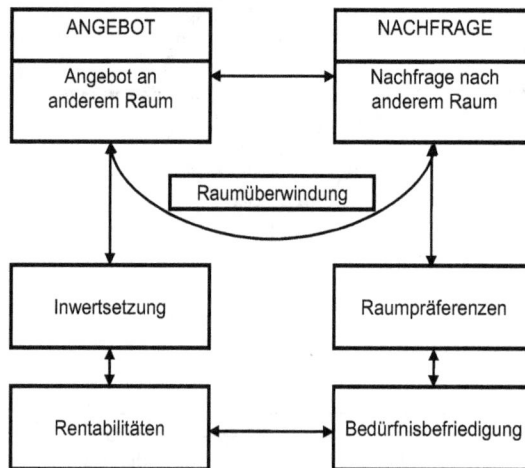

Abb. 1.3   *Angebot und Nachfrage nach Raum im Tourismus*   *(Quelle: Wöhler, Kh. (2001), S. 190)*

Das Zielgebiet wiederum stellt einen Raum und entsprechende Einrichtungen und Dienstleistungen zur Verfügung, wobei mittels einer mehr oder weniger stark ausgeprägten **Inwertsetzung des Raumes** in der Regel die Zielsetzung verfolgt wird, zur

Bedürfnisbefriedigung der Gäste beizutragen und hierdurch wirtschaftliche Vorteile (Rentabilitäten) für das Zielgebiet und die Anbieter im Zielgebiet zu generieren. Angebot und Nachfrage nach „touristischen" Räumen treffen aufeinander (siehe Abb. 1.3) – der touristische Markt ist folglich ein **Markt von Räumen**, die von Zielgebieten als Reiseziele angeboten werden und die von Touristen als Reiseziele nachgefragt werden können.

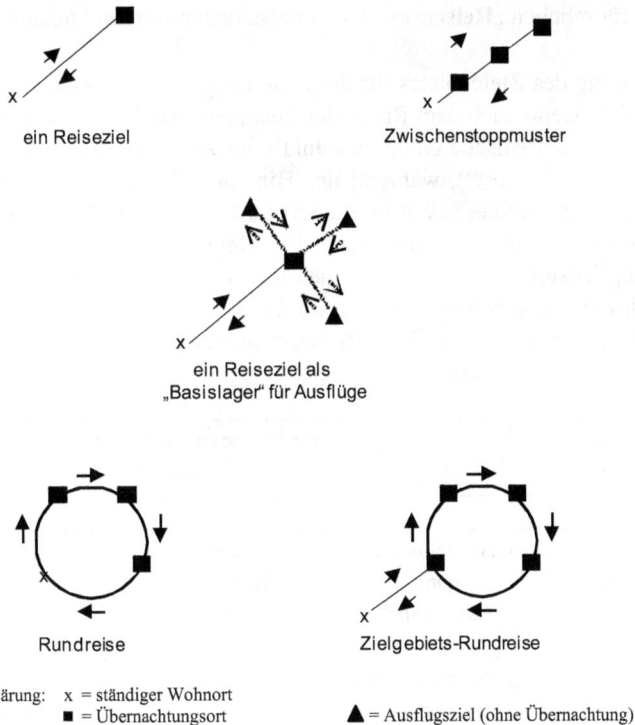

ein Reiseziel   Zwischenstoppmuster

ein Reiseziel als „Basislager" für Ausflüge

Rundreise   Zielgebiets-Rundreise

Zeichenerklärung: x = ständiger Wohnort
                   ■ = Übernachtungsort   ▲ = Ausflugsziel (ohne Übernachtung)

Abb. 1.4   *Grundformen von Reiseverläufen*   *(Quelle: Mundt, J.W. (2013), S. 12, gekürzt)*[7]

Der Aufenthalt des Touristen am Reiseziel ist dabei **zeitlich befristet** – nach einem gewissen Zeitraum erfolgt die Rückkehr an den dauernden Wohnort und damit (zumeist) in den Alltag. Bezogen auf den Übernachtungstourismus müssen nach der Tourismusdefinition der Welttourismusorganisation (UNWTO) zwischen der Abreise vom gewöhnlichen Aufenthaltsort und der Rückkehr eine bis maximal 364 Übernachtungen liegen.[8] Der Tourismus hat somit immer sowohl einen Raum- als auch einen Zeitbezug.

---

[7]   Nach Oppermann, M. (1995), S. 59.
[8]   Vgl. WTO (Ed.) (1993), seit 2005 offiziell UNWTO. Zeitlich befristet sind ebenso die touristischen Tagesausflüge, bei denen ebenfalls die gewohnte Umgebung verlassen wird (aber es definitionsgemäß nicht zu einer Übernachtung kommt); vgl. UNWTO (Ed.) (2008), S. 14.

Unter wirtschaftlichen Gesichtspunkten werden am touristischen Markt **Raum-Zeit-Relationen** gehandelt – z. B. zwei Wochen Ägyptenurlaub mit Unterkunft und Ausflugsprogramm zum Preis von x Euro; oder fünf Tage Aufenthalt auf Sylt, wofür der der Tourist y Euro ausgibt. Der Reisewillige wählt sein Reiseziel aus und besucht dieses. Er bewegt sich für einen befristeten Zeitraum innerhalb dieses Raumes, um seine mit der Reise verbundenen Bedürfnisse (z. B. sich erholen, Neues entdecken, Freizeitaktivitäten nachgehen) bestmöglich zu befriedigen.[9] Hierbei kann zwischen mehreren räumlichen „**Reisemustern**" unterschieden werden (siehe Abb. 1.4).

Die Bedeutung des Zielgebietes für die Erstellung des touristischen Gesamtproduktes wird deutlich, wenn nach dem Raum der Leistungserstellung differenziert wird (siehe Abb. 1.5). Das touristische Gesamtprodukt wird zu Teilen am gewöhnlichen Aufenthaltsort („am Heimatort"), während des Hin- und Rücktransfers („unterwegs") und schließlich im Zielgebiet selbst produziert („am Zielort"). Das Angebot von Beherbergungs- und Verpflegungsleistungen, Reiseleitungen, Animationsdienstleistungen, Freizeitmöglichkeiten sowie Attraktionen u.v.m. wird am Zielgebiet für die touristische Nachfrage vorgehalten und ausgewählte Teilbereiche werden vor Ort vom Touristen konsumiert. Ein großer Teil der Herstellung des touristischen Gesamtproduktes entfällt somit auf das eigentliche Reiseziel.

das touristische Gesamtprodukt	die Fremdenverkehrsleistung die Reise		
touristische Teilleistungen	**am Heimatort** Beratung Reisevermittlung und -organisation Reiseausrüstung „Nachbetreuung"	**„unterwegs"** Transport Reiseleitung Verpflegung	**am Zielort** Beherbergung Verpflegung Reiseleitung Animation Freizeitangebote Attraktionen Souvenirs

Abb. 1.5 *Das touristische Gesamtprodukt und touristische Teilleistungen des Zielgebietes*
(Quelle: Freyer, W. (2011), S. 136)

In der Regel ist eine ganze Reihe verschiedener **Einzelunternehmen** an der Aufenthaltsgestaltung des Gastes im Zielgebiet beteiligt, so dass von einer „kollektiven Produktion" gesprochen werden kann. Der Tourist nimmt die innerhalb eines bestimmten geografischen Raumes angebotenen Leistungen in Anspruch, um seine Bedürfnisse bestmöglich befriedigen zu können. Das **Leistungsbündel aus Sach- und Dienstleistungen** wird dabei von ihm **als *ein* Produkt wahrgenommen**[10] – das Produkt „sei-

---

[9]   Vgl. Wöhler, Kh. (1997), S. 1.
[10] Vgl. Bieger, T./Beritelli, P. (2013), S. 53ff.

nes" Reiseziels. Hier konsumiert der Tourist den überwiegenden Teil der touristischen Leistungen[11] und der Aufenthalt im Zielgebiet stellt für den touristischen Nachfrager in der Regel den wichtigsten Teil seiner Reisetätigkeit dar.[12] Die Zielgebiete sind die „Zentren eines touristischen Kräftefeldes"[13] – und damit zentraler Bestandteil des Systems Tourismus.

1.3   Das System Tourismus

Das Modell zum „**System Tourismus**" von Kaspar[14] (siehe Abb. 1.6) spiegelt wider, dass der Tourismus als **offenes System mit Wechselwirkungen** mit den übergeordneten Systemen der Umweltbereiche Ökonomie, Gesellschaft, Ökologie, Politik und Technologie verknüpft ist.

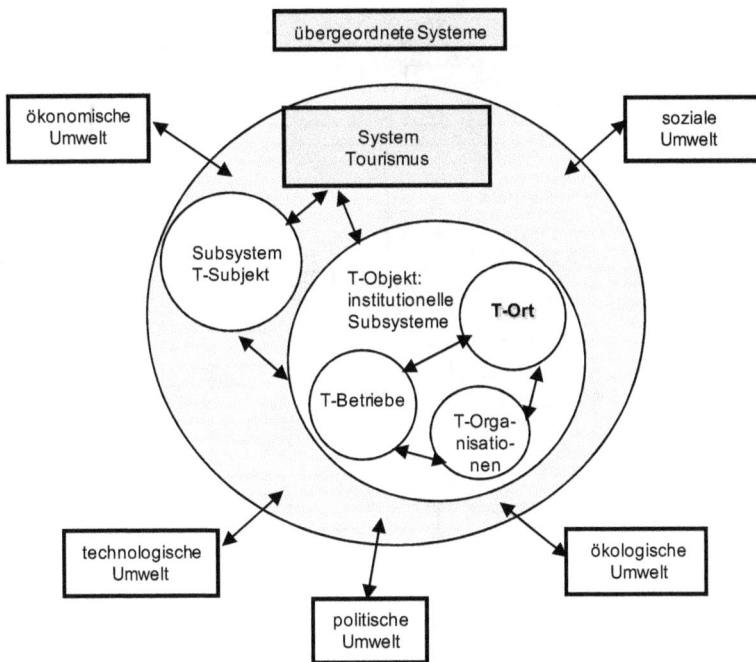

Abb. 1.6   *Die Struktur des Systems Tourismus*   *(Quelle: Kaspar, C. (1998), S. 16; leicht verändert)*

Innerhalb des **Systems Tourismus** wird zwischen den Subsystemen **Tourismus-Subjekt** (Tourist/Gast) und **Tourismus-Objekt** mit seinen institutionellen Teilbereichen Tourismusbetriebe, Tourismusorganisationen und Tourismusort differenziert. Es

---

[11] Vgl. a.a.O., S. 56.
[12] Vgl. Freyer, W. (2011), S. 60.
[13] Bernecker, P. (1956), S. 94.
[14] Vgl. Kaspar, C. (1998), S. 15ff.

wird deutlich, dass das touristische Zielgebiet (in der Abb. 1.6 als „T-Ort" bezeichnet) eine zentrale Rolle im System Tourismus einnimmt. Das Gesamtsystem Tourismus beinhaltet zwar eine Vielzahl von Beziehungen und Erscheinungen, die sich nicht auf einen einzigen Tatbestand[15] oder auf die singuläre Betrachtung des Subsystems Tourismusort reduzieren lassen, doch stellt das Zielgebiet den „Kristallisationspunkt des touristischen Geschehens"[16] dar.

1.4 Das touristische Strukturmodell

Auch das **touristische Strukturmodell** von Müller (siehe Abb. 1.7) gibt einen vereinfachten Überblick zu den hauptsächlichen Beziehungen des Systems Tourismus.

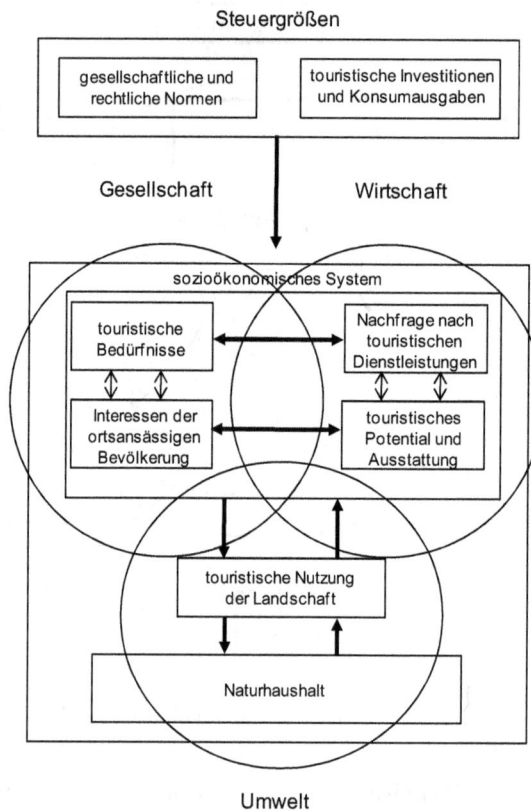

Abb. 1.7   *Das touristische Strukturmodell   (Quelle: Müller, H. (2008), S. 79), mit Bezug auf die Beratende Kommission für Fremdenverkehr des Bundesrates (Hrsg.) (1979), S. 84)*

---

[15]   Vgl. Müller, H. (2008), S. 65 mit Bezug auf die Definition von Hunziker, W./Krapf, K. (1942), S. 21.
[16]   Kaspar, C. (1991), S. 68.

Dabei wird zwischen den drei Teilbereichen Gesellschaft, Wirtschaft[17] und Ökologie differenziert. Zwischen den Teilbereichen bestehen enge **Verflechtungen**. Als **Steuergrößen** wirken gesellschaftliche und rechtliche Normen sowie touristische Investitionen und Konsumausgaben auf das System ein. Darüber hinaus wird das System durch die Maßnahmen der **Tourismuspolitik** beeinflusst.[18]

Die wechselseitigen Verflechtungen zwischen den Systemelementen haben u.a. zur Folge, dass der Tourismus im Zielgebiet zahlreiche Wirkungen entfaltet. Auf diese wird in Kapitel 2 eingegangen. Zunächst sollen jedoch die Begriffe *Tourismusgemeinde*, *touristische Region* und *Destination* erörtert werden.

1.5   Begriffsabgrenzungen

Touristen fragen zeitlich befristet Räume und die dort vorhandenen Einrichtungen zur Befriedigung ihrer Bedürfnisse nach, wobei die hierfür notwendigen Leistungen von Räumen unterschiedlicher Größe erbracht werden können (Gemeinde, größere Stadt, Region, Staat oder Kontinent). Aufgrund dessen bildeten sich im praktischen Sprachgebrauch verschiedene Bezeichnungen wie *Tourismusort*, Tourismusgemeinde, Tourismusregion, touristische Region oder auch Tourismusland heraus.

Der ausgeprägte Drang zur Erschließung immer neuer Zielgebiete scheint dem Tourismus immanent zu sein:[19] Die touristische Nachfrage sucht nach immer weiteren „Geheimtipps"; die Reiseveranstalter erweitern ihr Portfolio um „neue" Reiseziele, um den Bedürfnissen der Nachfrager gerecht zu werden;[20] und bislang noch nicht (für den Tourismus) erschlossene Gebiete entdecken den Tourismus als potenziellen Wirtschaftsfaktor. In diesem Sinne könnte mittlerweile nahezu jeder Ort als Tourismusort bezeichnet werden.[21]

Im Folgenden wird der Frage nachgegangen, was unter einer *Tourismusgemeinde*, einer *touristischen Region* und einer *Destination* zu verstehen ist und welche Rollen die *Tourismusorganisationen* einnehmen.

1.5.1   Tourismusgemeinden

Ein naheliegendes Abgrenzungskriterium, um Tourismusgemeinden von Nicht-Tourismusgemeinden zu unterscheiden, ist die absolute **Anzahl der Touristen**, die die Gemeinde vor Ort besuchen. Bei dieser Betrachtungsweise bleibt allerdings unberücksichtigt, dass aufgrund der unterschiedlichen Raumgrößen und Bevölkerungszah-

---

17   Zusammengeführt können diese als sozioökonomisches Teilsystem verstanden werden (siehe Abb. 1.7).
18   Vgl. Müller, H. (2008), S. 78.
19   Siehe hierzu auch Abb. 5.6 in Kapitel 5.3 zur raumzeitlichen Entfaltung des von Deutschland ausgehenden Tourismus nach Becker, C./Job, H. (2000), S. 101 sowie Gormsen, E. (1983), S. 608 ff zum zeit-räumlichen Veränderungsprozess des von Großbritannien ausgehenden internationalen Küstentourismus; vgl. Tschurtschenthaler, P. (1999), S. 10.
20   Vgl. Wöhler, Kh. (1997), S. 2 mit Bezug auf Boniface, P./Fowler, P.J. (1993), S. 1ff.
21   Vgl. Mundt, J.W. (2013), S. 330.

len eine solche Unterscheidung nur eingeschränkte Vergleichsmöglichkeiten bietet und lediglich einen sehr geringen Aussagegehalt bezüglich der Bedeutung des Tourismus für das jeweilige Zielgebiet hat. Weitere **Differenzierungsansätze** ergeben sich, wenn entsprechende (Relations-)Kennziffern (z. B. Tourismusintensitäten)[22] oder Kennziffern zur (ökonomischen) Bedeutung des Tourismus innerhalb der wirtschaftlichen Struktur der jeweiligen Gemeinde (z. B. touristische Wertschöpfung, Beitrag zum Volkseinkommen, touristische Arbeitsplätze)[23] herangezogen werden.

All diese Kennziffern sind zwar nutzenstiftend, wenn es darum geht, das touristische Nachfragevolumen oder die durch den Tourismus generierte Wirtschaftskraft zwischen Zielgebieten zu vergleichen, doch können sie als Differenzierungskriterien hinsichtlich der definitorischen Bestimmung einer Tourismusgemeinde faktisch kaum herangezogen werden, da bisher keine einheitliche Auffassung bezüglich der Festlegung der hierfür notwendigen Grenzwerte ausgebildet werden konnte.

Hilfreicher hingegen ist eine **Definition der Tourismusgemeinde**, die primär auf den Gestaltungswillen abzielt:

– Eine Tourismusgemeinde verfolgt die **Zielsetzung, Angebote zur Bedürfnisbefriedigung der touristischen Nachfrage zu offerieren**, um wirtschaftliche Vorteile zu erzielen.

– Der diesbezügliche **Gestaltungswille** wird **von Entscheidungs- und Kompetenzträgern vor Ort** (z. B. Politik, Verwaltung, Unternehmen, Bevölkerung) mitgetragen.

– Er drückt sich in der Regel im Rahmen eines örtlichen **Maßnahmenplans oder** durch die Beteiligung an einem entsprechenden überörtlichen **Handlungskonzept zur touristischen Entwicklung** des Raumes aus.

– Die Gemeinde unterhält eine **Einrichtung**[24] (örtliche Tourismusorganisation) oder ist an einer entsprechenden überörtlichen Einrichtung (z. B. regionale Tourismusorganisation) beteiligt, **die als Organisationseinheit die touristische Entwicklung** des Raumes mit dem Ziel der Wirtschaftsförderung **unterstützt**.

Diese Mindest-Charakteristika müssen als Ausdruck der Gestaltungsabsicht erfüllt sein, damit von einer Tourismusgemeinde gesprochen werden kann. Die Abgrenzung entspricht einer **angebotsorientierten Definition** des touristischen Zielgebietes. Sie erfolgt aus Sicht der Gemeinde, die als Anbieter eines Raumes zur Bedürfnisbefriedigung der touristischen Nachfrage am Markt und im Wettbewerb zu alternativen Raumangeboten agiert.

---

[22] Zur Tourismusintensität siehe Kapitel 4.
[23] Zu den wirtschaftlichen Effekten im Zielgebiet siehe Kapitel 2.1.
[24] Gemäß einer handlungsorientierten Definition von Tourismusorten vgl. Mundt, J.W. (2013), S. 331.

Tourismusgemeinden richten ihr materielles Substrat (räumliches Gebiet, Menschen, Sachanlagen), ihre soziale Organisation (Beziehungsgeflecht, Positionen, Rollen und diesbezügliche Regeln) sowie ihre semiotische Gestalt (Erscheinungsbild, Name) – und damit im betriebswirtschaftlichen Sinne ihr Produktionsfaktoren[25] – zumindest teilweise auf die Bedürfnisbefriedigung der touristischen Nachfrage aus; hierdurch erfolgt eine **Touristisierung** des Ortes bzw. der Gemeinde.[26]

1.5.2   Touristische Regionen

Der zunächst unspezifisch scheinende und in der Umgangssprache häufig verwendete Begriff der *Region* ist in Verbindung mit dem jeweiligen Verwendungskontext zu konkretisieren: In der Regel wird der Begriff verwendet, um in Bezug auf ein geografisches Gebiet einen bestimmten Gesichtspunkt besonders zu betonen – dies können z. B. naturräumliche, wirtschaftliche oder kulturelle Gegebenheiten sein. Die Region wird hinsichtlich des jeweils betonten Aspektes als eine **räumliche Einheit** verstanden. Dabei muss die Region keine Verwaltungseinheit darstellen, sondern kann unter dem jeweiligen Gesichtspunkt auch unabhängig von Verwaltungsgrenzen definiert werden. Auf diese Weise ermöglicht der Regionsbegriff die flexible räumliche Zusammenfassung mehrerer Orte/Gemeinden unter einem spezifischen Aspekt, ohne an die räumliche Abgrenzung nächsthöherer (politischer) Verwaltungseinheiten gebunden zu sein.

Der Begriff der *touristischen Region* fasst folglich mehrere Orte bzw. Gemeinden im Verwendungskontext mit dem Tourismus als räumliche Einheit zusammen. Analog zur angebotsorientierten Definition von Tourismusgemeinden kann eine Region als **touristische Region** bezeichnet werden, wenn

– für sie als räumliche Einheit die **Zielsetzung** verfolgt wird, **Angebote zur Befriedigung der Bedürfnisse der touristischen Nachfrage** am Markt **zu platzieren**, um wirtschaftliche Vorteile zu erzielen,

– von **Entscheidungs- und Kompetenzträgern vor Ort** der diesbezügliche **Gestaltungswille** verfolgt wird,

– auf einer konzeptionellen Grundlage **Maßnahmen** geplant, initiiert bzw. umgesetzt werden, **um die touristische Entwicklung voranzutreiben**, und

– eine für die entsprechende Region diesbezüglich zuständige **Organisationseinheit** (regionale Tourismusorganisation) vorgehalten wird.

Die räumlichen Grenzen der touristischen Region müssen dabei nicht den Grenzen einer Verwaltungseinheit entsprechen – tun dies aber in der Praxis sehr häufig.

---

[25]   Zu den Produktionsfaktoren des Zielgebietes siehe Kapitel 5.5.
[26]   Vgl. Wöhler, Kh. (1997). S. 2 in Anlehnung an Hamm, B. (1982), S. 17 und Henkel, G. (1993), S. 166f.

1.5.3   Destinationen

Die international gebräuchliche Bezeichnung „**Destination**" wird seit den 1990er-Jahren auch im deutschen Sprachraum von Tourismuswissenschaft und -politik ausführlich diskutiert – und setzt sich mittlerweile mehr und mehr durch. Im Gegensatz zu den oben angeführten angebotsorientierten Definitionen der *Tourismusgemeinde* und der *touristischen Region* stellt der Begriff der *Destination* die **nachfrageorientierte Perspektive** in den Vordergrund.

Allerdings ist der Tourismus nur ein Aspekt einer Destination. Weitere Aspekte sind die Destination als Standort für Wirtschaftsunternehmen, als Lebensraum der Bevölkerung oder als politischer Gestaltungs- und Verwaltungsraum.[27] Im Folgenden wird der Begriff *Destination* im Sinne einer touristischen Destination verwendet.

◾ Definition des Destinations-Begriffs

Nach Freyer[28] sind touristische Destinationen „geographische, landschaftliche, soziokulturelle oder organisatorische Einheiten mit ihren Attraktionen, für die sich Touristen interessieren." Die Definition verdeutlicht die nachfrageseitige Perspektive des Begriffs (Interesse der Touristen). Die UNWTO[29] versteht unter einer Destination einen Ort, den ein Tourist für einen Besuch auswählt, der über Attraktionen, Tourismuseinrichtungen und Dienstleistungen verfügt und den die Leistungsersteller vermarkten. Dies verdeutlicht, dass die Destination als das vom Nachfrager ausgewählte Reiseziel (nachfrageorientierte Perspektive), welches Angebote für den potenziellen Nachfrager vorhält und offeriert (angebotsorientierte Perspektive), zu verstehen ist.

Die wohl gegenwärtig am meisten anerkannte Definition des Begriffes Destination stammt von Bieger: Ausgehend von der UNWTO-Definition stellt er fest, dass die Destination aus der Sicht des Nachfragers in Abhängigkeit von dessen Bedürfnissen und dessen Wahrnehmung zu definieren ist und die zur Bedürfnisbefriedigung bereitgestellten Dienstleistungen und Sachanlagen als ein Produkt zu verstehen sind.[30]

Eine *Destination* **wird definiert** als „geographischer Raum (Ort, Region, Weiler), den der jeweilige Gast (oder ein Gästesegment) als Reiseziel auswählt. Sie enthält sämtliche für einen Aufenthalt notwendigen Einrichtungen für Beherbergung, Verpflegung, Unterhaltung/Beschäftigung. Sie ist damit die Wettbewerbseinheit im Incoming-Tourismus, die als strategische Geschäftseinheit geführt werden muss."[31]

Im Folgenden liegt der Verwendung des Begriffes *Destination* diese Definition zugrunde.

---

[27] Freyer, W. (2011), S. 258.
[28] Ebenda.
[29] Vgl. WTO (Ed.) (2003), seit 2005 offiziell UNWTO.
[30] Vgl. Bieger, T./Beritelli, P. (2013), S. 53f.
[31] Bieger, T./Beritelli, P. (2013), S. 54.

▣ Charakteristika der Destination

Die Definitionen verdeutlichen, dass mit der Bezeichnung *Destination* ein Begriff gefunden ist, der – im Gegensatz zu *Tourismusort* oder *Tourismusregion* – den unterschiedlichen räumlichen Größen von Reisezielen gerecht wird.[32] Zusammenfassend ist festzuhalten:

- Die Destination entsteht aus der **Perspektive des Nachfragers** (Gastes, Touristen). Sie ist das Reiseziel des Touristen – aus Sicht des Touristen.

- Die Destination ist **der vom Nachfrager wahrgenommene Raum**, in welchem er seinen zeitlich befristeten Aufenthalt verbringt oder verbringen möchte, um seine damit verbundenen Bedürfnisse zu befriedigen (Bedürfnisbefriedigung durch Nutzung einer Raum-Zeit-Relation).

- Um diese Bedürfnisse zu befriedigen, nehmen die Touristen in der Destination ein **Leistungsbündel** in Anspruch. In der Wahrnehmung des Touristen ist dieses Leistungsbündel **in seiner Gesamtheit das eigentliche Produkt**. Dieses (Leistungsbündel-)Produkt der Destination wird vom Nachfrager in seiner Gesamtheit beurteilt. Eine differenzierte Beurteilung der Einzelleistungen der beteiligten Unternehmen erfolgt – wenn überhaupt – allenfalls nachgeordnet. Die Destination ist damit die **produktliefernde Einheit**.

- Die Destination ist eine **Wettbewerbseinheit**. Sie steht **in einer Konkurrenzsituation** zu anderen Destinationen, die ebenfalls als produktliefernde Einheiten dem potenziellen Nachfrager Leistungsbündel offerieren.

- In der Regel muss der Nachfrager **zunächst** innerhalb des Wettbewerbs der Destinationen **für die eigene Destination gewonnen** werden, **bevor die in dieser Destination tätigen einzelnen Leistungsträger in einen Wettbewerb** um diesen Nachfrager treten.

- Um im Wettbewerb dauerhaft bestehen zu können, muss die **Destination als Ganzes strategisch geführt werden**. Das oberste Ziel bei der Führung der Destination ist dabei die **Sicherstellung der Wettbewerbsfähigkeit**.[33]

▣ Räumliche Abgrenzung von Destinationen

Allerdings wird unmittelbar die Frage der räumlichen Abgrenzung von Destinationen aufgeworfen: Für welchen Gast ist welcher Raum „seine" Destination? Die räumliche Ausdehnung der Destination hängt von den **Bedürfnissen und der Wahrnehmung** des Nachfragers ab. Entscheidend für die Abgrenzung der Destination ist der **geografische Raum**, in dem sich der Tourist mit der Absicht bewegt, seine mit dem Aufenthalt verbundenen **Bedürfnisse zu befriedigen**, und seine damit verbundene Wahrnehmung[34] des entsprechenden Raumes.

---

[32] Vgl. Bieger, T./Beritelli, P. (2013), S. 53.
[33] Vgl. Flagestad, A./Hope, C.A. (2001), S. 450f.
[34] Vgl. Bieger, T./Beritelli, P. (2013), S. 54.

Eine Destination weist damit zunächst keine von der Angebotsseite definierte geografische Ausdehnung aus. Das Reiseziel aus Sicht des Touristen kann eine touristische Region, ein Tourismusort oder ein einziges touristisches Unternehmen sein. Für einen Touristen, der ein Wellnesswochenende in einem Hotel verbringt und der während seines Aufenthaltes alle Einrichtungen und Angebote zur Befriedigung seiner Bedürfnisse in dem Hotelbetrieb vorfindet, besteht kein Anlass, den Aktionsradius auszudehnen. Wenn er das Hotel als sein Reiseziel wahrnimmt, ist in diesem Falle das Hotel die Destination. Gleiches gilt für einen Cluburlauber, der seinen kompletten Aufenthalt im Resort verbringt, für einen Touristen, der sich mehrere Tage in ein Kloster zur Besinnung zurückzieht, oder für den Tagungsgast, der sich in einem Konferenzzentrum mit integriertem Hotel aufhält.

In der Wahrnehmung des Touristen können sich die entsprechenden Aktionsräume flächenhaft oder linear darstellen.[35] Für den einen ist der Ferienclub die Destination, für den nächsten ist die Destination eine touristische Straße oder eine Pilgerroute[36] und bei anderen Touristen stehen primär Regionen im Mittelpunkt der Wahrnehmung. Regionen wiederum werden von unterschiedlichen Touristen nach unterschiedlichen Kriterien[37] als Destinationen betrachtet.[38]

Die Destination kann sich aber auch aus einem geografischen Raum ergeben, der sich über Teile oder die Gesamtheit eines Staates oder eines Kontinents ausdehnt. So kann für einen Touristen aus China, der mit seiner Reisegruppe während seiner zehntägigen Zielgebietsrundreise durch Europa möglichst viele kulturhistorische Attraktionen besuchen möchte, die Destination aus dem gesamten europäischen Kontinent bestehen. Hier wird nochmals die nachfrageorientierte Definition des Begriffes *Destination* deutlich: Aus Sicht der Anbieter mag der chinesische Tourist eine ganze Reihe von Reisezielen in Europa (Salzburg, Berlin, Paris etc.) besuchen; in der Wahrnehmung des chinesischen Touristen ist die Destination jedoch „Europa". Destinationen entstehen in der Vorstellungswelt des Nachfragers, wenn sie von ihm als zusammenhängendes Reiseziel zur Befriedigung seiner Bedürfnisse wahrgenommen werden.

Idealtypisch kann davon ausgegangen werden, dass bei vielen Reisen die Entfernung zum Reiseziel eine Rolle für die räumliche Größe der Destination spielt (siehe Abb. 1.8): **Tendenziell** wird die Destination mit **zunehmender Entfernung** vom Heimatort größer – siehe das obige Beispiel der chinesischen Reisegruppe, für die die Desti-

---

[35] Vgl. Schmude, J./Namberger, P. (2010), S. 51.
[36] Vgl. Herle, F.B. (2008), S. 19.
[37] Von Bedeutung können z. B. Landschaftsformen sein. Die Orientierung erfolgt z. B. nach Küsten oder Meeresbezeichnungen (Nordsee, Ostsee, Adria), nach (Mittel-)Gebirgsnamen (Schwarzwald, Harz, Rhön, Alpen), nach der Insellage (Rügen, Sylt, Langeoog, Mallorca, Kanaren, Malediven) oder nach Seen (Bodensee, Chiemsee, Mecklenburgische Seenplatte) oder Flüssen (Rheintal, Mosel). Auch Vegetationsformen (Lüneburger Heide, Bayerischer Wald) und bislang in geringerem Maße Schutzgebietskategorien (z. B. Naturpark, Nationalpark, UNESCO-Weltkultur- und -naturerbe) können von Bedeutung sein. Schmude, J./Namberger, P. (2010, S. 51) kategorisiert Destinationen nach deren naturräumlichen Ausstattung: Städte, Industrieregionen, ländliche Räume, Küstenregionen, Inseln, Mittel- und Hochgebirgsregionen sowie extreme Räume (Polregionen und Wüsten).
[38] Vgl. Steingrube, W. (2004a), S. 442, und Freyer, W. (2011), S. 268.

nation „Europa" ist. Auch Europäer fahren „in der Regel nicht nach Palm Cove, Ood-
nadatta, Yulara, Three-Way-Roadhouse, Robe oder Broome in den Urlaub, sondern
nach Australien."[39]

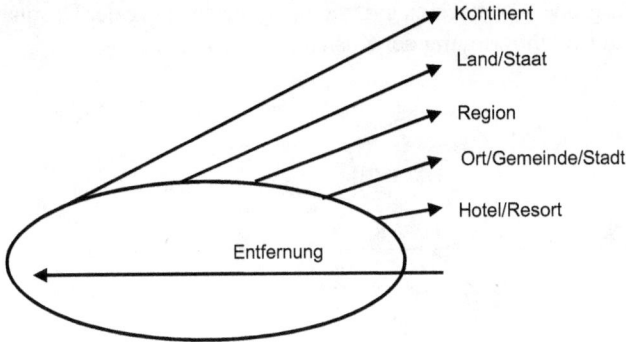

Abb. 1.8   *Destinationswahrnehmung in Abhängigkeit von der Distanz zwischen Wohn- und Zielort
(idealtypische Darstellung der quasi-optischen Wahrnehmung der Destination nach der
Entfernung vom Wohnort)*   *(Quelle: Mundt, J.W. (2006), S. 201)[40]*

Je höher die Kosten (Geld, Zeit) des Nachfragers für die Distanzüberwindung sind,
desto größer muss der Ertrag sein, der durch den Aufenthalt im Zielgebiet erreicht
wird. Der Tourist erhöht hierzu seine Aufenthaltsdauer und dehnt seinen Aktionsraum
aus, damit sich die aufwendige An- und Abreise – im ökonomischen Sinne – für ihn
lohnt. Die Destination wird zudem mit zunehmender Distanz vom Wohnort großräu-
miger wahrgenommen, weil viele der Nachfrager die Größe weiter entfernterer Zielgebiete stärker unterschätzen (**quasi-optische Wahrnehmung**).[41] Der Zusammenhang zwischen Entfernung und Destinationsgröße ist jedoch keine Gesetzmäßigkeit,
da es zahlreiche Beispiele dafür gibt, dass der Nachfrager trotz größerer Entfernung
vom Heimatort nur einen relativ eingeschränkten Aktionsraum nutzt.[42]

Die oben angeführten Beispiele und Ausführungen legen gleichwohl nahe, dass ein
Zusammenhang zwischen dem **Reisezweck** und der Größe der Destination besteht.[43]
Definitionsgemäß ist die Destination aus Kundensicht abzugrenzen. Sie stellt den
(durch den Touristen wahrgenommenen) **Aktionsraum** dar, den er zur Befriedigung
seiner mit dem Aufenthalt verbundenen Bedürfnisse und damit zur Erfüllung des
Reisezwecks in Anspruch nimmt.

Tendenziell ergibt sich damit folgender Zusammenhang: Je fokussierter der Reisezweck gefasst ist, desto kleiner ist der Aktionsraum und die Destination. Je multipler

---

[39]   Mundt, J.W. (2013), S. 202.
[40]   Mit Bezug auf Bieger, T. (2005), S. 58; leicht verändert.
[41]   Vgl. Mundt, J.W. (2013), S. 202f.
[42]   Zum Beispiel Tagungsteilnahme mit auf das Tagungscentrum oder Fernreise mit einem lediglich auf
       das Resort beschränkten Aktionsraum.
[43]   Vgl. Bieger, T. (2008), S. 180.

die Bedürfnisse des Touristen sind, die er mit dem Aufenthalt befriedigen will, desto größer werden (tendenziell) der Aktionsraum und damit die Destination. Abb. 1.9 veranschaulicht diesen Zusammenhang. Gleichzeitig wirkt der oben dargestellte Zusammenhang zwischen dem für die Distanzüberwindung notwendigen Aufwand und der Destinationsgröße – wonach es ggf. zu einer Ausdehnung der Destination und des Reisezweckes zur Rechtfertigung der Kosten kommen kann.

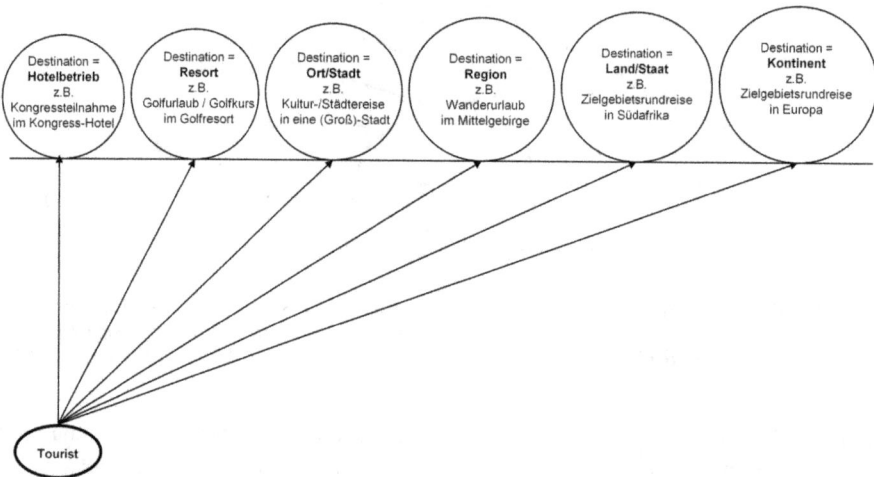

Abb. 1.9   *Destination in Abhängigkeit von der Bedürfnisorientierung (Reisezweck) des Touristen*
               (idealtypisch)   (Quelle: in Anlehnung an Bieger, T. (2008), S. 181; ergänzt und verändert)

Bei der Auswahl des Reiseziels vergleicht der Nachfrager während seines **Kaufentscheidungsprozesses** (siehe Abb. 1.10) von ihm wahrgenommene, am Markt angebotene Räume und wählt (unter dem Einfluss zahlreicher Faktoren)[44] eine Alternative aus, die eine bestmögliche Bedürfnisbefriedigung erwarten lässt.

---

[44]   Siehe zu diesen z. B. Mundt, J.W. (2013), S. 143ff.; Freyer, W. (2011), S. 100ff.

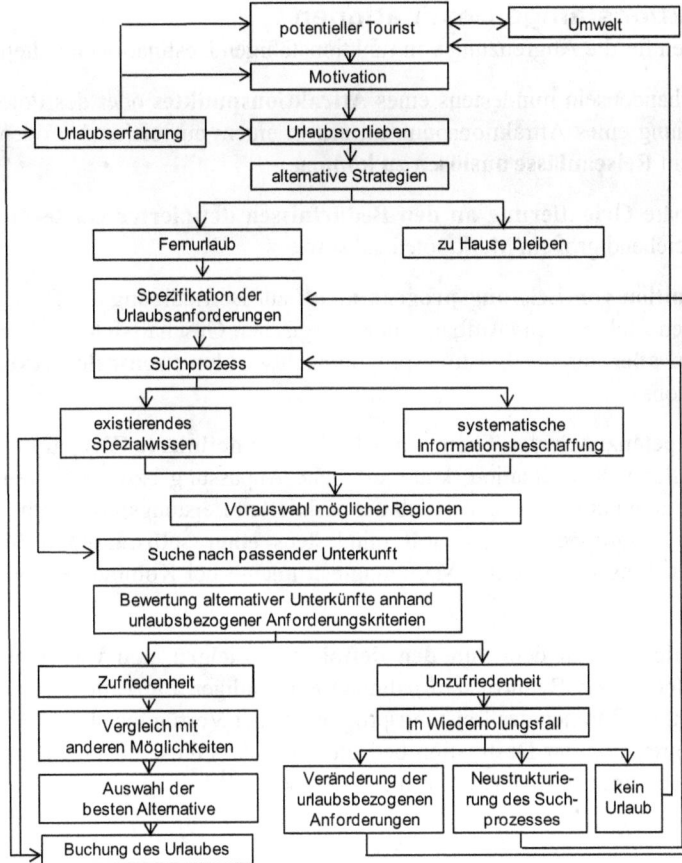

Abb. 1.10   *Kaufentscheidungsprozess bei Urlaubsreisen*   *(Quelle: Bieger, T./Beritelli, P. (2013), S. 99 mit Bezug auf Goodall, B. (1988); leicht verändert)*

Aufgrund der **Heterogenität** der Bedürfnisse der Nachfrager ergeben sich ganz unterschiedliche Destinationsgrößen. Destinationsräume können sich überschneiden und es können „**Destinationsringe**"[45] entstehen, wenn größere Destinationen kleine beinhalten.[46] Die gewählte Destination kann einer Tourismusgemeinde oder einer touristischen Region entsprechen. In der Regel orientieren sich der Tourist und seine Destinationsgrenzen jedoch nicht an politisch definierten Räumen oder Verwaltungsgrenzen.

---

[45]   Tschurtschenthaler, P. (1999), S. 18.
[46]   Vgl. Dettmer, H./Eisenstein, B./Gruner, A. et al. (2005), S. 18.

▨ Funktionsfähige Destinationen

Als Kriterien für die Abgrenzung von funktionsfähigen Destinationen gelten:[47]

- Das Vorhandensein mindestens eines **Attraktionspunktes** oder des Potenzials zur Entwicklung eines Attraktionspunktes, **um** in einem ausreichend großen Nachfragesegment **Reiseanlässe auslösen zu können**.

- Die primäre **Orientierung an den Bedürfnissen definierter Gäste-Zielgruppen** mit ausreichend großem Marktpotenzial sowie

- die **Definition von Leistungsprogrammen**[48] zur Befriedigung der Bedürfnisse der definierten Zielgruppen (Aufbau von Strategischen Geschäftsfeldern[49]) **mittels Integration aller** für die Leistungsprogrammentwicklung **zentralen Akteure**[50] der Destination.

- Ein **kompetenzbasiertes Themenmarketing für definierte Zielgruppen**[51] – d. h. Bereitstellung, Koordination, kontinuierliche Anpassung bzw. Weiterentwicklung und Kommunikation sowie Vertrieb der definierten Leistungsprogramme an die definierten Zielgruppen[52] - u.a. **mit** mindestens **einer selbständigen Marke** und durch den Einsatz moderner Marketinginstrumente bei Kommunikation und Vertrieb.

- Die Ausrichtung an dem **von den definierten Zielgruppen wahrgenommenen Raum**, der die zur Bedürfnisbefriedigung notwendigen Einrichtungen und Dienstleistungen im Rahmen des Leistungsprogramms zur Verfügung stellt. Für die räumliche Abgrenzung der Destination bedeutet dies, dass diese unabhängig von politischen oder administrativen Grenzen erfolgen sollte.[53]

---

[47] In Anlehnung an die Arbeitsgruppe „Neue Strukturen im Schweizer Tourismus" des Verbandes Schweizer Tourismusdirektoren et al. (1998), S. 24 und Wöhler, Kh. (1997), S.18 (ergänzt und verändert).

[48] Im Sinne des komplementären und interdependenten Leistungsbündels aus Dienstleistungen und Sachgütern; siehe hierzu Kapitel 5.1.

[49] Vgl. Bieger, T./Beritelli, P. (2013), S. 153; hier im Sinne von „Produkt-/Marktkombinationen" (ebenda) bzw. „Leistungs-Markt-Bereichen" (Müller, H./Stettler, J. (1993), S. 57).

[50] Vgl. Schuler, A. (2012), S. 96.

[51] Die in den vergangenen Jahren in der Marketingpraxis von Destinationsmanagementorganisationen oftmals vehement geführte Diskussion zur Frage, ob das Destinationsmarketing der Themenorientierung oder der Zielgruppenorientierung folgen sollte, stellt sich in dieser Form nach vorliegendem Verständnis nicht: Zum einen richtet sich ein auf Kompetenzen beruhendes, an Themen orientiertes Marketing an erfolgversprechende, definierte Zielgruppen; zum anderen benötigt ein auf Zielgruppen ausgerichtetes Marketing kompetenzabgeleitete Themen zur Ansprache dieser Zielgruppen. Funktions- und wettbewerbsfähige Destinationen richten ihre Marketingpraxis an Themen-Zielgruppenkombinationen aus – und praktizieren damit ein kompetenzbasiertes Themenmarketing für definierte Zielgruppen (in Anlehnung an die Strategischen Geschäftsfelder).

[52] Siehe zu diesem Punkt auch Kapitel 5.2. und Wöhler, Kh. (1997), S. 18.

[53] Dies bedeutet gleichwohl nicht, dass die Destination nicht auch einer Verwaltungseinheit entsprechen kann, wenn die Prämisse der nachfrage- und kompetenzorientierten Ausrichtung auf definierte Strategische Geschäftsfelder erfüllt ist.

– Die **Verfügbarkeit ausreichender finanzieller Mittel** für die Bereitstellung, Koordination und das Marketing des Leistungsprogramms (inkl. Markenaufbau) sowie für den Einsatz ausreichend qualifizierten Personals mit Managementkompetenzen.

Um eine Destination, die diesen Ansprüchen genügt, am Markt platzieren zu können, ist es ggf. zunächst notwendig durch **Kooperationen im Rahmen eines mehrstufigen Prozesses,** die entsprechenden Voraussetzungen zu schaffen, so dass die angeführten Ansprüche als Zielgrößen zu verstehen sind.[54]

1.5.4 Tourismusorganisationen

Den Destinationen als **Wettbewerbseinheiten** stehen **Organisationseinheiten** (Tourismusorganisation, Destinationsmanagementorganisation), die für die Koordination[55] der touristischen Leistungen und für die Vermarktung der Zielgebiete zuständig sind, gegenüber.[56] Die Vermarktung der Räume und Angebote wird erschwert, wenn die räumliche Zuständigkeit der Organisationseinheit – z. B. durch politische Hindernisse – festgelegt wird, ohne dass dabei die Bedürfnisse der Nachfrager und damit die hieraus resultierenden Destinationsabgrenzungen berücksichtigt werden. Orientierungspunkte für die räumliche Zuständigkeit der touristischen Organisationseinheit müssen vielmehr definierte Zielgruppen mit hinlänglichen Potenzialen und die durch Bündelung von Finanzmitteln zu erzielende ausreichende Ressourcenausstattung der Organisationseinheit zur zielgruppenspezifischen Marktbearbeitung sein.[57]

Der Begriff *Tourismusorganisation* wird in der Literatur uneinheitlich verwendet.[58] Den folgenden Ausführungen liegt die Begriffsdefinition von Bieger/Beritelli zugrunde, die wie folgt lautet:

„Die kooperative Tourismusorganisation (im folgenden Tourismusorganisation) ist der hauptsächliche Träger der übergreifenden und kooperativ zu erbringenden Funktionen im Tourismus einer Destination."[59]

Die Tourismusorganisation kann dabei in die öffentliche Verwaltung (z. B. als Tourismusamt oder als Abteilung der Verwaltung) integriert oder privatrechtlich (z. B. als Verein, als GmbH oder als Aktiengesellschaft) mit und ohne Beteiligung der öffentlichen Hand aufgebaut sein.[60]

---

[54] Vgl. Bieger, T. (2010), S. 131.
[55] Zu den Koordinationsnotwendigkeiten siehe auch Kapitel 5.2.
[56] Vgl. Bratl, H./Schmidt, F. (1998), S. B5.
[57] Zur Rolle der Tourismusorganisation im Destinationsmanagement und zum Verhältnis Tourismusorganisation/Destination siehe Kapitel 5.4.
[58] Siehe z. B. Kaspar, C. (1991), S. 89f; Freyer, W. (2011), S. 261 und S. 383ff; Bieger, T. /Beritelli, P. (2013), S. 70ff.
[59] Bieger, T./Beritelli, P. (2013), S. 73.
[60] Freyer, W. (2011), S. 268 und S. 383f sowie Bieger, T./Beritelli, P. (2013), S. 73.

Wichtige Erkenntnisse 👁

- Tourismus ist ein gesellschaftliches Phänomen.
- Touristen suchen Reiseziele auf, weil sie mit dem Aufenthalt verbundene Bedürfnisse befriedigen wollen.
- Durch diese Bedürfnisse entsteht eine Nachfrage nach einer zeitlich befristeten Raumnutzung.
- Das Zielgebiet stellt einen Raum und entsprechende Einrichtungen und Dienstleistungen zur Verfügung.
- Der touristische Markt ist ein Markt von Räumen.
- Das Reiseziel ist zentrales Element und Kristallisationspunkt des Systems *Tourismus*.
- Das offene System *Tourismus* steht in Wechselbeziehungen zu übergeordneten Umweltbereichen.
- Destinationen sind geografische Räume, die der jeweilige Gast als Reiseziel auswählt, und die zur Befriedigung der Gästebedürfnisse ein Leistungsbündel bereitstellen.
- Es sind in der Regel unterschiedliche Unternehmen an der Produktion des Leistungsbündels beteiligt.
- Der Gast nimmt diese Leistungsbündel als ein Produkt wahr.

Vertiefungsfragen   **?**

? Warum reisen Sie?

? Wie lief der Prozess der Reisezielwahl bei Ihrer letzten Urlaubsreise ab?

? Welchen Raum haben Sie bei Ihrer letzten Urlaubsreise nachgefragt?

? Wo sehen Sie Wechselwirkungen zwischen dem Reiseziel und den in den Modellen dargestellten Umweltbereichen?

? Wo liegen die Unterschiede zwischen den Begriffen der touristischen Region und der Destination?

? Wie könnte ein Tourismus ohne Raum aussehen?

Literaturhinweise

- Müller, H. (2008): Freizeit und Tourismus – Eine Einführung in Theorie und Politik. Bern.
- Mundt, J.W. (2013): Tourismus. München u.a.
- Bieger, T./Beritelli, P. (2013): Management von Destinationen. München u.a.
- Wöhler, Kh. (1997): Marktorientiertes Tourismusmanagement. Berlin u.a.

2 Effekte des Tourismus im Zielgebiet

Lernziele ◎

Am Ende dieses Kapitels sollten Sie Folgendes können:

○ einen Überblick zu den vielfältigen Effekten des Tourismus im Reiseziel geben;

○ die wirtschaftlichen, soziokulturellen und ökologischen Wirkungen des Tourismus im Zielgebiet erläutern;

○ kritisch zu den Folgen des Tourismus in Zielgebieten Stellung nehmen;

○ das Prinzip der Nachhaltigkeit als übergeordnete Zielsetzung begründen.

Weitere Informationen unter **www.tourismus-grundlagen.de**

Wie im Modell zum System Tourismus veranschaulicht, steht der Tourismus in wechselseitig wirkenden Beziehungen zu verschiedenen **Umweltbereichen**. Die Effekte, die der Tourismus im Rahmen dieser **Wechselwirkungen in der Destination** entfaltet, können in Anlehnung an das touristische Strukturmodell in ökonomische, ökologische und soziokulturelle Effekte unterteilt werden. Die Vielfalt der Effekte des Tourismus in den Destinationen führt dazu, dass sich eine **pauschale Beurteilung** verbietet; vielmehr muss diese individuell getroffen werden – je nach persönlicher Werthaltung und Betroffenheit.

2.1   Ökonomische Effekte

Die Analyse der **ökonomischen Wirkungen** des Tourismus ist Gegenstand zahlreicher wissenschaftlicher und praxisorientierter Untersuchungen und Veröffentlichungen. Dieser Umstand ist zum einen darauf zurückzuführen, dass Daten zur wirtschaftlichen Bedeutung des Tourismus im Zielgebiet – unabhängig davon, ob es sich um einen Staat, eine Region oder eine Gemeinde handelt – für die Interessensvertretung der Branche gegenüber der allgemeinen Öffentlichkeit und für Entscheidungen der (Tourismus-)Politik benötigt werden. Das Interesse der Praktiker und der Entscheidungsträger in Politik und Verwaltung an fundierten Informationen zur wirtschaftlichen Bedeutung des Tourismus ist dementsprechend groß.[61] Zum anderen kann angeführt werden, dass die ökonomischen Wirkungen des Tourismus im Vergleich zu den Wirkungen auf Ökologie und Gesellschaft relativ einfach messbar sind. Auch dies mag ein Grund für die zahlreichen Publikationen zu diesem Themenbereich sein.[62]

Gleichwohl gestaltet sich die Erfassung, Messung und Beschreibung der wirtschaftlichen Wirkungen des Tourismus nicht ohne Probleme: Da sich das touristische Produkt als Leistungsbündel aus einer Vielzahl von Sach- und vor allem Dienstleistungen zusammensetzt, wird die quantitative Ermittlung der Wirkungen im Zielgebiet durch die schwierige **Abgrenzung des Wirtschaftszweiges *Tourismus*** von anderen Branchen erschwert. Aufgrund der vielseitigen Verbindungen des „Phänomens" Tourismus mit anderen Wirtschaftsbereichen gibt es keine Tourismusbranche im Sinne einer produktionsseitigen Branchenklassifikation.[63] Bei der Erfassung der wirtschaftlichen Effekte des Tourismus dürfen deshalb nicht nur direkt zuordenbare Branchen oder touristische Branchensegmente (Beherbergungswesen, personenbefördernder Luftverkehr) betrachtet werden, sondern es müssen zahlreiche weitere Wirtschaftsbereiche Berücksichtigung finden. Verflechtungen ergeben sich häufig mit dem **primären Sektor**, bestehen aber auch mit dem **sekundären Sektor**. In Bezug auf bestimmte Bereiche des **tertiären Sektors** (z. B. Beherbergung, Reisemittler und -veranstalter, Tourismusinformationsstellen) bestehen sehr starke bis vollständige Abhängigkeiten von der touristischen Nachfrage.

---

[61]   Vgl. Eisenstein, B./Rosinski, A. (2004), S. 805.
[62]   Vgl. Müller, H. (2008), S. 80.
[63]   Vgl. Deutsches Institut für Wirtschaftsforschung (DIW, Hrsg.) (1999), S. 180.

Die wirtschaftliche Bedeutung des Tourismus in der Destination ergibt sich vor allem daraus, dass durch den vorübergehenden Aufenthalt der Touristen **eine Steigerung der Nachfrage** nach Sachgütern und Dienstleistungen im Zielgebiet entsteht. Aus ökonomischer Sicht stehen hinsichtlich der durch den Tourismus ausgelösten Effekte die Wirkungen auf die **Zahlungsbilanz** und die Betrachtung des Tourismus als Wirtschaftszweig mit den entsprechenden **Beschäftigungs-, Einkommens-, Wertschöpfungs- und Ausgleichseffekten** im Mittelpunkt der Betrachtung.

2.1.1   Deviseneffekte

Die Ausgaben der ausländischen Gäste im Reiseziel können einen Devisentransfer vom Herkunfts- in das Zielland bewirken. Der Konsum dieser Touristen im Zielland ist dabei nicht anders zu werten als der Export von Sachgütern mit entsprechenden Devisenflüssen. Die von den Touristen im Zielgebiet konsumierten Dienstleistungen und erworbenen Sachgüter führen zu einem „**unsichtbaren Export**"[64] bzw. zu einem „**Dienstleistungsexport**".[65] Der Konsum der „exportierten" Leistung erfolgt im Gegensatz zum Sachgüterexport jedoch im Reiseziel, da aufgrund der Dienstleistungseigenschaften[66] des touristischen Produktes nicht das Versandprinzip, sondern das **Residenzprinzip**[67] zur Anwendung kommen muss.

	(Brutto-)Deviseneinnahmen aus dem internationalen Tourismus 2003 in Mio. USD	Anteil der internationalen Tourismuseinnahmen am BIP 2003 in %	Anteil der Tourismuseinnahmen am Güterexport in %
Thailand	10.442	7,3	13,3
Sri Lanka	692	3,7	13,5
Marokko	3.369	8,7	43,4
Mauritius	946	18,1	48,8
Kenia	631	4,6	26,2
Südafrika	5.232	3,3	13,5
Ägypten	4.707	5,7	52,3
Costa Rica	1.424	8,1	23,2

Abb. 2.1   *Bruttodeviseneinnahmen aus dem internationalen Tourismus ausgewählter Entwicklungsländer. (Quelle: Aderhold, P./Kösterke, A./von Laßberg, D./Vielhaber, A. (2006), S. 20)*[68]

Die Möglichkeit des Dienstleistungsexports im internationalen Reiseverkehr ist insbesondere für Staaten interessant, die keine oder nur in geringem Umfang materielle Güter für den Exportmarkt anbieten können. Für diese Staaten kann der Tourismus

---

[64]   Kaspar, C. (1996), S. 127.
[65]   Freyer, W. (2011), S. 468.
[66]   Siehe Kapitel 5.
[67]   Vgl. Müller, H. (2008), S. 134.
[68]   Gemäß Datenbasis nach WTO (Ed.) (2005), seit 2005 offiziell UNWTO.

eine bedeutende **Devisenquelle** sein; häufig handelt es sich um (Entwicklungs- oder Schwellen-)Länder, die nicht oder nur wenig über den Export von Rohstoffen, landwirtschaftlichen Erzeugnissen oder Industrieprodukten zu Deviseneinnahmen gelangen können. Besonders kleine Inselstaaten besitzen häufig kaum alternative Exportmöglichkeiten, so dass die Entwicklung als touristische Attraktion die einzig verbleibende Möglichkeit zur Devisenerwirtschaftung darstellen kann.[69] Als Beispiel seien die Malediven angeführt: Im Jahre 2012 wurde rund 28% des Bruttoinlandsproduktes durch den Tourismus erwirtschaftet und über 60% der ausländischen Deviseneinnahmen resultierten aus dem Tourismus[70] (weitere Beispiele siehe Abb. 2.1). Hierbei ist jedoch die Frage zu stellen, wie hoch die effektiv im Empfängerland verbleibenden Deviseneinnahmen aus dem internationalen Tourismus sind.[71]

▪ Brutto- und Nettodeviseneffekte

Der durch den Tourismus erwirtschaftete **Deviseneffekt** darf dabei nicht mit den Ausgaben der ausländischen Gäste gleichgesetzt werden, da ein häufig nicht geringer Ausgabenanteil bereits im Herkunftsland oder bei ausländischen Unternehmen verbleibt. Dies gilt insbesondere für durch Reiseveranstalter organisierte Reisen (siehe Abb. 2.2). Die Tatsache, dass Reisen in Entwicklungsländer nach wie vor vorwiegend als Pauschalreisen (ca. 80%) durchgeführt werden,[72] schränkt die Möglichkeiten zur Einnahme von Devisen entsprechend ein. Nur jener Anteil der Ausgaben der ausländischen Gäste, der auf Leistungen des Empfängerlandes entfällt, führt auch zu entsprechenden Deviseneinnahmen. Hierbei handelt es sich um den sogenannten **Bruttodeviseneffekt**.[73] Dieser entspricht in der Regel nicht dem durch den Tourismus erzielten „Devisengewinn", da der Auf- und Ausbau touristischer Infrastrukturen (z. B. Verkehrs- und Beherbergungsinfrastruktur), die im Ausland durchgeführten Marketingaktivitäten zur Gewinnung von touristischen Nachfragern und die tourismusinduzierte Nachfrage nach aus dem Ausland zu importierenden Produkten (z. B. Nahrungsmittelimporte[74]) wiederum zu **Devisenabflüssen** führen. Es ist deshalb zwischen Brutto- und Nettodeviseneffekt zu unterschieden.

Beim **Nettodeviseneffekt** handelt es sich um die Differenz zwischen dem Bruttodeviseneffekt und der sogenannten **Sickerrate**. Diese gibt an, welcher Anteil der touristischen Deviseneinnahmen für importierte Vorleistungen (Waren und Dienstleistungen aus dem Ausland) wieder abfließt.[75] Die Höhe der Sickerrate hängt im besonderen Maße vom **Entwicklungsstand einer Volkswirtschaft** ab:

Große industrialisierte Staaten, mit stark diversifizierten Volkswirtschaften können die durch den Tourismus ausgelösten Bedarfe bei Vorhandensein ausreichender Pro-

---

[69]   Vgl. Vorlaufer, K. (1990), S. 614.
[70]   Vgl. Domrös, M. (2005), S. 69 mit Bezug auf Government of the Maldives – Ministry of Planning and National Development (Ed.) (2004).
[71]   Vgl. Koch, A. (1966), S. 43.
[72]   Vgl. Auswärtiges Amt (Hrsg.) (2013).
[73]   Dieser wird ggf. im Rahmen der Reiseverkehrsbilanz als Deviseneinnahmen ausgewiesen.
[74]   Siehe hierzu z. B. Belisle, F.J.(1984), S. 819ff.
[75]   Vgl. Vorlaufer, K. (1984), S. 85.

duktionsreserven aus eigener Kraft befriedigen.[76] Die Sickerrate ist entsprechend niedrig. Kleine und weniger industriell entwickelte Staaten müssen hingegen eher Leistungen importieren. Neben dem Entwicklungsstand der Volkswirtschaft und den Produktionsreserven hängt die Sickerrate von der vorherrschenden **Art des Tourismus** ab; so müssen u.U. für touristische Leistungen des Luxussegmentes hohe Devisenabflüsse für importierte Waren in Kauf genommen werden.

Da die Nettodeviseneinnahmen bzw. die Sickerraten nur schwer messbar sind, wird bei der Quantifizierung auf Näherungswerte zurückgegriffen.[77] Es liegen kaum belastbare Zahlen vor. Für Kuba wird geschätzt, dass mindestens 60% der Deviseneinnahmen wieder ins Ausland zurückfließen; für die Dominikanische Republik reichen die Schätzungen von 10 bis 70%.[78] Im Falle isolierter Inselstaaten kann die Sickerrate sehr hohe Werte erreichen, da für den Aufbau und den Unterhalt der touristischen Infrastruktur sowie für die Befriedigung der touristischen Nachfrage sehr viele Güter importiert werden müssen.[79] Für Mikrostaaten in der Karibik[80] und für die Seychellen[81] werden die Werte auf über 50% geschätzt. Für die Malediven liegen ebenfalls Angaben über 50%[82] bzw. bis zu 80-90%[83] vor. In Zielgebieten, die relativ unabhängig von Importen sind, wird davon ausgegangen, dass die Sickerrate zwischen 10 und 20% liegt, also die Nettodeviseneinnahmen 80 bis 90% der Bruttodeviseneinnahmen betragen.[84]

Dienstleistung/Ebene	Anteil an den Gesamtausgaben
Reiseorganisation und -vermittlung	ca. 30%
Summe Quellgebiet	▲ **ca. 30%**
An- und Abreise	ca. 30%
Incoming-Agentur	ca.12% ▼
Unterkunft/Verpflegung	ca. 18%
Inlandstransporte	ca. 10%
Summe Zielland	**ca. 40%**
davon lokale Ebene	**ca.15%**

Abb. 2.2   Verteilung von Reiseausgaben bei einer Pauschalreise[85] (Quelle: Strasdas, W. (2001), S. 137)[86]

---

[76]   Vgl. z. B. Koch, A. (1966), S. 43.
[77]   Vgl. Aderhold, P./Kösterke, A./von Laßberg, D./Vielhaber, A. (2006), S. 26.
[78]   Vgl. Deutscher Bundestag (Hrsg.) (2004), S. 8.
[79]   Vgl. Vorlaufer, K. (1984), S. 92.
[80]   Vgl. Aderhold, P./ Laßberg, D./Stabler, M./Vielhaber, M. (2000).
[81]   Vgl. Vorlaufer, K. (2003).
[82]   Vgl. ebenda.
[83]   Vgl. Domrös, M. (2003).
[84]   Vgl. Petersen, D. (1988), S. 10 zitiert nach Aderhold, P./Kösterke, A./von Laßberg, D./Vielhaber, A. (2006), S. 26.
[85]   „Normalerweise wird der komplette Preis für die Dienstleistungen im Zielland an die Incoming-Agentur bezahlt, die davon wiederum Unterkunft, Verpflegung und Inlandstransporte bezahlt. Die angegebenen 12% sind derjenige Anteil, der bei der Incoming-Agentur für deren Organisationsaufwand, Reiseleitung und Overheads verbleibt." Strasdas, W. (2001), S. 137.

▣ Deutsche Reiseverkehrsbilanz

Die deutsche **Reiseverkehrsbilanz** als Teil der Zahlungsbilanz weist Einnahmen und Ausgaben für Waren und Dienstleistungen für den persönlichen Ge- und Verbrauch des Reisenden aus (siehe Abb. 2.3).[87]

Einnahmen aus dem internationalen Reiseverkehr, z. B.	Ausgaben für den internationalen Reiseverkehr, z. B.
• Übernachtungszahlung von Ausländern an ein deutsches Hotel • Konsum einer Flasche Wein durch Ausländer • Taxifahrt eines Ausländers in Deutschland	• Übernachtungszahlung an einen ausländischen Beherbergungsbetrieb • Konsum einer Flasche Wein im Ausland • Taxifahrt eines Deutschen im Ausland
aber auch:	
• Geldtransfer von Ausländern auf deutsche Konten (in bar)	• Geldtransfer für ein Konto in der Schweiz (in bar)
nicht aber:	
• Verkauf von Lufthansa-Tickets im Ausland • Bahnfahrt mit der Deutschen Bahn, wofür der Fahrschein im Ausland erworben wurde	• Kauf eines ausländischen Flugtickets • Bahnfahrt im Ausland, wobei der ausländische Bahnanteil bei der Deutschen Bahn mit bezahlt worden ist
Diese Größen sind in der Teilbilanz „Personenbeförderung" ausgewiesen.	
ferner nicht:	
• Ausgaben der ausländischen Tourismuseinrichtungen in Deutschland • Export deutschen Bieres an ausländische Restaurants (das evtl. von Deutschen konsumiert wird) • Bau eines ausländischen Hotels in Deutschland	• Ausgaben der Deutschen Zentrale für Tourismus (DZT) für Werbemaßnahmen in Deutschland • Import von ausländischen Lebensmitteln • Bau eines deutschen Clubdorfes im Ausland
Diese Einnahmen bzw. Ausgaben aus dem internationalen Reiseverkehr sind in anderen Teilbilanzen der Zahlungsbilanz erfasst.	

Abb. 2.3   *Die Reiseverkehrsbilanz aus deutscher Sicht*

(Quelle: Freyer, W. (2011), S. 468; leicht verändert)

Im Jahr 2012 betrugen die Ausgaben der deutschen Reisenden im internationalen Zahlungsverkehr 64 Mrd. Euro; die Einnahmen, die Deutschland im Jahre 2012 aus dem internationalen Reiseverkehr verzeichnen konnte, lagen bei ca. 29 Mrd. Euro[88] Wie in den Jahren zuvor (siehe Abb. 2.4) fiel der Saldo der deutschen Reiseverkehrsbilanz deutlich negativ aus, auch wenn sich das Defizit seit 2000 von ca. 37 Mrd. Euro leicht auf 34,5 Mrd. Euro vermindert hat. Beim Vergleich der durch den internationalen Reiseverkehr generierten Einnahmen mit anderen Staaten liegt Deutschland bezogen auf das Jahr 2010 an fünfter Stelle. Die USA sind – mit großem Abstand vor Spanien, Frankreich und China – das Land mit den höchsten durch den internationa-

---

[86]   Mit Bezug auf Arbeitsgruppe Ökotourismus (AGÖT, Hrsg.) (1995), International Resources Group (IRG, Ed.) (1992) und Epler Wood, M. (1998)).

[87]   Vgl. Freyer, W. (2011), S. 467.

[88]   Vgl. Deutsche Bundesbank (Hrsg.) (2013), S. 20.

len Reiseverkehr erzielten Einnahmen. Auch in den Vergleichsjahren 2005, 2000 und 1995 bildete das Quartett aus den vier Staaten USA, Spanien, Frankreich und Italien bereits die Spitzengruppe. Auffallend ist die Entwicklung Chinas: Im Jahr 1995 noch an 13. Stelle verzeichnet China mittlerweile (auf Rang 4) mehr Einnahmen als beispielsweise Großbritannien oder Deutschland.

Jahr	Einnahmen in Mrd. Euro	Ausgaben in Mrd. Euro	Saldo in Mrd. Euro
2000	20,2	57,4	-37,2
2001	20,2	58,0	-37,8
2002	20,4	55,9	-35,6
2003	20,4	57,8	-37,3
2004	22,2	57,5	-35,3
2005	23,4	59,8	-36,3
2006	26,1	58,9	-32,8
2007	26,3	60,6	-34,3
2008	27,1	61,9	-34,7
2009	24,8	58,2	-33,3
2010	26,2	58,9	-32,8
2011	27,9	61,7	-33,8
2012	29,3	63,8	-34,5

Abb. 2.4   *Entwicklung der Reiseverkehrsbilanz in Deutschland 2000–2012*

(Quelle: Deutsche Bundesbank (Hrsg.) (2013), S. 20)[89]

	2010		Rangplatz im Jahr...		
	Einnahmen in Mrd. USD	Rang-platz	2005	2000	1995
USA	165,8	1	1	1	1
Spanien	58,8	2	2	3	5
Frankreich	56,7	3	3	2	2
China	50,2	4	7	7	13
Deutschland	49,1	5	4	6	6
Italien	40,1	6	6	5	3
GB & Nordirland	39,9	7	5	4	4
Türkei	24,8	8	9	17	21
Thailand	23,4	9	16	12	11
Österreich	20,9	10	10	10	7

Abb. 2.5   *Einnahmen verschiedener Staaten durch den internationalen Reiseverkehr*

(eigene Darstellung nach UNWTO (Ed.) 2012)

---

[89]   Abweichungen von 0,1% sind rundungstechnisch bedingt.

2.1.2   Einkommens-, Beschäftigungs- und Wertschöpfungseffekte

Für zahlreiche Destinationen liegen die wirtschaftlichen Vorteile der touristischen Entwicklung nicht primär in den Deviseneffekten, sondern in der Belebung des Arbeitsmarktes der Destination und den damit in Zusammenhang stehenden Möglichkeiten der Einkommensbildung und Wertschöpfungsgenerierung.

▓ Einkommenseffekte

Dabei tragen die von den Gästen in der Destination ausgegebenen Beträge nicht nur einmalig zu einer Entstehung von Einkommen in der Destination bei, sondern durchlaufen mehrere Stadien (**touristischer Einkommensmultiplikator**).[90]

	Bruttowertschöpfung in Mrd. Euro		In % der gesamten Bruttowertschöpfung	
	Tourismus gesamt	Davon Geschäftsreisen	Tourismus gesamt	Davon Geschäftsreisen
Direkter Effekt	97,0	20,0	4,4%	0,9%
Indirekter Effekt	59,5	14,7	2,7%	0,7%
Induzierter Effekt	57,5	12,8	2,6%	0,6%
Gesamt	214,1	47,5	9,7%	2,1%

Abb. 2.6   *Einkommensmultiplikatoren in der Destination[91]*
(Quelle: Bundesministerium für Wirtschaft und Technologie (BMWi) (2012))

Durch die Ausgaben der Touristen in der Destination werden **direkte Einkommen** in den touristischen Unternehmen ermöglicht, die – sofern sie den Wirtschaftskreislauf der Destination nicht verlassen oder angespart werden – bei anderen Unternehmen in der Destination zu erneuten Einnahmen und Einkommen führen. Ein weiterer Teil der Umsätze der touristischen Unternehmen wird für Vorleistungen ausgegeben und führt so bei Zulieferbetrieben **zu weiteren Umsätzen und Einkommen**. Die diesbezüglichen Multiplikatorwirkungen in der Destination sind umso größer, je weniger auf Zulieferer außerhalb der Destination zurückgegriffen wird.

▓ Beschäftigungseffekte

Die Bedeutung des Tourismus für den Arbeitsmarkt der Destination ergibt sich aus der Anzahl der in der Destination durch den Tourismus gesicherten Arbeitsplätze. Hierbei sind nicht nur die **direkten Beschäftigungseffekte** im Tourismussektor im engeren Sinne (Beherbergung etc.) zu berücksichtigen, sondern es sind auch die **indirekten Effekte** bei vorgelagerten Zulieferbetrieben und die aus den regionalwirksamen Konsumerhöhungen (ausgelöst durch tourismusbedingte Einkommenssteigerun-

---

[90]   Vgl. Kaspar, C. (1990), S. 362f. „Der touristische Multiplikator gibt an, um wieviel größer die durch die touristische Ausgabe bewirkte Einkommensvermehrung ist als die Ausgabe selbst." a.a.O., S. 363.

[91]   In Anlehnung an Strasdas, W. (2001), S. 14. mit Bezug auf Büro für Tourismus- und Erholungsplanung (BTE, Hrsg.) (1995).

gen) **resultierenden Beschäftigungseffekte** zu beachten.[92] Darüber hinaus kann es zu Beschäftigungseffekten bei staatlichen Institutionen (Tourismusorganisationen, Nationalparks, Verwaltung etc.) kommen.

Es wird davon ausgegangen, dass in Deutschland mindestens zwei und bis zu drei Millionen Arbeitsplätze vom Tourismus abhängen.[93] Im tourismuspolitischen Bericht der Bundesregierung wird unter Einbezug von indirekten und weiteren Beschäftigungseffekten eine Zahl von 2,8 Millionen Beschäftigten genannt.[94] Der Tourismus schafft Beschäftigungsmöglichkeiten auch für Teilzeitarbeitssuchende und Existenzgründer und der Anteil an weiblichen Beschäftigten ist überdurchschnittlich hoch. Dass zahlreiche **Beschäftigungsmöglichkeiten** im Tourismus auch ungelernten bzw. angelernten Beschäftigungswilligen zugänglich sind, wird z.T. als Vorteil gesehen – doch sind deren Aufstiegschancen aufgrund der relativ geringen Qualifizierung vielfach nicht allzu groß. Kritisch muss zudem angemerkt werden, dass die Lohnstruktur deutlich niedriger als z. B. in der Industrie ist und es sich bei vielen Beschäftigungsmöglichkeiten um Saisonarbeitsplätze mit geringer Arbeitsplatzsicherheit handelt.[95]

Andererseits führt die **Verflechtungsintensität des Tourismus** dazu, dass zahlreiche Wirtschaftsbereiche von der touristischen Entwicklung in der Destination profitieren können. Frühzeitig wurde bereits auf günstige Wirkungen auf die **Landwirtschaft** hingewiesen.[96] So ist in ländlichen Gebieten vielfach die Wirkung des Tourismus auf die Landwirtschaft von Bedeutung, da er zu einer Verbesserung der Einkommenssituation beitragen kann, z. B. durch die Direktvermarktung landwirtschaftlicher Produkte oder die Vermietung von Zimmern, Flächen und anderer Produktionsmittel. Offenkundige Verflechtungen des Tourismus mit dem sekundären Sektor liegen in den Bereichen der **Bauindustrie** und der **Verkehrsmittelproduktion** vor, da in der Destination ausreichende Infrastruktureinrichtungen und zur Raumüberwindung ausreichende Mobilitätsmöglichkeiten geschaffen werden müssen. Daneben entfaltet der Tourismus Einflüsse auf eine ganze Reihe weiterer Teilbereiche des Handwerks und der Industrie.[97] Die exakte Quantifizierung der vom Tourismus abhängigen Arbeitsplätze scheint aus diesen Gründen nahezu unmöglich. Im besonderen Maße trifft dies auf Destinationen in Entwicklungsländern zu, in denen tourismusinduzierte Beschäftigungseffekte im sogenannten *informellen Sektor* (Unternehmungen ohne behördliche Genehmigung und staatlichen Schutz, nicht registriert, statistisch nicht erfasst; z. B. Schuhputzer, Bettler, Kofferträger etc.[98]) entstehen.

---

[92] Vgl. In-Albon, B. (1983), S. 230.
[93] Vgl. beispielsweise Freyer, W. (2011), S. 453; Harrer, B. (2004), S. 157; Deutsches Institut für Wirtschaftsforschung (Hrsg.) (1999), S. 180; Bundesministerium für Wirtschaft und Technologie (BMWi, Hrsg.) (1999), S. 7f.; Petermann, T./Hutter, C./Wennrich, C. (1998), S. 50 mit Bezug auf Prognos (Hrsg.) (1997), S. 26.
[94] Vgl. Bundesministerium für Wirtschaft und Technologie (BMWi, Hrsg.) (2008), S. 10.
[95] Vgl. Klemm, K. (1998), S. 88 und Freyer, W. (2011), S. 459.
[96] Siehe z. B. Stradner, J. (1905), Schnabel, C.-H. (1925).
[97] Vgl. Eisenstein, B./Rosinski, A. (2004), S. 805f. und Eisenstein, B. (1995), S. 48ff.
[98] Vgl. Vielhaber, C. (1986), S. 60.

Aufgrund der **Probleme bei der Quantifizierung der Beschäftigungseffekte** werden in der Praxis oftmals lediglich Angaben über die Beschäftigten im Gaststätten- und Beherbergungsgewerbe getätigt. Dies kann zu einer deutlichen Unterschätzung der tourismusabhängigen Beschäftigtenzahl führen. Ein rechnerischer Wert des in der Destination durch den Tourismus ausgelösten Beschäftigungseffektes kann ermittelt werden, wenn die tourismusinduzierte Wertschöpfungssumme für die Destination vorliegt und diese durch den destinationsspezifischen Durchschnitt der Einkommens-höhe je Arbeitsplatz geteilt wird.[99] Bei Anwendung dieser Berechnungsweise ergibt sich beispielsweise für das Reisegebiet „Nordsee Schleswig-Holstein" bezogen auf das Jahr 2009 ein rechnerischer Beschäftigungseffekt von ca. 54.000 Arbeitsplät-zen.[100]

■ Wertschöpfungseffekte

Der Tourismus fungiert als Arbeitgeber, schafft Arbeitsplätze und Kapitaleinkommen und ermöglicht eine Bodenrente. Diese Tatbestände sind die Faktoren zur Erzeugung der **touristischen Wertschöpfung**.[101] „Unter Wertschöpfung wird der durch die Pro-duktionstätigkeit (Einsatz von Arbeit, Kapital und Bodennutzung) geschaffene Mehr-wert oder Wertzuwachs verstanden (Netto-Produktion). Die touristische Wertschöp-fung entspricht der Bedeutung des Fremdenverkehrs als Erzeugungsfaktor. Kurzfristig gesehen zeigt sich diese Bedeutung in seinem Beitrag an die Bildung des Volksein-kommens, langfristig in seinem Beitrag an die Vermehrung des Volksvermögens."[102] Auch die Wertschöpfungseffekte des Tourismus lassen sich kaum exakt erfassen, da keine „Primärstatistiken" vorliegen.[103]

Je nach Abgrenzung der Tourismuswirtschaft und je nach Berechnungsmethode erge-ben sich für das untersuchte Zielgebiet unterschiedliche Beträge für den Anteil des Tourismus an der Gesamtwertschöpfung. Auch für Deutschland weisen unterschiedli-che Studien divergierende Umsatzzahlen und Anteile des Tourismus am Volksein-kommen aus. Die Abweichungen sind auch hier darauf zurückzuführen, dass die Tourismusbranche in den Studien unterschiedlich abgegrenzt wird. Zudem kommen unterschiedliche Erhebungs- und Berechnungsverfahren zur Anwendung. So weist beispielsweise der Deutsche Tourismusverband[104] den jährlichen Bruttoumsatz im Deutschlandtourismus mit knapp 213 Mrd. Euro aus, das Deutsche Institut für Wirt-schaftsforschung gibt einen jährlichen Gesamtumsatz von rund 150 Mrd. Euro an.[105] Die Werte für den **Beitrag zum Volkseinkommen** liegen bei 2 bis 4% bei einer en-gen bzw. bei 4 bis 8% bei einer weiteren Abgrenzung des Tourismussektors.[106] Im

---

[99]   Letztere liegt in der amtlichen Statistik vor.
[100] Vgl. Nordseebäderverband Schleswig-Holstein e.V. (Hrsg.) (2010), S. 10.
[101] Kaspar, C. (1996), S. 134.
[102] Kaspar, C. (1990), S. 363.
[103] Vgl. Bundesministerium für Wirtschaft und Technologie (BMWi, Hrsg.) (2008), S. 10.
[104] Deutscher Tourismusverband (DTV, Hrsg.) (2009), S. 6 mit Bezug auf Harrer, B./Scherr, S. (2002);
       Maschke, J. (2005), Maschke, J. (2006), Maschke, J. (2007).
[105] Vgl. Deutsches Institut für Wirtschaftsforschung (Hrsg.) (1999), S. 179ff.
[106] Vgl. Freyer, W. (2011), S. 443f.; unter Berücksichtigung von Multiplikatoreffekten gibt Freyer einen
       Maximalwert von 14% an.

touristmuspolitischen Bericht der Bundesregierung wird für den Kernbereich des Tourismus (hier: Gastgewerbe, Reiseveranstalter und Reisemittler; ohne Geschäftsreisen) eine Bruttowertschöpfung von 57 Mrd. Euro angegeben. Dies würde 3,2% des Bruttoinlandsprodukts entsprechen.[107]

Auch für regionale oder städtische Destinationen ist es aus den weiter oben angeführten Gründen wichtig, dass Kenntnisse über ökonomische Effekte des Tourismus in der Destination – insbesondere hinsichtlich der Wertschöpfung – vorliegen. Die Ermittlung der durch den Tourismus erzielten Wertschöpfung ist zudem meist notwendig, um eine (zumindest rechnerische) Aussage zu Beschäftigungswirkungen in der Destination treffen zu können.[108] Um die Wertschöpfung des Tourismus innerhalb der Destination zu quantifizieren, müssen zunächst die durch den Tourismus erzielten Umsätze über die **Angebots- oder Nachfrageseite** ermittelt werden. Aufgrund verschiedener Problembereiche[109] der angebotsseitigen Umsatzermittlung ist für die Praxis der nachfrageseitige Ansatz von größerer Relevanz. Mithilfe von **Gästebefragungen** werden die durchschnittlichen Tagesausgaben der Touristen erhoben. Diese hängen beispielsweise vom jeweiligen touristischen Angebot, den Reisemotiven und der gewählten Beherbergungsart ab. Anschließend führen fünf Berechnungsschritte (siehe Abb. 2.8) zum Beitrag des Tourismus zum Volkseinkommen.

In der Destination profitieren nicht nur die Unternehmen des Gastgewerbes, sondern zahlreiche weitere Unternehmen, insbesondere der **Einzelhandel** und andere **Dienstleister,** von den direkten Ausgaben der Touristen. Wird in Gästebefragungen nicht nur die Gesamtausgabenhöhe, sondern zudem die Ausgabenstruktur der Touristen ermittelt, kann dargestellt werden, in welchem Maße unterschiedliche Wirtschaftsbereiche der Destination direkt aus den Ausgaben der Touristen Umsätze beziehen. Für das Reisegebiet „Nordsee Schleswig-Holstein" lässt sich exemplarisch feststellen, dass zwar mehr als die Hälfte der Ausgaben der Touristen an das Gastgewerbe fließt, doch zeigt sich, dass auch der Einzelhandel der Destination mit einem Anteil von mehr als einem Viertel umfassend an den Ausgaben der Touristen partizipiert (siehe Beispiel in Abb. 2.7).

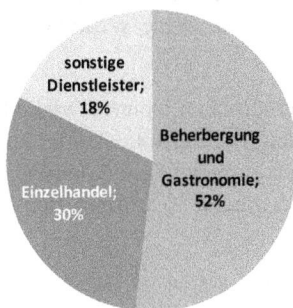

Abb. 2.7   *Verteilung der touristischen Bruttoumsätze nach Branchen im Reiseziel „Nordsee Schleswig-Holstein" 2009   (Quelle: Nordseebäderverband Schleswig-Holstein e.V. (Hrsg.) (2010), S. 9)*

---

[107]   Vgl. Bundesministerium für Wirtschaft und Technologie (Hrsg.) (2008), S. 10 mit Bezug auf Ahlert, G. (2005), S. 12.
[108]   Vgl. Tschurtschenthaler, P. (1993a), S. 216.
[109]   Differenzierungsproblem von touristischen und nicht touristischen Umsätzen im Unternehmen, unzureichende Auskunftsbereitschaft der Betriebe etc.

1. Schritt: Ermittlung der Bruttoumsätze (inkl. MwSt.) Umfang der touristischen Nachfrage[110] x durchschnittliche Tagesausgaben = Bruttoumsatz
2. Schritt: Ermittlung der Nettoumsätze (ohne MwSt.) Bruttoumsatz – Mehrwertsteuer[111] = Nettoumsatz
3. Schritt: Ermittlung der Einkommenswirkungen 1. Umsatzstufe (EW1) Nettoumsatz x Wertschöpfungsquote[112] = EW1
4. Schritt: Ermittlung der Einkommenswirkungen 2. Umsatzstufe (EW2) (Nettoumsatz – EW1) x Wertschöpfungsquote = EW2
5. Schritt: Ermittlung des touristischen Einkommensbeitrages (EW1 + EW2) = absoluter touristischer Einkommensbeitrag (EW1 + EW2)/gesamtes Volkseinkommen der Destination = Beitrag des Tourismus zum Volkseinkommen in der Destination

Abb. 2.8   *Berechnungsschritte zur Ermittlung der Einkommenswirkungen und des touristischen Beitrags*
zum Volkseinkommen der Destination   *(Quelle: Zeiner, M./Harrer, B. (2012), S. 18)*

2.1.3   Ausgleichseffekte

Da durch die touristische Nachfrage eine **räumliche Konsumverlagerung** von der Quellregion in die Destination erfolgt, rückt der Tourismus als potenziell wirtschaftsbelebender Faktor in das Interesse der Regionalpolitik wirtschaftlich benachteiligter Räume. Im Mittelpunkt steht dabei der Beitrag des Tourismus zur **Kompensation regionaler Disparitäten** und zur Herstellung möglichst gleichwertiger Lebensverhältnisse (meist innerhalb eines nationalen Wirtschaftsraumes). Diese Wirkung wird im Allgemeinen als **Ausgleichseffekt** des Tourismus bezeichnet.

Oftmals besteht ein Zusammenhang zwischen der wirtschaftlichen Unterentwicklung und der touristischen Attraktivität eines Raumes. Industrielle und touristische Nutzung einer Region sind in der Regel nur bis zu einem bestimmten Grade kompatibel. Durch die **Tendenz des Tourismus zur räumlichen Peripherie**[113] eröffnet sich die

---

[110] In Bezug auf den Übernachtungstourismus in Anzahl der Übernachtungen; in Bezug auf den Tagestourismus Anzahl der Tagesreisen.

[111] Hierbei sind die unterschiedlichen Mehrwertsteuersätze zu beachten (z. B. Mehrwertsteuerbefreiung der Privatvermieter und Jugendherbergen, teilweise ermäßigter Mehrwertsteuersatz im Lebensmitteleinzelhandel); vgl. Zeiner, M./Harrer, B. (2012), S. 18.

[112] "Die Wertschöpfungsquote gibt den Anteil des Nettoumsatzes an, welcher unmittelbar zu Löhnen, Gehältern oder Gewinnen – also zu Einkommen – wird."
In der Regel wird auf der 1. Umsatzstufe eine Einkommenswirkung/Wertschöpfungsquote beim Übernachtungstourismus von ca. 40%, beim Tagestourismus von ca. 30% des Nettoumsatzes zugrunde gelegt (vgl. z. B. Harrer, B. (2004), S. 155f)). Weitere Anteile des Nettoumsatzes der 1. Umsatzstufe fließen für Vorleistungen an Zulieferer, so dass dort durch Multiplikatoreffekte (siehe hierzu Abb. 2.6) weitere Beschäftigungs-, Einkommens- und Wertschöpfungseffekte entstehen. Zeiner, M./Harrer, B. (2012, S. 22) führen für den ländlichen Raum in Deutschland für die erste Umsatzstufe eine Wertschöpfungsquote von 33,3% und für die zweite Umsatzstufe eine Wertschöpfungsquote von 30% an.

[113] Vgl. z. B. Häussler, X. (1930), S. 26; Christaller, W. (1955), S. 5.; Vorlaufer, K. (2000), S. 101 in Bezug auf die Auslandsreisen der Deutschen; Vorlaufer, K. (1984), S. 160.

Möglichkeit, durch den Tourismus wirtschaftliche Impulse an Standorten freizusetzen, an denen andere wirtschaftliche Aktivitäten nicht oder kaum möglich sind. Die Ausgleichsfunktion des Tourismus setzt sich dabei aus mehreren Einzelaspekten zusammen: Die Nachfrage nach dem touristischen Produkt der Destination löst einen Kaufkraftstrom aus, der den Effekt einer regionalen Umverteilung des Einkommens mit sich bringt sowie Beschäftigungsmöglichkeiten und Wertschöpfung in der Destination schafft. Neben der wirtschaftlichen Belebung kann der Tourismus zu einer verbesserten **Versorgungssituation** und zu einer erweiterten **Infrastrukturausstattung** im Zielgebiet führen. So können sich die Einkaufsmöglichkeiten und die ärztlich-medizinische Versorgung (z. B. in Kurorten) ausweiten, die Verkehrsinfrastruktur verbessern und es können der Bevölkerung erweiterte Möglichkeiten der Freizeitgestaltung (z. B. durch Veranstaltungen und Freizeiteinrichtungen) eröffnet werden. Der Tourismus leistet hierdurch einen Beitrag zur **Verbesserung der Lebenssituation** der Bevölkerung im jeweiligen Zielgebiet.

Der Ausgleichseffekt des Tourismus wirkt jedoch nicht nur zwischen Räumen innerhalb eines nationalen Wirtschaftsraumes, sondern ist darüber hinaus im internationalen Rahmen zu beobachten – z. B. wenn sich ausgleichende Kaufkraftströme von Deutschland in Destinationen des südlichen Europas oder von Industrie- in Entwicklungsländer entfalten.[114] Nicht alle Arten und Formen des Tourismus führen im gleichen Maße zu Ausgleichseffekten im Sinne des Abbaus regionaler Disparitäten. So konzentriert sich der Geschäftsreiseverkehr sowie der Kongress- und Tagungstourismus in der Regel auf Ballungszentren; der Städtetourismus führt die touristische Nachfrage in Agglomerationen und die Trends der *Eventisierung* und künstlichen Inszenierung verringern die Bedeutung der Faktorausstattung, die in peripheren Räumen ein Vorteil im touristischen Wettbewerb (z. B. naturräumliche Ausstattung) darstellen kann.

2.1.4   Negative wirtschaftliche Effekte

Die durch die touristische Entwicklung angestrebte Wirtschaftsentwicklung im Zielgebiet, die damit einhergehende Verbesserung der Infrastrukturausstattung und der Abbau wirtschaftlicher Disparitäten können nicht immer erreicht werden. Zudem stellen sich teilweise **negative wirtschaftliche Effekte** in der Destination ein. Dies ist vor allem dann der Fall, wenn es im Zielgebiet zu einer einseitigen Konzentration der ökonomischen Betätigung auf Basis des Tourismus kommt.

Wirtschaftliche **Abhängigkeitsverhältnisse** können die Folge sein: Diese können im Hinblick auf die Außenwirtschaft entstehen, wenn ein großer Teil der Devisen durch den Tourismus erwirtschaftet wird oder die Destination die touristische Nachfrage vorwiegend aus einer Quellregion bezieht. Die touristische Entwicklung im Zielgebiet wird für konjunkturelle Schwankungen der Quellregion anfällig, wobei sich im Falle **touristischer Monokulturen** verstärkte Wirkungen auf die gesamtwirtschaftliche

---

[114] Vgl. Eisenstein, B. (1995), S. 118.

Entwicklung der Destination entfalten. Gleiches gilt bei der Verschiebung von Reise-zielpräferenzen beim Nachfragepotenzial des Quellmarktes z. B. aufgrund von Mode-trends oder Bedürfnisverlagerungen. Wirtschaftliche Abhängigkeiten können weiter-hin entstehen, wenn die Destination zu wenig Einfluss auf die Vertriebswege und die nachfragestimulierende Kommunikationspolitik auf den Absatzmärkten ausüben kann. Dies ist beispielsweise der Fall, wenn nicht ansässige Unternehmen den Tou-rismussektor in der Destination beherrschen (z. B. ausländische Pauschalreiseunter-nehmen oder Kapitalgeber[115]). Die **Verhandlungsmacht** dieser Unternehmen erlaubt einen dominierenden Einfluss auf die touristische Entwicklung.

In landwirtschaftlich geprägten Destinationen kann die touristische Entwicklung zu Konkurrenzsituationen mit der Landwirtschaft in Bezug auf Ressourcen (z. B. Flä-chen, Wasser) führen. Können in den Tourismusunternehmen der Destination höhere Einkommen als in der Agrarwirtschaft bezahlt werden, kann es zur Abwanderung von Arbeitskräften aus dem Primären Sektor in die Tourismusbranche kommen (**Arbeits-kraftabzugseffekt**).[116]

Knappheits- und **Preissteigerungseffekte** treten in der Destination auf, wenn der tourismusinduzierten Nachfrageerhöhung nach Gütern keine ausreichenden Produk-tionsreserven innerhalb der Destination gegenüber stehen. Für die einheimische Be-völkerung erhöhen sich die Lebenshaltungskosten durch Preissteigerungen bei Gütern des täglichen Bedarfs, die auch von Touristen nachgefragt werden. Zudem kann es in der Destination aufgrund nur begrenzt vorhandener nutzbarer Flächen – insbesondere auf Inseln oder in Gebirgstälern – zu einer tourismusinduzierten Erhöhung der **Grundstücks- und Immobilienpreise** kommen.[117] Daneben kann eine im Vergleich zum Heimatort erhöhte Ausgabenbereitschaft der Touristen im Zielgebiet und eine im Vergleich zu der in der Destination lebenden Bevölkerung höhere Kaufkraft der Tou-risten zu **Preissteigerungen** führen. Die gleichzeitig damit einhergehende Verminde-rung der Kaufkraft der einheimischen Bevölkerung tritt immer dann besonders in Erscheinung, wenn es zu Preissteigerungen bei Produkten kommt, die sowohl von der einheimischen Bevölkerung als auch von den Touristen nachgefragt werden. Dass touristisch bedingte Preiseffekte insbesondere in wirtschaftlich unterentwickelten Regionen und in Entwicklungsländern festgestellt werden können,[118] führt zu einer Verminderung der gewünschten Ausgleichseffekte.

Zur Aufrechterhaltung und Weiterentwicklung des Tourismus in der Destination können für die **Haushalte** der betroffenen Gebietskörperschaften hohe finanzielle Belastungen notwendig werden. Hierbei stellt sich im Falle eines saisonalen touristi-schen Nachfrageverlaufs die Frage, ob die Infrastrukturinvestitionen auf den **saisona-len** Spitzenbedarf ausgerichtet werden sollen oder nicht. In Destinationen, in denen die infrastrukturelle Ausstattung nicht auf den temporär erhöhten Bedarf während der

---

[115] Vgl. Vorlaufer, K. (1990), S. 617. In der Dominikanischen Republik überwiegen beispielsweise bei touristischen Großprojekten spanische Investoren (vgl. Deutscher Bundestag (Hrsg.) (2004), S. 15).
[116] Vgl. Velissariou, E. (1991), S. 283.
[117] Vgl. Kulinat, K./Steinecke, A. (1984), S. 157f.; Schliephake, K. (1978).
[118] Vgl. Kaspar, C. (1990), S. 361.

touristischen Hochsaison ausgelegt ist, kommt es gegebenenfalls zu **Versorgungs-engpässen** (z. B. bei der Trinkwasserver- und Abwasserentsorgung) und es können Überlastungserscheinungen (z. B. bei der Verkehrsinfrastruktur) auftreten. Werden die entsprechenden Kapazitäten hingegen an den Spitzenbedarf angepasst, stellen die außerhalb der Saisonzeiten nicht genutzten Infrastrukturkapazitäten „totes Kapital" dar.

Nicht zuletzt wegen dieses Umstandes und unter der Prämisse, dass die begrenzten Ressourcen im Rahmen der staatlichen Wirtschaftspolitik möglichst dort eingesetzt werden sollen, wo – gemessen an den geschaffenen Arbeitsplätzen – eine optimale Effizienz erwartet werden kann, ist die Kapitalintensität[119] des Tourismus im Verhältnis zu anderen vor Ort gegebenen Investitionsmöglichkeiten zu berücksichtigen.

2.2   Soziokulturelle Effekte

Lange Zeit beschäftigten sich Untersuchungen und Publikationen in Bezug auf die Effekte des Tourismus vor allem mit den wirtschaftlichen Wirkungen im Zielgebiet. Erst viel später rückten auch die Wirkungen des Tourismus auf die Gesellschaft und die Kultur des Zielgebietes in den Forschungsfokus der Tourismuswissenschaft.[120] Die Analyse und Beurteilung der **soziokulturellen Effekte**, die der Tourismus im Zielgebiet auslösen kann, fällt dabei wesentlich schwerer als bei den wirtschaftlichen Effekten – die doch in der Gesamtheit tendenziell positiv beurteilt werden. Die Messung der sozialen und kulturellen Wirkungen des Tourismus gestaltet sich u.a. deshalb sehr schwierig, weil die Abgrenzung zu nicht touristischen Einflüssen (z. B. durch die Medien) problematisch ist.[121] Den umfangreichsten Beitrag zur Betrachtung dieser Effekte lieferten Untersuchungen und Publikationen im Rahmen der Diskussion zu den Wirkungen des **Tourismus in Entwicklungsländern**. Die Effekte „sind […] in ähnlicher Form für (fast) alle touristischen Gebiete relevant"[122], da die touristische Inwertsetzung und die damit einhergehende Gestaltung des Lebensraumes der einheimischen Bevölkerung die **soziale Organisation des Zielgebietes** umfassend tangiert.[123] Die grundlegende Frage, ob der Tourismus einen Beitrag zum gegenseitigen Verständnis unterschiedlicher **Kulturkreise** leistet, darf nicht pauschal beantwortet werden. Die Begegnung verschiedener Lebensstile und Kulturen[124] kann positive und negative Folgen haben. Es kann jedoch festgehalten werden, dass der Tourismus einen Beitrag zum Abbau von Vorurteilen leisten kann, wenn der Reisende sich entsprechend auf die Kultur der Destination vorbereitet, sich an den Lebensstil und die Kultur vor Ort anpasst und eine möglichst gegenseitige Bereitschaft zum Kennenler-

---

[119] Hier definiert als Investitionskosten pro direkten Arbeitsplatz.
[120] Vgl. Müller, H. (2008), S. 78.
[121] Vgl. Schrand, A. (2008), S. 640.
[122] Freyer, W. (2011), S. 487.
[123] Vgl. Wöhler, Kh. (1997), S. 7ff.
[124] Zum Beispiel städtischer oder agglomerations-geprägter Lebensstil und Lebensstil ländlich geprägter Regionen; maritime und alpine Kulturen; westlich und nicht westlich orientierte Kultur; Kultur der industrialisierten Staaten und Kulturen der Entwicklungs- und Schwellenländer.

nen vorliegt. Unter günstigen Rahmenbedingungen kann der Tourismus einen Beitrag zum Aufbau von Bewusstsein und **Verständnis für die kulturelle Andersartigkeit** leisten und eine Erweiterung des diesbezüglichen persönlichen Horizontes fördern.[125] Im Gegensatz dazu steht jedoch die in der Realität häufig geringe Vorbereitung auf die in der Destination vorliegenden kulturellen Gegebenheiten. Die gravierendste Folge kann ein **Kulturschock** sein, der Hilflosigkeit, Angst oder gar Feindseligkeit auslöst. Auch die häufig kurze Dauer des Aufenthaltes im Zielgebiet[126] und die Konzentration des Tourismus sowie die damit einhergehende Trennung der Kulturen durch im Zielgebiet abgeschottete Ferienanlagen („Ghettoisierung"[127]) lassen nur noch bedingt einen Austausch der Kulturen im Sinne der **Völkerverständigung** zu.

2.2.1 Das Vier-Kulturen-Schema

Das **Vier-Kulturen-Schema** von Thiem[128] zeigt auf, dass in der Regel nicht direkt die Kulturen des Quell- und des Zielgebietes aufeinandertreffen, sondern dass eine durch die **Kultur des Quellgebietes** geprägte **Ferienkultur** auf eine durch die **Kultur des Zielgebietes** geprägte **Dienstleistungskultur** trifft. Bei der Kultur der Quellregion handelt es sich um den alltäglichen Lebensstil am Heimatort der Touristen; bei der Ferienkultur hingegen um die Verhaltensweisen, die die Touristen in der Zielregion an den Tag legen – und die sich teilweise von den Verhaltensweisen am Heimatort unterscheiden können (z. B. größere Ausgabebereitschaft, zwangloserer Kleidungsstil, intensivierter Konsum von Alkohol, freizügigere Moralvorstellungen und Geschlechterbeziehungen).

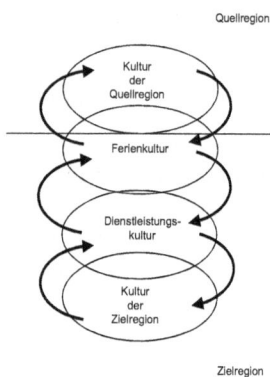

Die Ferienkultur trifft jedoch nicht auf die Summe der kulturcharakteristischen Elemente im Alltag des Zielgebietes (Kultur der Zielregion), sondern auf eine Dienstleistungskultur und damit auf die (während der Arbeitszeit praktizierten) Verhaltensweisen der im Zielgebiet im Tourismus beschäftigten Personen. Zwar beeinflussen sich die Kulturen gegenseitig, weil auch ein institutionalisierter Tourismus zu Kontakten führt, doch handelt es sich bei diesen häufig nicht um Kontakte zwischen Gleichberechtigten, sondern um hierarchisch geartete Dienstleistungssituationen zwischen (potenziellen) Kunden und Dienstleistern (z. B. Hotelangestellte, Händler, Reiseführer).

Abb. 2.9 *Vier-Kulturen-Schema (Quelle: Thiem, M. (1994), S. 42)[129]*

---

[125] Vgl. Kösterke, A. (2000), S. 26ff.
[126] Vgl. Aderhold, P./Kösterke, A./von Laßberg, D./Vielhaber, A. (2006), S. 33.
[127] Storbeck, D. (1990), S. 412.
[128] Vgl. Thiem, M. (1994).
[129] Auf Basis von Jafari, J. (1982), S. 59.

Das Aufeinandertreffen der Ferienkultur und der Dienstleistungskultur kann zu nicht gerechtfertigten Annahmen hinsichtlich der jeweilig anderen Alltagskultur führen, wenn die situationsspezifischen Verhaltensweisen generalisiert werden. Es können beidseitig jeweils **realitätsferne Vorstellungen** entstehen: einerseits der im Tourismus Beschäftigten bezüglich der Kultur der Quellregion, andererseits der Touristen bezüglich der Kultur der Zielregion. Es findet somit kein Austausch der „wahren" Kulturen statt, sondern es entstehen auf Basis einer touristischen Scheinwelt falsche Vorstellungen in Bezug auf den jeweilig normalen Lebensstil, wenn die situative Besonderheit der wahrgenommenen Verhaltensweisen nicht ausreichend berücksichtigt wird.

2.2.2 Tourismus und Akkulturation

Die soziokulturellen Auswirkungen werden unter dem Begriff der *Akkulturation* zusammengefasst, womit die meist wechselseitige Beeinflussung unterschiedlicher Kulturen gemeint ist.[130]

▪ Wirkungsschema

Neben den Medien (TV, Internet etc.) führt u.a. auch der Tourismus zur Akkulturation, wobei der **Akkulturationsprozess** hier überwiegend einseitig abläuft, da die Gesellschaften der Zielgebiete einer größeren Intensität des Kulturwandels unterliegen als die Gesellschaften in den Quellmärkten der Touristen.[131] In den Kontaktsituationen der Touristen und Einwohner werden gegenseitig die jeweiligen Verhaltensstile „demonstriert".[132] Das Resultat kann dabei das Wecken latent vorhandener Bedürfnisse (**Demonstrationseffekt**), gefolgt von der innerlichen Übernahme von Bestandteilen (**Identifikationseffekt**) und der äußerlichen Nachahmung bestimmter Elemente und Verhaltensweisen (**Imitationseffekt**) der anderen Kultur sein. Beim einzelnen Mitglied einer Gesellschaft entfaltet sich ein Akkulturationseffekt, der Bestandteil der Akkulturation im Sinne eines gesamtgesellschaftlichen Kulturwandels sein kann.

---

[130] Vgl. Freyer, W. (2011), S. 487.
[131] Vgl. Vorlaufer, K. (1984), S. 55.
[132] Nach Lüem, T. (1985) Kultur der Touristen und Kultur der Einheimischen; nach Thiem M. (1994) Ferienkultur und Dienstleistungskultur.

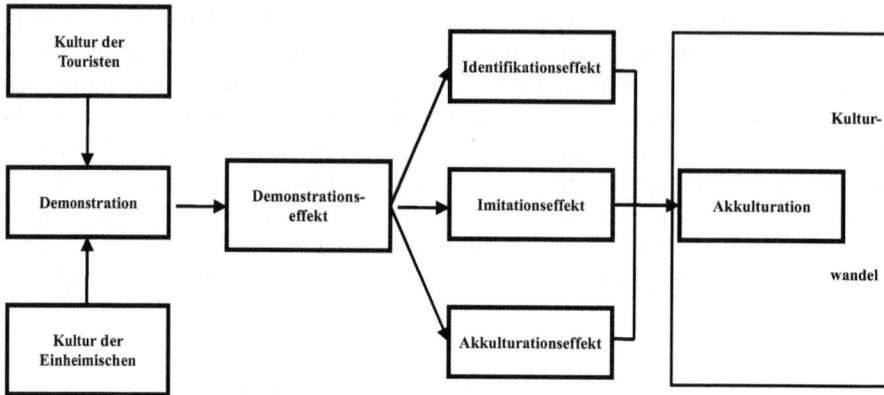

Abb. 2.10　*Wirkungsschema der tourismusinduzierten Akkulturation*　　　*(Quelle: Lüem, T. (1985), S. 68)*

Ohne dass eine vollständige Wiedergabe der Einzelwirkungen möglich ist, verdeutlicht Abb. 2.11, dass zahlreiche einzelne Effekte zu einer umfassenden Wirkung zusammenfließen können. Häufig verändern sich insbesondere die **Normen und Werte** sowie entsprechend die Verhaltensweisen der einheimischen Bevölkerung – insbesondere in Entwicklungsländern; dies gilt vor allem für die Jugend, die das (vermeintlich) erstrebenswerte Leben der Touristen nachahmen möchte – mit entsprechenden Konsequenzen für die Kultur und Traditionen sowie die **Sozialstruktur des Zielgebietes**. Bei Interesse der Touristen an der **authentischen Kultur** kann es jedoch auch zu positiven Effekten kommen: Das Selbstwertgefühl der Einwohner der Destination kann steigen, **traditionelle Riten und Bräuche** können wiederbelebt und die **kulturelle Identität** gestärkt werden.[133]

---

[133]　Vgl. Vorlaufer, K. (1996), S. 201ff.

Kultur & Tradition: Veränderung im Zuge der Akkulturation mit Auswirkungen auf Architektur, Kunsthandwerk, Ernährung, Mode etc.,	
traditionelle Riten, Brauchtum, kulturelles Erbe	– Verlust kultureller Werte, ggf. Verlust der kulturellen Identität – Kommerzialisierung und Verfälschung, Authentizitätsverlust und Dominanz ökonomischer Motivationsstrukturen – Deformierung traditioneller Werte der Gastfreundschaft – Profanisierung des (religiös-)kulturellen Erbes – Folkloredarbietungen ohne traditionellen Sinnzusammenhang („(Zerr-)Bild der Kultur"), Aber: – Wiederbelebung, Erhalt und Festigung traditioneller Riten, (religiösen) Brauchtums und des kulturellen Erbes (z. B. Tänze, Musik, Trachten) aufgrund der Aufwertung durch das Interesse der Touristen
Kunsthandwerk	– Kommerzialisierung des Kunsthandwerkes, Authentizitätsverlust – vereinfachte Massenproduktion für Souvenirmarkt („tourist art", „airport art") – Verlust an traditionellen künstlerischen Werten und neue Funktionalität (Aschenbecher, Brieföffner etc.) Aber: – Förderung von Künstlern durch neue Nachfrager
Siedlungsstruktur & Ortsbilder	– Hinwendung zur Architektur städtischen, internationalen Stils – weniger einheimische Ideen und Baumaterialien – Beeinträchtigung und Zerstörung historisch gewachsener Ortsbilder Aber: – Erhalt religiöser und traditioneller Bauwerke, Kulturpflege – Restaurierung historischer Gebäude; Denkmalschutz
Normen & Werte: Veränderung im Zuge der Akkulturation, Identitätsneudefinition; ggf. mit Folgen in Bezug auf:	
Sitte & Moralvorstellungen	– Prestige und sozialer Aufstieg durch Kontakte mit Touristen – genussorientiertes Verhalten der Touristen als Vorbild – Wandlung von Sitte und Moralvorstellungen – gelockerte Geschlechterbeziehungen – freizügiger Alkohol- und Drogenkonsum
Kriminalität & Prostitution	– Restriktionen der Nachahmung (mangelnde Zeit und Finanzmittel, soziale Tabus) führen ggf. zum Anstieg von Kriminalität und Feindseligkeit: Diebstahl (Reiseziele als Tatorte mit vielen potenziellen Opfern), Einbruch, Gewalt-, Drogen- und Sexualdelikte – Prostitution als Einnahmequelle und Integrationsritus, Möglichkeit der Teilnahme am „Touristenleben", Zugehörigkeit zu privilegiertem Kreis; Sextourismus[134]
Sozialstruktur: Veränderung im Zuge neuer ökonomischer Möglichkeiten & Emanzipationschancen; ggf. mit Folgen für hierarchische Strukturen in Bezug auf:	
Familienstruktur	– durch neue Einkommensmöglichkeiten ausgelöste Veränderung der Autoritätsstrukturen innerhalb der Familie – Generationskonflikte aufgrund von Wertänderungen der jüngeren Generation
Stellung der Frau	– hohe Anzahl weiblicher Beschäftigter im Tourismus führt zur ökonomischen Selbstständigkeit und Unabhängigkeit – Veränderung der Besitz- und Machtstrukturen zwischen den Geschlechtern
soziale Hierarchie der Berufe	– Beschäftigung im Tourismus wird tendenziell höher bewertet als Tätigkeit in der Landwirtschaft und Fischerei – Entstehung neuer gesellschaftlicher Schichten: im Tourismus beschäftige angelernte Arbeiter, mit engem Kontakt zu Touristen und z.T. hohem Sozialprestige; selbstständige Unternehmer durch neue Dienstleistungsangebote – Abwanderung in touristische Berufe (Arbeitskraftabzugseffekt), Aufgabe trad. Berufe – Migration aufgrund neuer oder verminderter ökonomischer Betätigungsfelder; Landflucht und Zuzug in touristische Zentren; Trennung von Familien, Auflösung von Familienstrukturen; Verlust der wirtschaftlichen Grundlage bei Fischerei und Landwirtschaft – Veränderung der Besitz- und Machtstrukturen; „Tourismusgewinner" und „-verlierer"

Abb. 2.11   Beispiele für soziokulturelle Effekte des Tourismus im Zielgebiet (insbesondere in Entwicklungsländern)   (eigene Darstellung auf Basis verschiedener Quellen [135])

---

[134] Insbesondere in verschiedenen Ländern Asiens (z. B. Indien, Kambodscha, Sri Lanka, Thailand, Vietnam), Afrikas (z. B. Kenia, Madagaskar, Malawi, Mauritius, Südafrika) und Lateinamerikas (z. B. Brasilien, Dominikanische Republik, Kuba, Mexiko) (vgl. Deutscher Bundestag (Hrsg.) (2004), S. 37) und in verschiedenen ehemaligen Ostblockstaaten (vgl. Suchanek, N. (2001), S. 36 mit Bezug auf Europäische Kommission (1998) (Ed.)).

[135] Vgl. Freyer, W. (2011), S. 492ff. und S. 523; Schrand, A. (2008), S. 643ff. sowie Aderhold, P./Kösterke, A./von Laßberg, D./Vielhaber, A. (2006), S. 31ff.; ergänzt und verändert.

▦ Determinanten der soziokulturellen Effekte

Die Ausprägung der soziokulturellen Effekte durch den Tourismus in der Destination hängt von unterschiedlichen Determinanten ab. Wesentliche Komponenten auf Seiten des Zielgebietes sind die **kulturelle Eigenständigkeit** und die **Stabilität der gastgebenden Kultur**.[136] Je nach Ausmaß der mentalitätsbedingten Offenheit der Einwohner der Destination gegenüber neuen Einflüssen und je nachdem, wie das Ausmaß an Selbstbestimmungsmöglichkeiten zur Gestaltung der eigenen Lebensumwelt empfunden wird, werden Zielgebiete von einer unterschiedlichen Intensität der Akkulturation erfasst. In einer Destination, deren Bevölkerung durch eine große Offenheit gegenüber neuen Einflüssen charakterisiert ist und das gleichzeitig relativ großen fremdbestimmten Einflüssen unterliegt, werden sich rascher Identifikations-, Imitations- und Akkulturationseffekte in der Gesellschaft einstellen als in einer Destination, die weniger fremdbestimmten Einflüssen ausgesetzt ist. Ist die Bevölkerung eher verschlossen gegenüber neuen Einflüssen, führen Fremdeinflüsse eher zur Verdrängung bzw. Abschottung.[137]

Das Ausmaß des kulturellen Wandels in der Destination wird darüber hinaus erheblich von dem **zahlenmäßigen Verhältnis zwischen Touristen und Einheimischen** und vom **Ausmaß des kulturellen Unterschiedes** beeinflusst. Die Konsequenzen sind umso gravierender, je größer der kulturelle Unterschied zwischen Quellregion und Destination, je kleiner die Destination und je höher die Anzahl der Touristen ist.[138]

Von großer Bedeutung ist zudem die **Art der Touristen**, die die Destination besuchen. Touristen bewirken ganz unterschiedliche soziokulturelle Effekte, z. B. je nach Erlebnis- und Bildungsanspruch[139] oder je nachdem wie sie sich bei der Interaktion mit der Bevölkerung verhalten. Von entscheidender Bedeutung ist dabei das Ausmaß, in welchem sich die Touristen an die Kultur und Normen der Destination anpassen und welchen touristischen Standard sie akzeptieren.[140] So führt das Einfordern von westlichen Komfortstandards in Reisezielen in Entwicklungsländern zu stärkeren Einflüssen. Die soziokulturellen Auswirkungen stehen zudem mit dem **Stadium der touristischen Entwicklung** in der Destination und der **Entwicklungsgeschwindigkeit**[141] in Zusammenhang. Je schneller die touristische Entwicklung voranschreitet, desto größer sind die Auswirkungen.[142]

---

[136] Vgl. Aderhold, P./Kösterke, A./von Laßberg, D./Vielhaber, A. (2006), S. 33.
[137] Vgl. Bieger, T./Beritelli, P. (2013), S. 38.
[138] Vgl. Friedl, H. (2002), S. 77.
[139] Beispielsweise ist davon auszugehen, dass Studienreisen aufgrund der kleinen Reisegruppen und des relativ hohen Bildungsniveaus der Reiseteilnehmer andere Folgen haben, als dies in massentouristischen Badeurlaubszentren der Fall ist (vgl. Aderhold, P./Kösterke, A./von Laßberg, D./Vielhaber, A. (2006), S. 31).
[140] Vgl. Schrand, A. (2008), S. 641 mit Bezug auf Schrand, A. (1993), S. 548.
[141] Vgl. Freyer, W. (2011), S. 490.
[142] Vgl. Friedl, H. (2002), S. 77.

2.2.3   Verhältnis zwischen Einwohnern und Touristen

Differenziert nach der Beziehung zum Tourismus kann die einheimische Bevölkerung der Destination in verschiedene Gruppen eingeteilt werden:[143]

– Einheimische, die **in touristischen Unternehmen beschäftigt** sind und dem Tourismus in der Regel **positiv** gegenüber stehen, weil er ihnen die wirtschaftliche Existenz sichert (Beschäftigung und Einkommen). Sie stehen direkt und dauerhaft mit den Touristen in Kontakt.

– Einheimische, die **Eigentümer der touristischen Unternehmen** sind oder deren nicht touristisches Gewerbe indirekt vom Tourismus abhängt (z. B. Baugewerbe). Sie stehen nicht ständig mit den Touristen in Kontakt und betrachten den Tourismus im Zielgebiet vorwiegend aus einer **kommerziellen** Perspektive.

– Einheimische, die im Tourismus eine **Nebenerwerbstätigkeit** finden und deshalb auch häufig im direkten Kontakt mit den Touristen stehen. Da sie im Gegensatz zur ersten Gruppe nur einen Teil ihres Einkommens aus dem Tourismus beziehen, stehen sie dem Tourismus bereits **distanzierter** gegenüber. Von ihnen werden die Nachteile, die die touristische Entwicklung im Zielgebiet verursachen kann, häufiger angeführt.

– Einheimische, die **nie, selten oder nur beiläufig** Kontakte zu den Touristen haben. Ihre Haltung in Bezug auf den Tourismus kann von Unterstützung über Gleichgültigkeit bis zur Ablehnung reichen.

– Politische Entscheidungsträger und politische Meinungsbildner, die häufig aus **wirtschaftlichen Erwägungen** heraus auf eine touristische Entwicklung einwirken.

Die unterschiedlichen Gruppen sind in unterschiedlichem Maße in die touristische Entwicklung eingebunden und in unterschiedlichem Maße von den Effekten des Tourismus betroffen. Je mehr ökonomische, soziokulturelle und ökologische Nachteile durch den Tourismus wahrgenommen werden (Betroffenheit), desto kritischer fällt die Beurteilung der touristischen Entwicklung aus.

Die negativen Effekte werden jedoch tendenziell eher akzeptiert, wenn eine stärkere Einbindung in die touristische Entwicklung erfolgt. Nach dieser **Betroffenentypologie**[144] liegt das größte Potenzial für tourismuskritische Einstellungen bei einheimischen Personen, die nicht oder nur schwach in die Tourismusentwicklung eingebunden sind und die sich gleichzeitig aufgrund der negativen Effekte durch den Tourismus in ihrer Lebensumwelt beeinträchtigt fühlen.[145]

---

[143]   Vgl. Müller, H. (2008), S. 164f.
[144]   Vgl. Ferrante, C.L. (1994), S. 157ff.
[145]   In Abb. 2.12 entspricht dies dem rechten unteren Quadranten.

**hohe Einbindung
in den Tourismus**

profitieren vom Tourismus
- negative Effekte
  unerheblich
- handeln primär
  nach wirtschaftli-
  chen Gesichts-
  punkten
- keine Notwendig-
  keit der Korrektur
- geringes Interesse
  an Konfliktrege-
  lungen
- geringer Verstän-
  digungsbedarf

profitieren vom Tourismus

Haltung 1:
- handeln primär
  nach wirtschaftli-
  chen Gesichts-
  punkten
- sind sich der
  negativen Effek-
  te bewusst, ak-
  zeptieren diese
  und halten diese
  für nicht korrek-
  turfähig
- leben mit den
  entsprechenden
  Konflikten, ohne
  diese zu thema-
  tisieren
- geringer Ver-
  ständigungs-
  bedarf

Haltung 2:
- Kritik der negati-
  ven Effekte, trotz
  Einbindung und
  eigener Vorteile
- fordern Korrek-
  tur/Änderung der
  touristischen Ent-
  wicklung
- hoher Verständi-
  gungsbedarf

**geringe Betroffenheit
durch negative externe Effekte** ←→ **hohe Betroffenheit
durch negative externe Effekte**

profitieren wenig vom Tourismus
- stehen der touris-
  tischen Entwick-
  lung im wesentli-
  chen gleichgültig
  gegenüber
- befürworten aus
  Gewohnheit und
  unreflektiert die
  „harte" Touris-
  musentwicklung
- geringes Interesse
  an Konfliktrege-
  lungen
- geringer Verstän-
  digungsbedarf

profitieren wenig vom Tourismus
- für deutliche
  Korrek-
  tur/Änderung der
  touristischen Ent-
  wicklung oder für
  Volumenreduktion
- fordern mehr
  Mitsprache und
  Rücksicht auf Ge-
  sellschaft und
  Umwelt zulasten
  wirtschaftlicher
  Prosperität
- problematisieren
  Konflikte
- hoher Verständi-
  gungsbedarf

**geringe Einbindung
in den Tourismus**

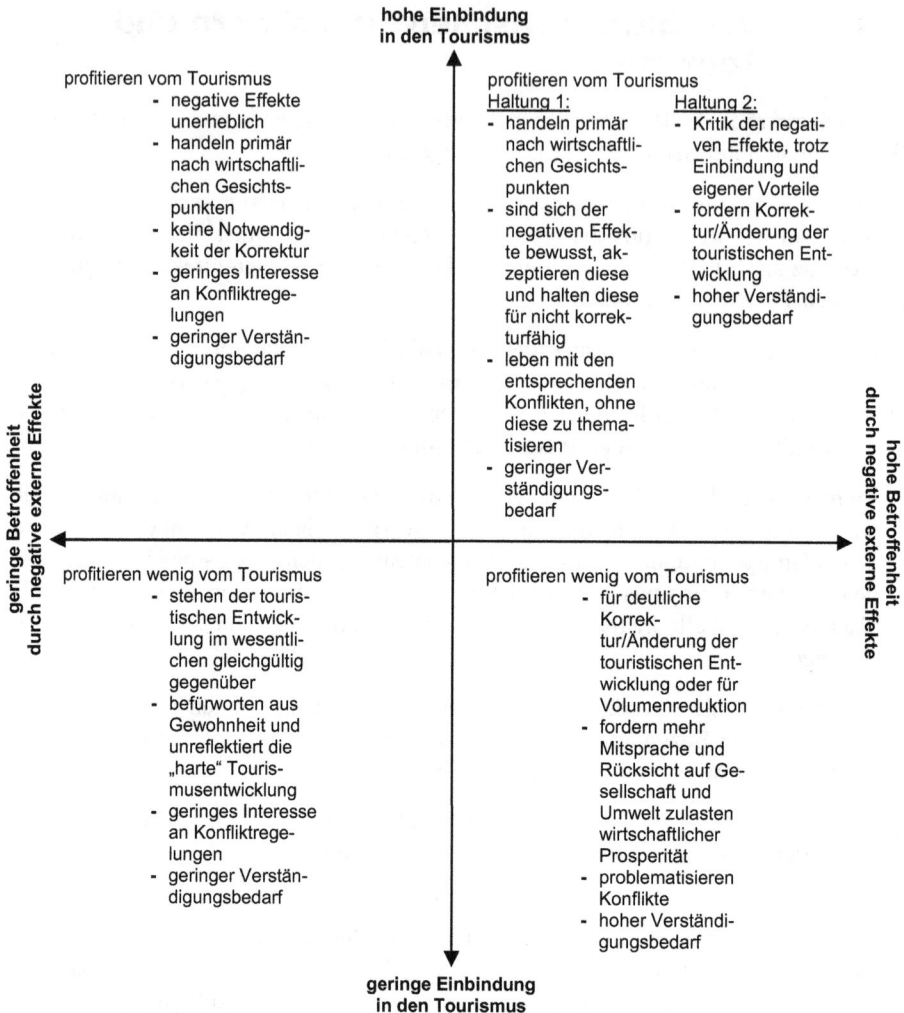

Abb. 2.12 *Grundschema der Betroffenentypologie und Hypothesen der beiden Pole
(Quelle: Ferrante, C.L. (1994), S. 158 und S. 165ff.)*

Das Verhältnis von Einwohnern und Touristen kann einer gewissen **Dynamik** unterliegen, welche schematisch in unterschiedliche Phasen eingeteilt werden kann. Hierbei wird angenommen, dass zwischen dem zahlenmäßigen Auftreten der Touristen
und dem Touristentyp, differenziert nach der Anpassungsbereitschaft an die in der
Destination bestehenden Normen, ein Zusammenhang besteht (siehe Abb. 2.13).
Beginnend mit einer Phase der Euphorie besteht die Gefahr, dass über die Phasen der
Apathie und Belästigung eine Phase der Gegnerschaft auftreten kann. Die Phasen

können jedoch auch in einer anderen Reihenfolge oder verkürzt auftreten und der Massentourismus muss keinesfalls zu einer Phase der Gegnerschaft führen.[146]

Touristentyp	Anzahl der Touristen	Anpassung der Touristen an die Normen	Phasen des Verhältnisses der Einwohner zu den Touristen
Entde-cker/Pionier/Forsch ungs-reisender	❏	vollständige Akzeptanz	Phase der Euphorie: - die wenigen Besucher sind will-kommen
Elite(-Touristen; wenige Einzel-reisende und kleine Gruppen)	❏❏	volle Anpassung	- „persönliche" Kontakte - Gastfreundschaft z.T. als freies Gut, z.T. als zusätzliche Einkommens-quelle
unkonventioneller Typ (sondert sich von der Masse ab)	❏❏❏	gute Anpassung	- kaum Planung der touristischen Infrastruktur
außergewöhnlicher Typ (besucht abge-legene Ziele im Rahmen von orga-nisierten Touren)	❏❏❏❏❏	ein wenig Anpassung	
prototypischer Massentourist	●●●●●●	sucht westliche Annehmlichkei-ten	Phase der Apathie: - Zahl der Touristen ist stark ange-stiegen - weniger Personen der Wohnbevöl-kerung mit Touristen in Kontakt - Touristen gelten als Selbstverständ-lichkeit, werden eher hingenommen als begrüßt - Beziehung zu den Touristen wird professionalisiert (Persönliches wird von wirtschaftlichem Interesse über-lagert)
Massentourist	●●●●●● ●●●●●●	erwartet westli-che Annehm-lichkeiten	Phase der Belästigung: - anhaltendes Wachstums des Tou-ristenstroms - Überlastung der Infrastruktur (Ver-kehrsstaus etc.); Verringerung der Lebensqualität - Versuch der Kanalisierung der Tou-ristenströme durch Infrastrukturpla-nung
Chartertourist	●●●●●● ●●●●●● ●●●●●●	verlangt westli-che Annehm-lichkeiten	Phase der Gegnerschaft: - Massenankünfte von Touristen - teilweise offenes Agieren gegen den Tourismus

Abb. 2.13 *Phasenschema zur Dynamik des Verhältnisses der Einwohner der Destination zu den Touristen (Quellen: Mundt, J.W. (2013), S. 241ff. [147] ergänzt um Freyer, W. (2011), S. 489[148])*

---

[146] Vgl. Mundt, J.W. (2013), S. 243.
[147] Mit Bezug auf Smith, V.L. (1989), S. 89, Doxey, G.V. (1975) zitiert nach Ryan (1991), S. 137 und Sharpley (1994), S. 178.

Die Entstehung von Unbehagen der Bevölkerung der Destination gegenüber dem Tourismus kann viele – einzelne oder in Kombination auftretende – **Ursachen** haben. Exemplarisch können für die Unzufriedenheit der einheimischen Bevölkerung[149] mit der touristischen Entwicklung in der Destination folgende Gründe angeführt werden:[150]

– **Ungleichheit** bei der Verteilung der wirtschaftlichen Vorteile; nur eine Minderheit der Bevölkerung profitiert wirtschaftlich von der touristischen Entwicklung im Zielgebiet; die Mehrheit verspürt keinen oder kaum wirtschaftlichen Nutzen, nimmt jedoch Kosten und Nachteile der touristischen Entwicklung wahr;

– hohe wahrgenommene **Fremdbestimmung** bei der Gestaltung der eigenen Lebensumwelt durch die Entscheidungen und Aktivitäten politischer Entscheidungsträger, Planer der touristischen Entwicklung und Touristen sowie durch die Eigentumsübertragung an ortsfremde Personen oder Unternehmen (Boden, Immobilien, touristische Infrastruktur) und die Investitionstätigkeit auswärtiger Investoren;

– diverse soziokulturelle Effekte in der Destination, die dem Tourismus zugeschrieben werden – bis hin zum Gefühl des kulturellen und regionalen **Identitätsverlustes**;

– Verminderung der **Lebensqualität** durch negative, dem Tourismus zugeschriebenen Entwicklungen der ökologischen Umwelt;

– zu schnelle touristische Entwicklung, so dass Teile der einheimischen Bevölkerung die neuen, durch den Tourismus implizierten (ökonomischen, sozialen und ökologischen) **Veränderungen** nicht verarbeiten und sich nicht entsprechend anpassen können; und schließlich

– zu geringe **Information** der Bevölkerung über Nutzen und Kosten des Tourismus sowie zu geringe **Partizipation** der Bevölkerung an der touristischen Entwicklung und den touristischen Planungsprozessen.

2.2.4   Lösungsansatz Partizipation

Aus dem umfassenden Einfluss des Tourismus auf den Lebensraum der einheimischen Bevölkerung in der Destination folgt der Anspruch, dieser ein **Mitgestaltungsrecht** einzuräumen, indem im Planungsprozess der touristischen Entwicklung sowie bei der Umsetzung von Maßnahmen die Möglichkeit der **Partizipation** eröffnet wird.

---

[148] Mit Bezug auf Smith, V.L. (1977).
[149] In diesem Zusammenhang wird vom „Aufstand der Bereisten" gesprochen: „Ein pressewirksam veranstalteter ´Aufstand der Bereisten´ - sei es in Goa oder dem Salzburger Land – lenkt überdeutlich auf den Umstand, dass sich die soziale Organisation der Fremdenverkehrsorte durch den Tourismus […] beeinflußt, gar determiniert sieht." Wöhler, Kh. (1997), S. 7; siehe z. B. auch Freyer, W. (2011), S. 32 und S. 519.
[150] Vgl. teilweise Freyer, W. (2011), S. 520; Schrand, A. (2008), S. 644.

Partizipationsstufe		Beschreibung
0	passive Nutznießerrolle	• Das Projektmanagement legt Ziele fest und entscheidet, was durchgeführt wird. • Die Bevölkerung wird nicht wahrgenommen, ihre Bedürfnisse nicht beachtet. • Informationen werden von außen erhoben und mitgeteilt.
	Informations-abgabe	• Forscher stellen Fragen, die Bevölkerung antwortet. • Die Bevölkerung kann Einfluss auf den Ablauf der Befragung nehmen. • Die Ergebnisse werden nicht mitgeteilt und können deshalb nicht von allen Beteiligten auf Richtigkeit überprüft werden.
	Konsultation	• Die Bevölkerung wird gefragt, die Forscher hören die Ansichten an und verändern ggf. Ergebnisse. • Die Bevölkerung hat keinen Einfluss auf die Entscheidungen.
	funktionelle Partizipation	• Die Bevölkerung bildet Gruppen, die die vom Projekt bestimmten Ziele verfolgen. • Die Einbeziehung der Bevölkerung erfolgt häufig erst, nachdem schon wesentliche Entscheidungen über Ziele und Strategie der Projekte gefällt worden sind. • Die Gruppen (oder Institutionen) sind relativ abhängig von den Projektinitiatoren, können im Lauf der Zeit aber unabhängig werden.
	Interaktive Partizipation	• Die Bevölkerung wird in einen interaktiven Analyseprozess miteinbezogen. • Dies führt zur Planung von Aktivitäten und Formierung oder Stärkung lokaler Institutionen. • Diese Gruppen kontrollieren lokale Entscheidungen, die Bevölkerung hat dadurch einen Einfluss auf Strukturen oder Aktivitäten.
100	Selbstmobilisierung, Selbsthilfe	• Die Bevölkerung ergreift unabhängig die Initiative bei der Veränderung ihrer Situation. • Diese Form von Mobilisation kann bestehende ungleiche Einkommensstrukturen und Machtverhältnisse in Frage stellen.

Abb. 2.14   *Beispiele für unterschiedliche Stufen der Partizipationsintensität*
(Quelle: Beyer, M. (2003), S. 38, leicht verändert)[151]

Durch die **Partizipation der Bevölkerung** am touristischen Planungs- und Entwicklungsprozess der Destination (z. B. mittels Workshops, Problemdiskussionen, Befragungen, Beteiligung bei der Erstellung des Tourismuskonzeptes oder des touristischen Leitbildes) kann einerseits durch Schaffung von **Transparenz** das Tourismusbewusstsein in der Bevölkerung gestärkt und damit die **Akzeptanz** für den Tourismus erhöht werden. Dies kann wiederum zu einer breiteren Unterstützung bei der Umsetzung von Maßnahmen zur touristischen Entwicklung beitragen. Andererseits können die durch den Tourismus ausgelösten Problembereiche besser analysiert, stärker im Planungsprozess berücksichtigt und ggf. einer Lösung zugeführt werden.

In der Regel ist eine touristische Entwicklung in der Destination, die dauerhaft gegen die Interessen der einheimischen Bevölkerung verläuft, nicht möglich. Der Tourismus

---

[151]   Mit Bezug auf Schneider, M. (1998), S. 8.

ist auf die Unterstützung der Bevölkerung angewiesen. Die Beteiligung der Bevölkerung bei der Planung der touristischen Entwicklung des Zielgebietes und bei der Umsetzung der Entwicklungsmaßnahmen hat deshalb vielerorts eine hohe praktische Relevanz. Bei der konkreten Ausgestaltung der Partizipation eröffnet sich eine Vielzahl von Möglichkeiten. Je nach Ausmaß der Integration der Bevölkerung in den Planungs- und Gestaltungsprozess können unterschiedliche **Partizipationsintensitäten** unterschieden werden (siehe Abb. 2.14). Zu den Schlüsselfaktoren eines partizipativen Prozesses der touristischen Planung und Gestaltung gehören u.a. die Legitimation der Beteiligten, die Beachtung der Leistungsfähigkeit der Beteiligten, die Berücksichtigung der jeweilig vorliegenden gesetzlichen und politisch-administrativen Rahmenbedingungen und nicht zuletzt eine moderierte und durch Lernbereitschaft geprägte Kommunikation zwischen den Akteuren.[152]

2.3   Ökologische Effekte

2.3.1   Ökologisches Potenzial als strategischer Erfolgsfaktor

Neben ökonomischen und soziokulturellen Effekten führt der Tourismus auch zu **ökologischen Veränderungen** in der Destination. Die wissenschaftliche Auseinandersetzung mit den Wirkungen des Tourismus auf die Ökologie des Zielgebietes begann allerdings erst relativ spät – ökonomische und später soziokulturelle Auswirkungen standen zunächst im Vordergrund. Zwischen Tourismus und Ökologie bestehen wechselseitige Beziehungen, die allerdings **nicht gleichgewichtig** sind, da der Tourismus weit mehr von der ökologischen Umwelt profitiert als umgekehrt.[153] Zwar können auch positive Wirkungen des Tourismus auf die ökologische Umwelt angeführt werden,[154] doch überwiegen die Gefahren negativer Folgen für die Ökologie, weil Natur- und Umweltpotenziale der Destination durch die touristische Entwicklung belastet, verbraucht oder gar vernichtet werden.[155] Für das Ausmaß der ökologischen Folgen des Tourismus in der Destination spielt eine Vielzahl von Faktoren eine Rolle. Häufig handelt es sich im Kern um ein **quantitatives Problem** – nämlich dann, wenn eine große Zahl von Touristen räumlich und zeitlich konzentriert zusammentrifft:

---

[152] Vgl. Gustedt, E. (2002), S. 41. Becker, C. (1995b), S. 83 weist auf den Fall hin, dass in der Destination kein ausreichender Wille zur Partizipation vorhanden sein könnte („nur wenige willige Experten"). Als Lösung schlägt er eine Lenkungsgruppe vor, deren Arbeitsergebnisse durch eine intensive Öffentlichkeitsarbeit zur Akzeptanz führen. In Destinationen in Entwicklungsländern wurde der Ansatz der Partizipation der ortsansässigen Bevölkerung unter dem Titel „Community Based Tourism (CBT)" eingeführt (vgl. z. B. Schrand, A. (2008), S. 642; Margraf, M. (2006); Schmitz, S. (2005), S. 179ff.; Reed, M.G. (1997), S. 566); siehe auch die Beispiele in Jamieson, W. (Ed.) (2006).

[153] Vgl. Müller, H. (2008), S. 80.

[154] Steigerung des Umweltbewusstseins, Sensibilisierung für die Umwelt, Finanzierung von Umweltschutzmaßnahmen durch touristische Einnahmen, z. B. Nationalparke und Naturschutzgebiete in Entwicklungsländern.

[155] Vgl. Linne, M. (2008), S. 64.

Ständig ansteigende Touristenzahlen zeigen irgendwann die Grenzen der ökologischen Belastbarkeit auf. Wo diese Grenze liegt, hängt im besonderen Maße auch von der **Tragfähigkeit** des Ökosystems der Destination ab. Bei Zielgebieten mit relativ geringer Regenerationsfähigkeit der natürlichen Potenziale, z. B. Korallenriffe, Feuchtgebiete, Hochgebirge, Küsten, Meeresinseln, ist die maximale Tragfähigkeit entsprechend früher erreicht. Die allgemeingültige Festlegung einer quantitativen **Tragfähigkeitsgrenze** ist nicht möglich.[156]

Kriterien[157]	Beispiele
in Bezug auf die Zeit	stündliche, tägliche, wöchentliche Anzahl von Übernachtungen oder Besuchern etc.
in Bezug auf eine Raumeinheit	Anzahl von Touristen in Bezug auf eine Raumeinheit, z. B. Touristen pro Hektar Strand, Touristen pro m²; Anzahl der Übernachtungen bezogen auf eine Raumeinheit etc.[158]
in Bezug auf die Einwohner	Anzahl der Übernachtungen je 100 (ggf. 1.000) Einwohner

Abb. 2.15   *Beispiele für Kriterien der Tragfähigkeit (Quelle: in Anlehnung an Mundt, J.W. (2004), S. 335 und Williams, P.W./Gill, A. (2005), S. 194ff.)*

Der Tourismus steht dabei gleichzeitig häufig in einem engen **Abhängigkeitsverhältnis zur Ökologie**, da die natürliche Umwelt für viele Destinationen eine entscheidende Basis für die touristische Entwicklung bietet. Werden die (durch den Tourismus ausgelösten) **Umweltbelastungen** von den (potenziellen) Touristen wahrgenommen, schwindet das Attraktivitätspotenzial der Zielregion, da die Urlauber an das Zielgebiet den fundamentalen Anspruch des Vorhaltens einer intakten Umwelt stellen.[159] Dies hat zur Folge, dass sich die touristische Nachfrage nach Zielgebieten, die diesen Anspruch nicht (mehr) erfüllen, verringert, und sich die durch den Tourismus zu erzielenden, gewünschten positiven Effekte reduzieren oder nicht mehr einstellen. Trotz der Bedeutungszunahme infrastruktureller Ausstattungsfaktoren der Destination[160] ist die ökologische Umwelt für viele Destinationen **nach wie vor ein zentraler Faktor**[161] bei der Produktion des touristischen Leistungsbündels.[162] Im modernen Tourismus ergibt sich die Bedeutung der ökologischen Umwelt allerdings nicht mehr nur aus deren Erholungsfunktion, sondern darüber hinaus verstärkt aus der Funktion

---

[156] Zum Tragfähigkeitskonzept (ökologische und soziale Tragfähigkeit touristischer Räume), das eng im Zusammenhang mit dem Ansatz des nachhaltigen Tourismus zu sehen ist siehe z. B. Mandke, P. (2006), S. 123ff.; Williams, P.W./Gill, A. (2005), S. 194ff.; Mundt, J.W. (2004), S. 333ff.; König, N. (2002), S. 73ff.

[157] Kombinationen zum Teil notwendig und möglich.

[158] Siehe Kapitel 4.

[159] Vgl. z. B. Wöhler, Kh./Saretzki, A. (1999), S. 1.

[160] Wöhler, Kh./Saretzki, A. (1999) und (1996) sprechen von der „Infrastruktur als Wesenskern des Verreisens".

[161] Zu den Produktionsfaktoren siehe Kapitel 5.

[162] Vgl. z. B. Müller, H. (2007), S. 4f. und Wöhler, Kh./Saretzki, A. (1999), S. 1 mit Bezug auf Tschurtschenthaler, P. (1993b), S. 21 und Wöhler, Kh./Saretzki, A. (1996).

als Kulisse für Freizeitaktivitäten und Erlebnisinszenierungen.[163] Die ökologische Umwelt kann auf verschiedene Arten von den touristischen Akteuren genutzt werden und erfüllt dabei vier elementare **Umweltdienste:**[164]

– **Umwelt als Standortfaktor**: landschaftliche Besonderheiten und Reize der Destination sowie Grundstücksflächen für Hotels und Infrastruktureinrichtungen in der Destination.

– **Umwelt als Vorrat natürlicher Ressourcen**: von der Umwelt vorgehaltene Produktionsfaktoren, die für die Erstellung des touristischen Leistungsbündels der Destination genutzt werden; insb. die drei Umweltmedien Boden, Wasser und Luft.

– **Umwelt als Absorptionsmedium**: Aufnahme von Abfallprodukten der touristischen Produktion und des touristischen Konsums in der Destination durch die Umweltmedien Boden, Wasser und Luft.

– **Umwelt als qualitatives Konsumgut**: Die Touristen nutzen je nach Bedürfnis die Umwelt auf unterschiedliche Weise als direkten Inputfaktor.[165] Der Wert ergibt sich aus der Kombination der drei Umweltmedien, die der Tourist als Raumnutzer zur Befriedigung seiner Bedürfnisse in der Destination konsumiert.

Es wird deutlich, dass im Tourismus Potenziale der ökologischen Umwelt der Destination verkauft und freie Güter – wie Landschaft/Boden, Wasser, Luft – kommerziell genutzt und konsumiert werden.[166] Wie bereits oben dargelegt sind diese Faktoren für viele Destinationen eine wesentliche Basis der touristischen Produktion. „Der Tourismus braucht und verbraucht Natur und Landschaft und greift dadurch gleichzeitig seine eigene Existenzgrundlage an – deshalb das geflügelte Wort der ′Zerstörung des Tourismus durch den Tourismus′."[167] Die intakte ökologische Umwelt wird somit im Rahmen einer Tourismusentwicklung, die an der langfristigen Wettbewerbsfähigkeit der Destination ausgerichtet ist, zu einem **entscheidenden Produktions- und Erfolgsfaktor**. Die ökologische Umwelt ist *für* den Touristen[168] zu schützen, um die wirtschaftliche Basis der Destination langfristig zu sichern.

---

[163] In Anlehnung an Müller, H. (2007), S. 4.; Wöhler, Kh./Saretzki, A. (1999), S. 1.

[164] Vgl. Wöhler, Kh./Saretzki, A. (1999), S. 2ff. in Anlehnung an Siebert, H. (1992), S. 10f.

[165] Unterschiedliche Bedürfnisse und Verhaltensweisen zu deren Befriedigung führen zu unterschiedlichen Formen der Raumaneignung und unterschiedliche Urlaubsformen führen zu unterschiedlichen Umweltauswirkungen. Dies kann dazu führen, dass es zu Konflikten bei der Nutzung des Raumes durch verschiedene Zielgruppen kommen kann (Skiläufer – Wanderer; Wanderer – Mountainbike-Fahrer); vgl. Wöhler, Kh./Saretzi, A. (1999), S. 3.

[166] Vgl. Müller, H. (2007), S. 5.

[167] Müller, H. (2008), S. 81.

[168] Im Gegensatz zur Betrachtungsweise, wonach die Umwelt *vor* dem Touristen zu schützen ist; vgl. Wöhler, Kh./Saretzki, A. (1999), S. 1; „Im Naturerleben unserer Tage wird diese Natur jedoch weniger als menschliche Umwelt denn als Natur, die es *vor* dem Menschen zu schützen gilt, empfunden." Ebenda; mit Bezug auf Wöhler, Kh. (1992); Hervorhebungen aus der Quelle übernommen.

2.3.2   Belastungsbeispiele

Die einzelnen Wirkungen des Tourismus auf die ökologische Umwelt in der Destination sind dabei so vielfältig, dass eine vollständige, systematisch-strukturierte Erfassung und Darstellung nicht möglich scheint.

Belastungen in der Destination durch...	Belastungsbeispiele
...den touristischen Verkehr vor Ort; - insbesondere motorisierter Individualverkehr in der Destination für An-, Abreise und Ausflüge	- Schadstoffausstoß/Luftverschmutzung/Beitrag zum Treibhauseffekt - Lärmbelastung - Energieverbrauch
...den Aufbau und die Unterhaltung der touristischen Infrastruktur; - für Beherbergung, Ver- und Entsorgungsinfrastruktur, Verkehrsinfrastruktur (Anfahrtswege, Umgehungsstraßen, Parkplätze, Anlegeplätze), Freizeitinfrastruktur (Skipisten, Radwege, Sportanlagen, Golfplätze, Sportboothäfen), Souvenirindustrie etc.	- Flächenverbrauch und -versiegelung, Zerschneidungs- und Zersiedlungseffekte, Gewässerbelastung, Biotopverlust, Bodenerosion - Verminderung der Landschaftsästhetik, Beeinträchtigung/Zerstörung des Landschaftsbildes aufgrund unangepasster Bauweisen, Technisierung der Landschaft - Energieverbrauch für Aufbau und Unterhaltung; Abfall- und Abwasserentsorgung - Verminderung der Biodiversität - Reduktion des Wild-, Fisch- und Korallenbestandes etc. (Souvenir- und Ernährungsindustrie)
...durch die Freizeitaktivitäten der Touristen; - z. B. Wandern, Bergsteigen, Klettern - z. B. Radfahren (Touring, Moutainbiking) - z. B. Drachenfliegen, Motorflug - z. B. Schwimmen, Tauchen, Rudern, Rafting, Surfen, Segeln, Motorbootfahren - z. B. Ski Alpin, Ski Langlauf, Rodeln	- in starker Abhängigkeit von der Freizeitaktivität und dem individuellen Touristenverhalten - Umweltverschmutzung durch Müll, Abgase etc.; Trittschäden, Bodenverdichtung; Vertreibung und Schädigung störungsempfindlicher Tierarten (z. B. durch Personenansammlungen); Artenverschiebung; Vegetationsschäden; Verminderung der Biodiversität, einseitige Bepflanzung (z. B. Golf-/ Sportanlagen)
mögliche Effekte auf biotischen Bereich (Fauna und Vegetation), abiotischen Bereich (z. B. Boden, Wasser, Luft, Klima), ästhetischen Bereich (z. B. Landschaft/Topografie) sowie allgemeiner Ressourcenverbrauch und allgemeine Entsorgungsproblematik	

Abb. 2.16   *Beispiele negativer ökologischer Effekte des Tourismus in der Destination*
(eigene Darstellung auf Basis verschiedener Quellen[169])

Es kann jedoch zwischen Belastungen durch den **touristischen Verkehr in der Destination**, Belastungen durch die **Infrastruktur**, die in der Destination für den Tourismus aufgebaut, vorgehalten und unterhalten wird, und Belastungen durch **Freizeitaktivitäten**, denen die Touristen in der Destination nachgehen (siehe Abb. 2.16) unterschieden werden.[170]

---

[169]   Vgl. Kahlenborn, W./Kraack, M./Carius, A. (1999), S. 2; Müller, H. (2007), S. 87ff. und (2008), S. 80f.; Krug, S. (2000), S. 17; Revermann, C./Petermann, T. (2002), S. 90ff.; Bieger, T. (2010), S. 240; Job, H./Vogt, L. (2004), S. 852ff.; Bieger, T./Beritelli, P. (2013) S. 29ff mit Bezug auf Müller, H. (1994), S. 169 und Freyer, W. (2011), S. 504f.
[170]   In Anlehnung an Job, H. /Vogt, L. (2004), S. 852ff. mit Bezug auf Hasse, J. (1988), S. 15ff.

Regeneration

D

natürliche Ressourcen
(„Natur")

C
Recycling

unerwünschte
ökologische
Nebeneffekte

Input-Bereich
Kapital
Arbeit
natürliche
Ressourcen

Erstellung der
touristischen Leistung

B

erwünschte Effekte
(Einkommen, Arbeits-
plätze etc.)

A

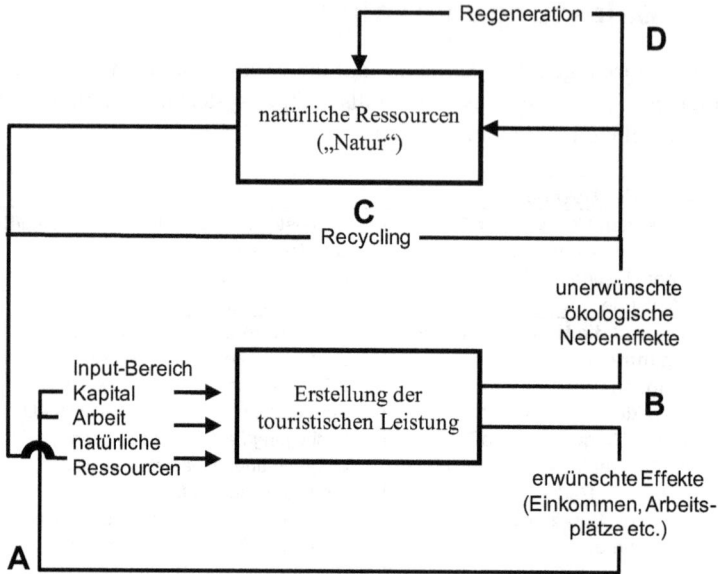

Ansatzpunkte	Beispiele
A/B Vermeidung:	• Reduktion des Wasserverbrauchs • Maßnahmen zur Wasserreinhaltung • Maßnahmen zur Reduktion des Flächenverbrauchs • Energieeinsparung • Müllvermeidung • Erhaltung wertvoller Landschaftsbereiche • Ausweisung von Taburäumen • Lenkungsmaßnahmen in der Landschaft (siehe Abb. 2.19)
C „Recycling":	• Gebäuderecycling • Flächenrecycling • Abfallrecycling • Energierecycling
D Regeneration:	• naturnaher Ausbau von Fließgewässern • Maßnahmen zur Aufwertung des Landschaftsbildes • zeitliche Sperrung von Gebieten

Abb. 2.17 *Ansatzpunkte für eine umweltschonende Tourismuspolitik*
(Quelle: Scharpf, H. (1995), S. 70f.; leicht verändert)

2.3.3   Ausgewählte Ansätze zur Verringerung der ökologischen Belastungen

Einen Tourismus ganz ohne Beeinträchtigung der ökologischen Umwelt kann es nicht geben;[171] im Mittelpunkt müssen somit Maßnahmen stehen, die die Umweltauswirkungen in der Destination insgesamt reduzieren und einzelne Wirkungen auf die Ökologie verhindern.

Als grundlegende Ansatzpunkte hierfür gelten Maßnahmen zur **Vermeidung von Umweltbeeinträchtigungen** und zur **Regeneration** der natürlichen Ressourcen sowie das **Recycling** von Abfallprodukten der touristischen Produktion (siehe Abb. 2.17).

■ Umweltpolitische Instrumente

Von Seiten des Staates stehen zur Verminderung der ökologischen Effekte in der Destination verschiedene grundlegende Möglichkeiten der **tourismusbezogenen Umweltpolitik** zur Verfügung.[172]

Im Rahmen der Planung der touristischen Entwicklung kann berücksichtigt werden, dass öffentlich finanzierte Einrichtungen an umweltverträglichen Standorten realisiert werden, dass ein landschaftstypischer Baustil berücksichtigt und dass der ressourcenschonende Betrieb der Einrichtung gewährleistet wird.[173] Darüber hinaus kann über Instrumente wie Flächennutzungs- und Bebauungspläne Einfluss auf die Lage und die Ausprägung der privaten touristischen Infrastruktur ausgeübt werden.[174]

Auch die für das Zielgebiet (regional oder kommunal) zuständigen politischen und administrativen Instanzen verfügen über eine Palette von Möglichkeiten, um durch den Tourismus ausgelöste Umweltschäden zu reduzieren. Hierzu gehören z. B. die Aufklärung/Öffentlichkeitsarbeit vor Ort (durch Hinweisschilder, Infotafeln, Lehrpfade, Vorträge und Seminare, Umwelteinrichtungen etc.), das Angebot von umweltschonenden Verkehrsmitteln (ÖPNV, Fahrradverleih etc.) und der Aufbau einer umweltfreundlichen Ver- und Entsorgungsinfrastruktur (z. B. erneuerbare Energien, Kläranlagen).

---

[171] Vgl. z. B. Klemm, K. (1998), S. 79 und Freyer, W. (2011), S. 504.

[172] Ohne dass an dieser Stelle näher darauf eingegangen werden kann, sei auch auf die im Rahmen der Betriebstätigkeit der in der Destination angesiedelten Tourismusunternehmen (z. B. Beherbergungsbetriebe, Freizeiteinrichtungen) vielfältig vorhandenen Handlungsansätze einer ökologieorientierten Unternehmensführung hingewiesen.

[173] Vgl. bezüglich der raumplanerischen Instrumente (z. B. Raumordnungsverfahren, Landschaftsplanung) Becker, C./Job, H./Witzel, A. (1996), S. 62ff.

[174] Vgl. Job, H./Vogt, L. (2004), S. 859.

Politikbereiche/Maßnahmen	Grad der Verbindlichkeit
Aufklärung über Umweltschäden und -folgen **Appelle** an das „Umweltgewissen"	niedrig
Verhandlungssysteme mit den Akteuren: „runde Tische", „Aktionsbündnisse" usw.	
ökonomische Anreize: Subventionen für die Erhaltung von Naturräumen und umweltkonformes Verhalten, Kosteneinsparung durch geringeren Ressourcenverbrauch usw.	
Steuerpolitik – Verstärkung des Marktpreismechanismus: höhere Besteuerung knapper Ressourcen, Einführung von handelbaren Emissionslizenzen usw.	
Ordnungspolitik: Umweltauflagen, Ausweis von Naturschutzgebieten, Nationalparks; Verbote, Grenzwerte, Überwachung, Sanktionen bei Nichteinhaltung usw.	
Maßnahmenpolitik: Bau von Kläranlagen, Lärmschutzwällen, an Umweltschutzvorgaben orientierte staatliche Beschaffungs- und Investitionspolitik usw.	hoch

Abb. 2.18   *Tourismus und Umwelt – umweltpolitische Instrumente*
(Quelle: Mundt, J.W. (2004), S. 312[175] sowie Wöhler, Kh./Saretzki, A. (1999), S. 84ff.
und Mundt, J.W. (2013), S. 519[176]; leicht verändert)

▪ Besucherlenkung

Einige der angeführten Handlungsmöglichkeiten lassen sich bereits zu den Maßnahmen der sogenannten **Besucherlenkung** zuordnen. Diesbezüglich gibt es neben den raum- und landschaftsplanerischen Ansatzpunkten zum Infrastrukturausbau und zur Zonierung (räumliche Funktionstrennung) eine Reihe von weiteren Einzelmaßnahmen (siehe Abb. 2.19), bei denen wiederum zwischen Zwangsmaßnahmen und „sanften" Maßnahmen unterschieden werden kann.

Letztere verfolgen den Ansatz, über psychologische Anreize oder Barrieren Effekte der Lenkung zu erzielen, ohne dass sie von den touristischen Nachfragern bewusst als Ordnungsmaßnahme wahrgenommen werden.[177] Zwangsmaßnahmen der Besucherlenkung, mit denen Umweltschutzerfordernisse konsequenter durchgesetzt werden können, können dazu führen, dass die Touristen eine Reduktion der Selbstbestimmungsmöglichkeiten empfinden und es zu einer Verminderung der mit der Raumnutzung verbundenen Bedürfnisbefriedigung kommt (z. B. Verringerung des wahrgenommenen Erholungswertes).[178]

---

[175]   Mit Bezug auf Bartel, R. (1994), S. 3ff.
[176]   Mit Bezug auf Bartel, R. (1994), s. 24ff.
[177]   Vgl. Job, H. (1991), S. 225f.
[178]   In Anlehnung an Eilzer, C. (2007), S. 30 mit Bezug auf Riekens, S. (1996), S. 149.

Maßnahmen der Besucherlenkung

Raum- und landschafts-planerische Vorleistungen

Einzelmaßnahmen mit Bezug auf die Objektebene

Infrastruk-turausbau

Zonierung

Zwangs-maß-nahmen

„sanfte" Maßnahmen

Abschre-ckungs-mittel

Anreiz-mittel

Mittel der Informations- & Öffentlich-keitsarbeit

| Lage, Qualität und Kapazität (freizeit-) infrastruktureller Einrichtungen | differenzierte räumliche Funktions-trennung von Bereichen intensiver touristischer Nutzung bis hin zu „Tabu"-Räumen | - Ge- und Verbote
- gewerb-liche Beschrän-kungen
- Umwelt-abgaben für Nutzer
- Abzäunung
- etc. | - gezielte Anpflan-zungen
- Holz-barrieren
- Wege-rückbau
- „verwil-dern" lassen
- Wasser-gräben
- Aufschüt-tungen
- Schlagab-raumhaufen
- etc. | - interessant angelegtes, gut erhalte-nes und ausrei-chend markiertes Wegenetz
- Spielplätze
- Grillstellen
- Schutz-hütten
- Wander-gaststätten
- Aussichts-möglich-keiten
- etc. | - Hinweis-schilder
- Infotafeln
- Lehrpfade
- etc.

- Schulungen von Multi-plikatoren
- Seminare
- Vorträge
- Animation
- etc. |

☐ direkt wirksam auf den jeweiligen Raum

☐ indirekt wirksam auf den jeweiligen Raum

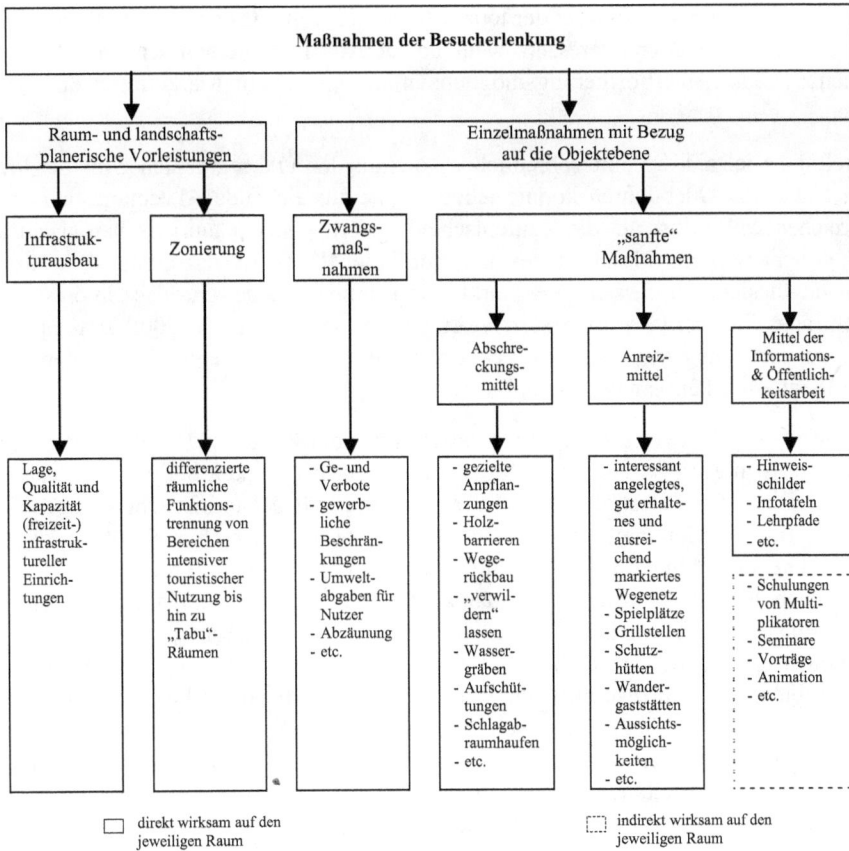

Abb. 2.19 *Möglichkeiten der Besucherlenkung*   *(Quelle: Job, H./Vogt, L. (2004), S. 862)*[179]

▓ Umweltgütesiegel

Seit Ende der 1980er-Jahre gab es zahlreiche Aktivitäten zur Einführung von touristischen Umweltgütesiegeln,[180] die als „weiche" Instrumente von potenziell hoher Relevanz galten.[181] Sie können als eine Variante der Aufklärungsmaßnahmen verstanden werden und sollen für Touristen, die umweltverträglich verreisen wollen, transparent machen, welche Anbieter diesbezüglich Möglichkeiten am Markt präsentieren.[182]

Daneben werden die Ziele verfolgt, auf der Nachfrageseite zu einer weiteren **Sensibilisierung** für Umweltbelange beizutragen und auf der Anbieterseite Anreize zur umweltorientierten Unternehmensführung zu schaffen.[183] Umweltschutzorganisationen

---

[179] Mit Bezug auf Job, H. (1995), S. 156.
[180] Vgl. Mundt, J.W. (2004), S. 345.
[181] Vgl. Petermann, T./Hutter, C./Wennrich, C. (1998), S. 163.
[182] Vgl. Mundt, J.W. (2013) S. 528.
[183] Vgl. Krug, S. (2000), S. 24.

erhoffen sich durch den Einsatz der touristischen Umweltgütesiegel Unterstützung bei der Durchsetzung ihrer Interessen, während touristische Unternehmen und Destinationen z.T. eine neue Profilierungsmöglichkeit im Rahmen von Marketingmaßnahmen sehen.[184]

Durch die Vielzahl der unterschiedlichen kommunalen und regionalen **Umweltgütesiegel** in den 1990er-Jahren konnte jedoch keine ausreichende Akzeptanz und kein ausreichender Einfluss auf die Kaufentscheidungsprozesse der touristischen Nachfrager erreicht werden. Die „Kennzeichnungsinflation"[185] führte dazu, dass keines der Umweltgütesiegel umfassend am Markt wahrnehmbar wurde, und dass interessierte Nachfrager eher verwirrt als besser informiert wurden.[186] Im Jahr 2002 kam es deshalb zur Gründung des **Viabono Trägervereins**, um eine Dachmarke für den umweltorientierten Tourismus zu schaffen.[187]

Ob touristische Umweltgütesiegel als Auszeichnungen für ganze Destinationen sinnvoll sind, ist umstritten. So sieht Müller die Hauptschwierigkeit bei der Anwendung von Gütesiegeln für Destinationen in der **Heterogenität** des touristischen Angebotes und vertritt die Meinung, dass die Einführung touristischer Umweltgütesiegel für Zielgebiete kaum sinnvoll sei.[188] Stattdessen präferiert er einen umfassenden Ansatz der Angebots- und Dienstleistungsqualität, die die Verantwortung für die ökologischen Belange mit beinhaltet.[189] Mundt hingegen ist der Auffassung, dass es für Destinationen als Wettbewerbseinheiten durchaus zweckmäßig sei, die Verleihung von Umweltgütesiegeln anzustreben, da **Vorteile im touristischen Wettbewerb** erzielt werden könnten.[190] Unabhängig von der Anwendbarkeit auf ganze Destinationen besteht jedoch Einigkeit darin, dass touristische Umweltgütesiegel nur dann sinnvoll sind, wenn die Beurteilungskriterien objektiv messbar und transparent sind sowie von außen vorgegeben werden und wenn deren Einhaltung laufend von einer unabhängigen Stelle überprüft wird.[191]

Die angeführten Handlungsansätze zur Verminderung der ökologischen Folgen des Tourismus in der Destination dürfen jedoch nicht darüber hinwegtäuschen, dass es in der **Eigenverantwortlichkeit** jedes einzelnen Touristen verbleibt, in welchem Maße er durch sein Verhalten am Reiseziel zu den ökologischen Belastungen beiträgt. Trotz des steigenden Problembewusstseins für die Belange der Umwelt hat sich das tatsächliche (touristische) Umweltverhalten bislang kaum geändert.[192]

---

[184]   Vgl. Müller, H. (2004), S. 203.
[185]   Krug, S. (2000), S. 24.
[186]   Vgl. Petermann, T./Hutter, C./Wennrich, C. (1998), S. 163; Krug, S. (2000), S. 24 und Mundt, J.W. (2004), S. 345.
[187]   Vgl. Viabono (2009), Einsehdatum: 12.09.2009 und Mundt, J.W. (2004), S. 345.
[188]   Vgl. Müller, H. (2004), S. 203ff.
[189]   Vgl. Müller, H. (2008), S. 173.
[190]   Vgl. Mundt, J.W. (2004), S. 345.
[191]   Vgl. Müller, H. (2004), S. 205 sowie Mundt, J.W. (2004), S. 345.
[192]   Vgl. Job, H./Vogt, L. (2004), S. 857; Mundt, J.W. (2013), S. 528 und Wöhler, Kh. (1993), S. 311ff.

2.4 Zum Saldo von Kosten und Nutzen des Tourismus im Zielgebiet

Wie sind der Tourismus und seine Effekte im Zielgebiet nun zu beurteilen? Kritiker wie Hauptnutznießer des Tourismus neigen zu einer ungerechtfertigten einseitigen Betonung der Makel bzw. der Nutzenaspekte, die die touristische Entwicklung mit ihren entsprechenden Wirkungen auf die Destination mit sich bringt. Der Tourismus ist in aller Regel weder „Heilsbringer" noch „Teufelswerk", sondern ein vielschichtiges **Phänomen mit Vor- und Nachteilen**. Er löst vielfältige, sehr unterschiedliche Effekte aus, die zudem hinsichtlich ihrer Intensitäten variieren und von einer großen Zahl von Einflussfaktoren in der jeweiligen Destination abhängig sind. In Anlehnung an Müller[193] können folgende Schlüsse gezogen werden:

– Im Mittelpunkt der Beurteilung darf nicht der singulär betrachtete Vor- oder Nachteil für das Zielgebiet, sondern muss das **Verhältnis aller Kosten/Schäden und Erträge/Nutzen** stehen. Der Tourismus ist nicht entweder ausschließlich negativ oder ausschließlich positiv zu beurteilen, sondern er hat sowohl positive als auch negative Aspekte.

– Den vorwiegend positiven ökonomischen Effekten stehen auf der soziokulturellen und ökologischen Seite überwiegend Gefahren gegenüber. Es ist in der **Gesamtsicht** zu beurteilen, inwieweit der durch den Tourismus erreichte wirtschaftliche Fortschritt die negativen Aspekte aufwiegt – wobei in die Überlegungen miteinbezogen werden sollte, ob es überhaupt eine Alternative zur wirtschaftlichen Entwicklung durch den Tourismus gibt.

– Die Ausprägung der sich in der Destination entfaltenden ökonomischen, soziokulturellen und ökologischen Effekte hängt von einer **Vielzahl von Determinanten** ab, so dass sie von Destination zu Destination stark variieren können. Gleichwohl können prinzipielle Schlüsse gezogen werden und das einzelne Zielgebiet kann aus den Erfahrungen anderer Zielgebiete lernen – z. B. bezüglich der dort aufgetretenen Problembereiche und der implementierten Gegenmaßnahmen.

– Es stellt sich als eine permanente **Herausforderung** für die Destination dar, die **Balance** zwischen der Gesamtheit der positiven und negativen Wirkungen des Tourismus zu erhalten. Ist dieser Zustand erreicht, ist er sehr fragil, weil jede Weiterentwicklungsmaßnahme zusätzliche Effekte entfalten kann.

Darüber hinaus:

– erfordert die ganzheitliche Beurteilung des Tourismus mit seinen positiven und negativen Wirkungen in der Destination den Austausch zwischen den in unterschiedlichem Maße vom Tourismus profitierenden und betroffenen Bevölkerungs-

---

[193] Vgl. Müller, H. (2008), S. 95ff.

gruppen. Für die zur Förderung des Tourismusbewusstseins erforderlichen und für die Herstellung von Transparenz, Akzeptanz und möglicherweise Konsens notwendigen Informations- und **Partizipationsprozesse** sind entsprechende **Kompetenzen** und **Ressourcen** vorzuhalten.

2.5 Das Prinzip der Nachhaltigkeit als übergeordnete Zielsetzung

Der aus der Forstwirtschaft stammende Begriff der *Nachhaltigkeit* hat mittlerweile in zahlreiche Wirtschafts- und Lebensbereiche Einzug gehalten. Ursprung des Begriffs ist zunächst der Ansatz, Ressourcen langfristig für eine Nutzung zu erhalten, oder anders ausgedrückt: Es wird nur soviel Holz aus dem Wald entnommen, wie nachwächst.[194] Ökonomisch betrachtet wird folglich lediglich der Zins genutzt bzw. verbraucht, das Kapital jedoch erhalten und geschützt.[195] Der Begriff der *Nachhaltigkeit* berücksichtigt damit das **Interesse zukünftiger Generationen**. Eine Entwicklung kann dann als **nachhaltig** bezeichnet werden, wenn sie „die Bedürfnisse der Gegenwart befriedigt, ohne zu riskieren, dass zukünftige Generationen ihre eigenen Bedürfnisse nicht befriedigen können."[196]

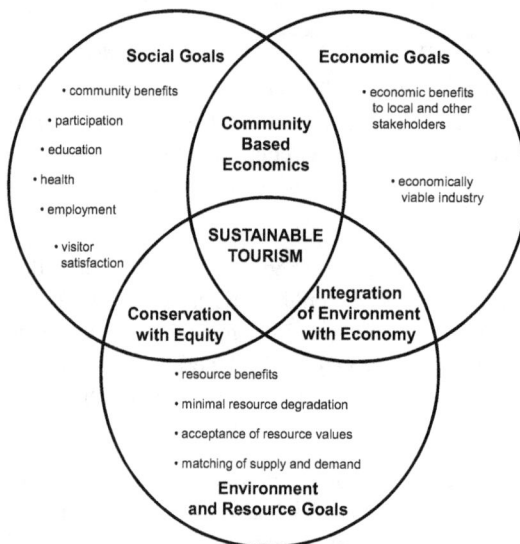

Abb. 2.20   *Grundsätze einer nachhaltigen Tourismusentwicklung in der Destination*
(Quelle: Hall, C.M./Jenkins, J./Kearsley, G. (1997))[197]

Seit dem Anfang der 1990er-Jahre wurde das Konzept der *nachhaltigen Entwicklung* auch im Tourismus übernommen.[198] Zielsetzung ist es, neben dem Gestaltungsrecht der zukünftigen Generationen die ökonomischen, soziokulturellen und ökologischen Aspekte bei der Entwicklung des Zielgebietes durch den Tourismus **gleichermaßen**

---

[194]   Vgl. z. B. Pforr, C. (2008), S. 474; Müller, H. (2008), S. 260; Klemm, K. (1998), S. 81.
[195]   Vgl. Müller, H. (2008), S. 261.
[196]   Hauff, V. (Hrsg.) (1987), S. 46.
[197]   Zitiert nach Murphy, P. E./Price, G.G. (2005), S. 175.
[198]   Vgl. Pforr, C. (2008), S. 473.

zu berücksichtigen und möglichst miteinander in **Einklang** zu bringen (siehe hierzu Abb. 2.20).

Der Anspruch, allen drei Dimensionen gerecht zu werden, wird als „**Nachhaltigkeits-trias**"[199] oder „**tourismuspolitischer Dreiklang der Nachhaltigkeit**"[200] bezeichnet. Im Zuge einer nachhaltigen Entwicklung des Zielgebietes durch den Tourismus ergeben sich damit folgende Hauptzielsetzungen:[201]

- **Interessen zukünftiger Generationen**: Berücksichtigung der Möglichkeiten zur zukünftigen Bedürfnisbefriedigung, Wahrung der Gestaltungsrechte, Herstellung von Generationengerechtigkeit etc.

- **ökonomische Dimension**: Sicherung der ökonomischen Ergiebigkeit durch Wertschöpfung, Beschäftigung, Einkommen, Abbau regionaler Disparitäten (Ausgleichseffekte); Sicherung der langfristigen Wettbewerbsfähigkeit; „gerechte" Verteilung der wirtschaftlichen Vorteile, Verhinderung zu starker wirtschaftlicher Abhängigkeit etc.

- **ökologische Dimension**: Beachtung der ökologischen Verträglichkeit/der Tragfähigkeit des Ökosystems, Ressourcenerhaltung, Verringerung der ökologischen Belastungen, Lösungen für die Ver- und Entsorgungsproblematik etc.

- **soziokulturelle Dimension**: Anerkennung der sozialen Verantwortung, Bewahrung des kulturellen Erbes, Herstellung individuell-subjektiven Wohlbefindens bei der einheimischen Bevölkerung, Bedürfnisbefriedigung bei den Touristen, Bevölkerungspartizipation, Verträglichkeit mit kultureller Tradition und Sozialstruktur etc.

Bezüglich der soziokulturellen Dimension kann zwischen **Kultur im Zielgebiet**, **individuellem Wohlbefinden der Einheimischen** und **Bedürfnisbefriedigung der Gäste** differenziert werden. Soll darüber hinaus anerkannt werden, dass der Anspruch, einen angemessenen Ausgleich zwischen den Zieldimensionen herzustellen, aufgrund der möglichen Zielkonflikte ein durchaus schwieriges („magisches") Unterfangen ist, kann das Zielsystem einer nachhaltigen Entwicklung durch Tourismus mittels der **magischen Fünfeck-Pyramide**[202] veranschaulicht werden (siehe Abb. 2.21).

---

[199] Pforr, C. (2008), S. 474.
[200] Freyer, W. (2011), S. 392.
[201] In Anlehnung an Müller, H. (2008), S. 263 und Freyer, W. (2011), S. 392. Die Begriffe *ökonomische Ergiebigkeit*, *ökologische Verträglichkeit* und *soziale Verantwortung* im Zusammenhang mit einer nachhaltigen Entwicklung mit Tourismus gehen zurück auf Becker, C. (1995a), S. 25.
[202] Müller, H. (2008), S. 261.

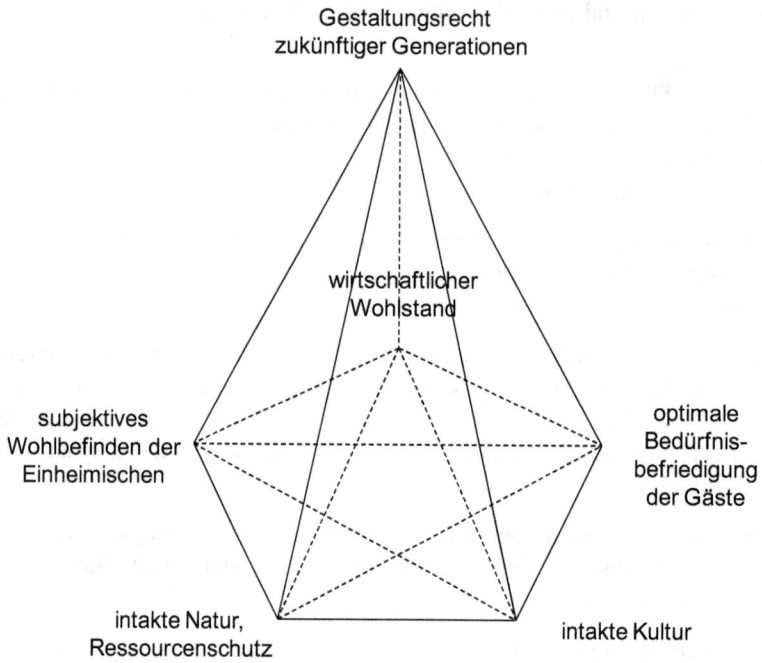

Abb. 2.21   *Magische Fünfeck-Pyramide einer nachhaltigen touristischen Entwicklung*
(Quelle: Müller, H. (2008), S. 262; leicht verändert)

Wichtige Erkenntnisse 👁

- Der Tourismus bewirkt eine Reihe von positiven Effekten für die Wirtschaft des Zielgebietes. Es kann aber auch zu negativen Wirkungen kommen.

- Der Tourismus kann in vielfältiger Weise den Lebensraum der einheimischen Bevölkerung gestalten und hat Folgen für die soziale Struktur und die Kultur im Zielgebiet.

- Der Tourismus kann positive Wirkungen auf die ökologische Umwelt des Reiseziels bewirken, doch überwiegen die Gefahren negativer Folgen.

- Eine pauschale Beurteilung der Folgen des Tourismus verbietet sich.

- Die Vielfalt der möglichen Effekte und ihre unterschiedlichen Intensitäten in den verschiedenen Zielgebieten machen eine fallweise Betrachtung und Beurteilung notwendig.

- Für viele Zielgebiete stellt es sich als dauerhafte Herausforderung dar, eine Balance zwischen den unterschiedlichen Wirkungen des Tourismus zu gewährleisten.

- Als übergeordnete Zielsetzung bei der touristischen Entwicklung des Zielgebietes sollte das Prinzip der Nachhaltigkeit gelten.

Vertiefungsfragen ?

? Welche der angeführten Effekte des Tourismus können Sie für Ihren Heimat-/Studienort erkennen?

? An welche soziokulturellen Effekte können Sie sich bei Ihren letzten Urlaubsreisen erinnern?

? Wie würden Sie sich selbst im Rahmen der Betroffenentypologie einordnen?

? Welche Beispiele von ökologischen Belastungen durch den Tourismus im Zielgebiet können Sie auf Basis Ihrer eigenen Erfahrungen anführen?

? Wo sehen Sie Probleme bei der Umsetzung des Nachhaltigkeitsprinzips und welche Lösungswege sehen Sie?

Literaturhinweise 📖

- Aderhold, P./Kösterke, A./von Laßberg, D./Vielhaber, A. (2006): Tourismus in Entwicklungsländern. Ammerland.
- Eisenstein, B./Rosinski, A. (2004): Ökonomische Effekte des Tourismus. In: Becker, C./Hopfinger, H./Steinecke, A. (Hrsg.) (2004): Geographie der Freizeit und des Tourismus – Bilanz und Ausblick. S. 805–814, München.
- Müller, H. (2008): Freizeit und Tourismus – Eine Einführung in Theorie und Politik. Bern.
- Müller, H. (2007): Tourismus und Ökologie. München/Wien.
- Schmudde, J./Namberger, P. (2010): Tourismusgeographie. Darmstadt.

Internetquellen 🔁

- www.tourism-watch.de
  vierteljährlicher Informationsdienst mit Berichten und Hintergründen über den Ferntourismus.

3 Lebenszyklus der Destination

Lernziele ◎

Am Ende dieses Kapitels sollten Sie Folgendes können:

- **O** die Phasen eines möglichen Lebenszyklus einer Destination erklären;

- **O** die Problembereiche und Maßnahmen in jeder Phase erläutern.

Weitere Informationen unter **www.tourismus-grundlagen.de**

Bereits in Kapitel 2 wurde in Bezug auf die Beziehungen zwischen Einwohnern und Touristen deutlich, dass die Entwicklung von Destinationen **unterschiedliche Stadien** durchlaufen kann. In zahlreichen Veröffentlichungen[203] wird darüber hinaus davon ausgegangen, dass der gesamte Entwicklungsverlauf von Destinationen tendenziell einer gewissen Regelmäßigkeit unterliegt. Grundlage ist in der Regel das Modell von Butler,[204] nach dem sich die touristische Entwicklung eines Zielgebietes ex-post in einem **Lebenszyklus der Destination** darstellen lässt.[205] Hierbei wird Bezug auf das **Modell des Produkt-Lebenszyklus** genommen. Dies soll im Folgenden vertieft werden.

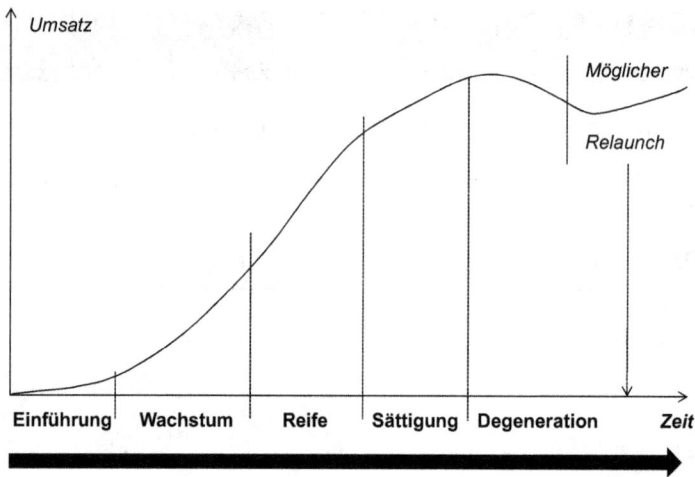

Abb. 3.1   *Idealtypischer Produkt-Lebenszyklus*   *(Quelle: Simon, V. (2008), S. 434)*

Das auf empirischen Daten basierende Modell des Produkt-Lebenszyklus geht davon aus, dass Produkte analog zum Lebenszykluskonzept der Biologie[206] unterschiedliche Entwicklungsphasen durchlaufen. Differenziert nach der Ergebnisentwicklung des Produktes werden für den Lebenszyklus häufig fünf Phasen[207] – **Einführung, Wachs-**

---

[203]   Vgl. z. B. Miossec, J.M. (1977); Butler, R.W. (1980), S. 5ff.; Haywood, K.M. (1986), S. 154ff.; Choy, D.J.L. (1992), S. 26ff.; Getz, D. (1992), S. 752ff.; Cooper, C./Jackson, S. (1989), S. 377ff.; Cooper, C. (1994), S. 340ff.; Agarwal, S. (1994), S. 194ff.; Agarwal, S. (1997), S. 56ff.; Wöhler, Kh. (1997), S. 8 und S. 280ff.; Baum, T. (1998), S. 167ff.; Oppermann, M. (1998), S. 179f.; Ullmann, S. (2000), S. 51ff.; Lundtrop, S./Wanhill, S. (2001), S. 947ff.; Schuckert, M./Möller, C./Weiermair, K. (2007), S. 121ff.

[204]   Vgl. Butler, R.W. (1980).

[205]   Vgl. Peters, M./Schuckert, M./Weiermair, K. (2008), S. 309. „Vereinzelt ist die Entwicklung und Evolution von touristischen Destinationen schon früher Gegenstand der Tourismusforschung gewesen (beispielsweise Gilbert 1939 oder Stansfield 1978), jedoch ist Butlers Beitrag 1980 als die zentrale Arbeit zum Thema Lebenszyklus von touristischen Destinationen anzusehen [...] Er stützt sich dabei unter anderem auf die Vorarbeiten von Christaller (1963) und Plog (1974, 2001)." A.a.O., S. 310.

[206]   Vgl. Kaspar, C. (1995), S. 53.

[207]   Vgl. Meffert, H./Bruhn, M. (2006), S. 188ff.

tum, **Reife**, **Sättigung/Stagnation** und **Verfall**[208]– unterschieden. Im Anschluss an eine Stagnations- bzw. an eine Verfallsphase kann u.U. eine **Verjüngungsphase** (Relaunch) eingeleitet werden und das Produkt kann weiterhin am Markt bestehen. Das Modell kann nicht nur auf Produkte, sondern auch auf ganze Branchen übertragen werden.[209] Wird das **Lebenszyklusmodell** in Bezug auf die globale Tourismusbranche angewendet, zeigt sich, dass der Tourismus weltweit nach wie vor ein **Wachstumsmarkt** ist.

Mit der Lebenszyklusanalyse wird untersucht, inwiefern die Entwicklung eines Produktes oder einer Branche nach einem bestimmten Muster verläuft, um Konsequenzen für die Unternehmensführung ableiten zu können.[210] Allerdings darf das Modell nicht als unabänderliche Gesetzmäßigkeit betrachtet werden, da z. B. im Zuge der Entwicklung Phasen übersprungen werden und die zeitliche Dauer der einzelnen Phasen variieren können.

Bei der Übertragung des Lebenszyklusmodells auf touristische Zielgebiete können folgende sechs Phasen der Entwicklung unterschieden werden (siehe Abb. 3.2):[211] **Exploration**, **Involvement**, **Development**, **Consolidation**, **Stagnation** und **Post-Stagnation**. Die ersten vier Phasen sind durch Wachstum, die Stagnationsphase durch Sättigungserscheinungen gekennzeichnet. Die Post-Stagnationsphase kann verschiedene Verläufe annehmen, je nachdem ob und wie auf die bisherige Entwicklung reagiert wird. Für jede Phase ist darüber hinaus eine **Vielzahl von Merkmalen charakteristisch**[212] und je nach Entwicklungsstadium ergeben sich unterschiedliche Wirkungen in der Destination, stehen unterschiedliche Problembereiche im Zentrum des Interesses (der Bevölkerung, der Tourismuspolitik, der touristischen Leistungsträger und der Tourismusorganisationen) und sind unterschiedliche Maßnahmen im Bereich des Managements und im Marketing zu ergreifen.[213]

---

[208] Auch *Schrumpfungs-* oder *Degenerationsphase* genannt.
[209] Vgl. Porter, M.E. (1992), S. 209f.
[210] Vgl. Meffert, H./Bruhn, M. (2006), S. 186.
[211] Vgl. Agarwal, S. (1994), S. 194ff., Bär, S. (2006), S. 116ff. mit Bezug auf Butler, R.W.(1980), S. 6ff. Die *Post-Stagnation* wird von Butler, R.W. (1980) als *Degeneration* bezeichnet.
[212] Vgl. Peters, M./Schuckert, M./Weiermair, K. (2008), S. 311 mit Bezug auf Agarwal, S. (1997).
[213] Vgl. a.a.O., S. 312 und Kaspar, C. (1995), S. 53.

Rejuvenation A

B

CRITICAL RANGE OF
ELEMENTS OF CAPACITY

Stagnation

Consolidation

C

Decline

D

NUMBER OF TOURISTS

E

Development

Involvement

Exploration

TIME

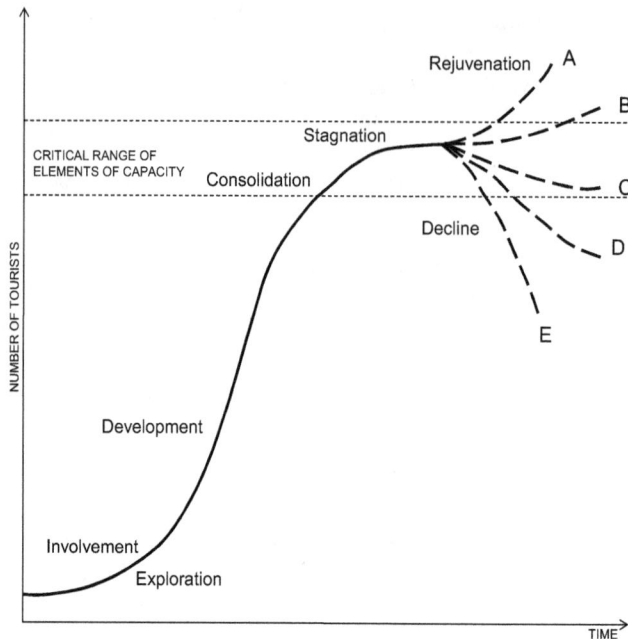

Abb. 3.2   *Modell zum Lebenszyklus einer touristischen Region*   *(Quelle: Butler, R.W. (1980), S. 7)*

Die Analyse des **Destinationslebenszyklus** stiftet insbesondere Nutzen, weil ein Verständnis für die zeitlich **langfristigen Veränderungsprozesse** bezüglich des Volumens und der Zusammensetzung der Touristen in der Destination aufgebaut wird und Veränderungen des Marktes, der Entwicklungen hinsichtlich der Zusammensetzung des von der Destination angebotenen Leistungsbündels und der organisatorisch-administrativen Strukturen über einen längeren Zeitraum betrachtet werden können.[214] Ziel ist es, aus diesen Erkenntnissen Entscheidungshilfen für das Ressourcenmanagement der Destination und **Implikationen für das strategische Management** der Destination zur nachhaltigen Stabilisierung oder Verbesserung der Wettbewerbsfähigkeit ableiten zu können.[215] Die einzelnen Phasen des Destinationslebenszyklus können wie folgt näher charakterisiert werden:[216]

---

[214]   Peters, M./Schuckert, M./Weiermair, K. (2008), S. 312 mit Bezug auf Buhalis, D. (2000), S. 97ff. und Ioannides (1992), S. 711ff.

[215]   Das Modell verdeutlicht, dass die Destinationsentwicklung verschiedene Phasen durchläuft. Es wird aber teilweise als zu statisch, deterministisch und der komplexen Realität nicht entsprechend angesehen (vgl. Peters, M./Schuckert, M./Weiermair, K. (2008), S. 312). Zur Kritik am Modell des Destinationslebenszyklus siehe auch Wöhler, Kh. (1997), S. 284ff.

[216]   Die folgenden Ausführungen zu den einzelnen Phasen beruhen – sofern nicht anders angegeben – auf Butler, R.W. (1980), S. 6ff. ; Cooper, C. (1994), S. 340ff. und Agarwal, S. (1994), S. 194ff.; Bär, S. (2006), S. 117ff. und S. 311 sowie Peters, M./Schuckert, M./Weiermair, K. (2008), S. 309ff.

▣ Phase I: Exploration

In dieser Phase wird das Zielgebiet von den ersten touristischen Nachfragern „entdeckt" und „erforscht". Die Anzahl der Touristen und die durch den Tourismus generierte Wertschöpfung sind wie die ausgelösten wirtschaftlichen Effekte insgesamt sehr gering. Gewinne in der Privatwirtschaft sind sehr niedrig oder nicht existent. Bei den wenigen Besuchern handelt es sich um individualistisch-abenteurerorientierte Pioniere, die durch die Ursprünglichkeit und Unberührtheit der Natur und Kultur des Zielgebietes angezogen werden.[217] Die durch den Tourismus ausgelösten ökologischen Belastungen sind noch sehr gering. Eine spezifische Tourismusinfrastruktur ist noch nicht vorhanden und anfänglich wurden diesbezüglich auch noch keine Investitionen getätigt. Entsprechend gibt es bislang kaum Übernachtungskapazitäten und es besteht noch keine auf den Tourismus ausgelegte Verkehrsanbindung und -erschließung. Der Tourismus kann jedoch als potenzieller, neuer Wirtschaftsfaktor entdeckt werden und es gilt die Entscheidung zu treffen, ob eine touristische Entwicklung angeschoben werden soll (oder nicht). Als Beispiele solcher Zielgebiete können momentan Teile Zentralafrikas, Borneos oder Indonesiens[218] gelten.

▣ Phase II: Involvement

Während dieser Phase wird die Destination vermehrt, aber noch auf niedrigem Niveau von der touristischen Gesamtnachfrage wahrgenommen. Die Anzahl der individuellen Besucher der Destination ist zwar immer noch relativ niedrig, doch nimmt sie kontinuierlich sowie spürbar zu. Besuche von Touristen finden regelmäßig statt. In dieser Phase und in der darauf folgenden Wachstumsphase „definiert und entwickelt sich langsam jener Markt, der sich mit zunehmendem Alter der Destination immer stärker ausprägt."[219] Bei relativ hohen Preisen sind Wertschöpfungseffekte in der Destination und Gewinne in der Privatwirtschaft noch gering. Diese steigen aber mit der zunehmenden Nachfrage merklich an. Es entstehen neue Arbeitsmöglichkeiten durch den Tourismus. Aufgrund der wirtschaftlichen Entwicklungschancen, die mit dem Ausbau des Tourismus gesehen werden, und weil bislang kaum negative Effekte durch den Tourismus spürbar sind, ist die Einstellung gegenüber dem Tourismus meist positiv. Das Beherbergungsangebot wird vorwiegend durch Privatanbieter zur Verfügung gestellt. Jedoch besteht Bedarf an zusätzlichen Beherbergungskapazitäten. Es bilden sich Initiativen zur Entwicklung der touristischen Infrastruktur und der Druck auf die öffentliche Hand nimmt zu, diesbezüglich Finanzmittel zur Verfügung zu stellen und entsprechende Planungs- und Umsetzungsprozesse (z. B. für die Verkehrsanbindung) in Gang zu bringen. Es wird überproportional stark investiert, um Kapazitäten aufzubauen. Der Tourismus wird als neuer Wirtschaftsfaktor gefördert. Die Destination beginnt mit Aktivitäten im Marketing, um den Bekanntheitsgrad zu erhöhen und eine Markterweiterung zu erreichen. Die Marketingausgaben sind zunächst niedrig, steigen jedoch an. Das Marketing basiert zu Beginn noch auf dem Eigenengagement örtlicher Unternehmer, wird jedoch (in dieser und der darauffolgenden Phase) schrittweise

---

[217]   Vgl. Plog, S.C. (2001) zitiert nach Peters, M./Schuckert, M./Weiermair, K. (2008), S. 313.
[218]   Nicht die Destination Bali; vgl. Deutscher Bundestag (Hrsg.) (2004), S. 12.
[219]   Peters, M./Schuckert, M./Weiermair, K. (2008), S. 314 mit Bezug auf Butler, R.W. (1980).

institutionalisiert.[220] Die Involvement-Phase kann mit der darauffolgenden Development-Phase zu einer Wachstumsphase zusammengefasst werden.[221] In einer solchen Phase des Wachstums befinden sich beispielweise Destinationen wie Brasilien, China, Südafrika[222] oder Dubai.

■ Phase III: Development

Diese Phase ist geprägt durch eine rasante Entwicklung und ein sehr dynamisches Wachstum. Die Anzahl der Touristen steigt deutlich an und die Destination trifft auf Seiten der touristischen Nachfrage auf ein schnell zunehmendes Interesse mit der Folge, dass ein Massenmarkt entsteht. Neben Individual-Touristen treten organisierte Gruppen auf. Die durch den Tourismus erzielte Wertschöpfung ist hoch und nimmt weiter zu. Preissteigerungen sind allerdings kaum noch durchsetzbar; teilweise kommt es zu Preissenkungen. Die von den touristischen Leistungsträgern erzielten Gewinne erreichen jedoch während dieser Phase Höchstwerte; gleichzeitig ist das Interesse von Investoren im Vergleich zu anderen Phasen sehr groß. Ständig werden weitere Angebotselemente ergänzt und parallel werden die Kapazitäten rasch weiter ausgeweitet: Die Verkehrsanbindung wird verbessert, die Einheiten der Beherbergungskapazität werden größer, teilweise luxuriöser und der ständig steigenden Nachfrage angepasst; die natürlichen und kulturellen Attraktionen werden touristisch stärker vermarktet und künstlich geschaffene Attraktionen treten hinzu. Intensive Werbemaßnahmen führen dazu, dass die Marketingausgaben mittlerweile relativ hoch sind. Schwerpunkte dabei sind die Informationsvermittlung über Eigenschaften des Angebotes und das Herausbilden von Präferenzen für die Destination. Die Strategie der Marktdurchdringung zur Erschließung weiterer Wachstumspotenziale wird ergänzt durch Produktdifferenzierungen. Das rasante Wachstum führt zu einer spürbaren Zunahme der negativen Effekte in Bezug auf Ökologie sowie Gesellschaft und es kommt zu (temporären) Überlastungserscheinungen in der Infrastruktur (z. B. Verkehrsprobleme, Ver- und Entsorgungsprobleme). Aufgrund der Betroffenheit und des wachsenden Verständigungsbedarfs einzelner Bevölkerungsteile[223] entstehen Fragen, ob und inwiefern die touristische Entwicklung politisch zu rechtfertigen ist. Der politische Legitimationsdruck nimmt zu; es entsteht die Notwendigkeit, Interessenskonflikte zwischen verschiedenen Anspruchsgruppen und zwischen verschiedenen Umweltsphären (Ökonomie, Ökologie, Gesellschaft/Kultur) sowie die Wechselwirkungen zwischen diesen zu analysieren und möglichst zu einem Interessensausgleich zu führen. Es wird begonnen, diesbezügliche Regularien (z. B. mittels Infrastruktur- und Umweltpolitik) zu institutionalisieren, um zu einer geordneten Entwicklung zu gelangen und die mit der Entwicklung einhergehenden negativen Effekte zu vermindern (z. B. durch Besucherlenkung und Zonierung im Hinblick auf die negativen ökologischen Effekte).

---

[220] Vgl. Prideaux, B./Cooper, C. (2002) zitiert nach Peters, M./Schuckert, M./Weiermair, K. (2008), S. 314.

[221] Vgl. z. B. Ullmann, S. (2000), S. 49; Peters, M./Schuckert, M./Weiermair, K. (2008), S. 314.

[222] Vgl. Deutscher Bundestag (Hrsg.) (2004), S. 12.

[223] Siehe hierzu Kapitel 2.

■ Phase IV: Consolidation

In dieser Phase nimmt die absolute Zahl der Touristen noch zu, die Wachstumsrate flacht jedoch ab. Die Wettbewerbsfähigkeit der Destination beginnt abzunehmen. Es entsteht die Notwendigkeit, das Wettbewerbsumfeld zu analysieren und verstärkt nach einer Positionierung der Destination im Wettbewerb zu suchen. Strategisches Hauptziel ist die Verteidigung des erworbenen Marktanteils. Die Destination wird (aufgrund der Spezialisierung im Angebot) von unterschiedlichen Zielgruppen noch umfassend wahrgenommen. Die Preise sind im Vergleich zu den vorherigen Phasen relativ niedrig – und der touristische Massenmarkt ist etabliert. Der Tourismus ist ein wichtiger Wirtschaftsfaktor für das Zielgebiet, in welchem zahlreiche tourismusbedingte Beschäftigungsmöglichkeiten existieren. Die Marketingausgaben sind niedriger als in der Wachstumsphase und geprägt durch intensive Werbemaßnahmen und Aktivitäten zum Aufbau einer Marke. Die touristischen Angebotsbestandteile sind nahezu gänzlich vorhanden, so dass es kaum zu weiteren Ergänzungen des Gesamtangebotes kommt. Vorhandene Übernachtungskapazitäten werden jedoch durch noch größere Beherbergungsinfrastrukturen ausgebaut und die ursprünglichen natürlichen und kulturellen Anziehungskräfte werden teilweise von künstlichen Attraktionen abgelöst. Mit der Abnahme der Authentizität beginnt die Trennung von Destinationsimage und geographischer Umwelt. Es wird zwar weiter investiert, doch im Vergleich zur Wachstumsphase kommt es in Bezug auf das Gesamtinvestitionsvolumen eher zu einer Stagnation. Investitionen in notwendige Erneuerungen und marktrelevante Innovationen werden teilweise versäumt. Die (ggf. weiter zunehmenden) negativen Effekte durch den Tourismus lassen die diesbezügliche Unzufriedenheit wachsen; die Kooperationsbereitschaft in der Destination nimmt ab – auch weil die veränderte Entwicklungssituation teilweise Besitzstandsdenken und Neid auslöst. Gleichzeitig verstärkt sich jedoch die Notwendigkeit des kooperativen Agierens der Beteiligten, um als Destination im Wettbewerb bestehen zu können.

■ Phase V: Stagnation

Die Phase der Stagnation wird z.T. mit der vorangegangenen Consolidation-Phase zu einer Phase der Reife zusammengefasst.[224] Beispiele für internationale Destinationen, die sich in diesem Reifestadium (Consolidation oder Stagnation) befinden, sind Tunesien, die Dominikanische Republik oder Bali.[225] Für die Stagnations-Phase sind Sättigungserscheinungen charakteristisch (*Sättigungsphase*). Die Destination weist kein weiteres Wachstum der Besucherzahlen auf und ist durch einen hohen Anteil des organisierten Massentourismus gekennzeichnet. Die absolute Anzahl der Touristen ist zwar immer noch hoch, doch das Interesse der Nachfrage an der Destination sinkt und erste Zielgruppen beginnen abzuwandern. Die Wettbewerbsfähigkeit der Destination hat (weiter) abgenommen. Strategische Ziele sind vorwiegend die Verteidigung des Marktanteils, eine verbesserte Wettbewerbspositionierung und die Rückgewinnung einer höheren Wettbewerbsfähigkeit. Die künstlichen Attraktionen haben die ursprünglichen Attraktionen ersetzt oder nehmen im Rahmen des Gesamtangebotes eine

---

[224] Vgl. z. B. Peters, M./Schuckert, M./Weiermair, K. (2008), S. 314.
[225] Vgl. Deutscher Bundestag (Hrsg.) (2004), S. 12.

bedeutendere Rolle ein. Die Verkehrsanbindung kann kaum noch optimiert werden. Bezüglich der Beherbergungsinfrastruktur sind Überkapazitäten entstanden. Die Investitionen stagnieren, notwendige Erneuerungsmaßnahmen werden teilweise unterlassen und die im Zielgebiet durch den Tourismus erzielte Wertschöpfung sinkt ebenso wie die am Markt erzielbaren Preise und die Marketingausgaben. Das Image der Destination ist zwar im Markt etabliert, doch beginnt es aus der Mode zu kommen. Einzelne Unternehmer in der Destination beginnen damit, der Destinationsmarke die Unterstützung zu entziehen, und versuchen eigene Marken aufzubauen. Aufgrund der mit der touristischen Entwicklung einhergehenden und verspürten negativen Effekte und aufgrund von Besitzstandsdenken ist die Kooperationsbereitschaft relativ niedrig – obwohl das Ziel, aus der gegenwärtigen Situation heraus wieder eine verbesserte Wettbewerbsposition zu erreichen, kooperatives Handeln unbedingt erforderlich macht.

▪ Phase VI: Post-Stagnation

Nach der Stagnationsphase ergeben sich für den weiteren Verlauf des Destinationslebenszyklus verschiedene Entwicklungsmöglichkeiten zwischen Verfall (Decline) und Verjüngung (Rejuvenation). Dabei ist entscheidend, inwiefern die Destination mit den verfügbaren Ressourcen (z. B. Umweltpotenziale und Finanzmittel) und den vorhandenen Kompetenzen (z. B. Wissen/Know-how, Managementkompetenz, Kooperationsfähigkeit) eine starke Position im Wettbewerb zurückgewinnen kann. Reichen die verfügbaren Ressourcen und Kompetenzen hierfür nicht aus, kommt es zu einer kontinuierlichen **Degeneration** (Verfall, Decline): Die Besucher- und Übernachtungszahlen sind rückläufig, weitere Zielgruppen wandern ab und der räumliche Einzugsbereich der Destination verringert sich. Die Destination ist weniger für längere Urlaubsaufenthalte, sondern eher für Wochenend- und Kurzaufenthalte sowie für Tagesausflüge von Interesse (sofern sie für ein entsprechendes Marktpotenzial im verbleibenden geografischen Einzugsbereich erreichbar ist). Die Wettbewerbsfähigkeit sinkt weiter, weil die Attraktionen (ggf. neuer) Konkurrenzziele auf größeres Interesse bei der touristischen Nachfrage treffen. Das mittlerweile negative Image kann keine ausreichende Sogwirkung mehr auf die touristische Nachfrage ausüben. Als Beispiel ist hier Lloret de Mar zu nennen.[226] Die touristische Wertschöpfung sinkt weiterhin. Auch die Preise gehen weiter zurück. Da nicht ausreichend in notwendige Erneuerungen der Infrastruktur investiert wird, wird die bestehende Substanz „aufgezehrt". Touristische Einrichtungen werden (möglichst geordnet) „re-dimensioniert" oder einer anderen Nutzung zugeführt. Teile des touristischen Dienstleistungsangebotes werden eingestellt und touristische Betriebe treten aus dem Markt aus. Es kann zum Verlust der Markensubstanz und des Images der Destination kommen, da eine Spirale zwischen Rückgang der Gästezahlen auf der Nachfrageseite und Abbau von Leistungselementen bei gleichzeitiger Verminderung der Ausrichtung der wirtschaftlichen Aktivitäten auf den Tourismus im Zielgebiet auf der Angebotsseite entstehen

---

[226] Vgl. Priestley, G./Mundet, L. (1998) zitiert nach Peters, M./Schuckert, M./Weiermair, K. (2008), S. 314.

kann.[227] Eine Degeneration kann andererseits verhindert werden, wenn die zur Verfügung stehenden Ressourcen und Kompetenzen zumindest teilweise eine **Neopositio-
nierung der Destination** im Markt (Rejuvenation/Relaunch) ermöglichen. Hierfür
müssen neue, möglichst innovative Besuchsanreize aufgebaut werden. Dies kann
durch zusätzliche künstliche Attraktionen oder durch die Nutzung bislang ungenutzter
natürlicher oder kultureller Potenziale geschehen. Als Beispiel kann Mallorca angeführt werden. Inwiefern die entsprechenden Maßnahmen zu einem dauerhaften Erfolg
führen können oder ob sie nur zu einer relativ kurzfristigen Wiederbelebung – gefolgt
von einer erneuten Degenerationsphase – verhelfen, hängt von zahlreichen Wettbe-
werbsfaktoren ab. Von großer Relevanz ist dabei u.a. die Frage, ob und wie schnell
Konkurrenzdestinationen in der Lage sind, die neu aufgebauten Attraktionen nachzu-
ahmen. Bestenfalls gelingt es der Destination, ein (für ein klar definiertes touristisches
Nachfragesegment mit ausreichendem Marktpotenzial relevantes) Alleinstellungs-
merkmal aufzubauen. Einiges spricht dafür, auf nachhaltige Vorzüge (Kultur, Geschichte) zu setzen, anstatt kurzfristigen Trends (der Unterhaltung, Mode) zu folgen.[228]

Die Übertragung des Lebenszyklus-Modells auf Destinationen ist nicht frei von Kritik. Häufige Ansatzpunkte sind dabei[229]

– die fehlende theoretische Fundierung,

– die nicht eindeutige Abgrenzung der einzelnen Phasen (insbesondere bei der empirischen Überprüfung),

– das z.T. deutliche Abweichen empirisch bestimmter Kurvenverläufe vom Verlauf
  der Kurven im Modell,

– die teilweise nach Datenverfügbarkeit vorgenommene räumliche Abgrenzung der
  empirisch analysierten Destinationen,

– und die Nicht-Berücksichtigung anderer Marktteilnehmer im Modell.

Veränderte Rahmenbedingungen auf dem touristischen Markt[230] führen dazu, dass
sich die Lebenszyklen von Destinationen verkürzen. Um so mehr besteht die Notwendigkeit, über eine kontinuierliche Marktbeobachtung und mittels des Einsatzes
von **Indikatorensystemen** frühzeitig Informationen über relevante Veränderungen zu
erfassen und die Aktivitäten der Destinationsentwicklung zu überprüfen, um rechtzei-
tig ggf. notwendige Anpassungen zur Erhaltung der Wettbewerbsfähigkeit der Destination vornehmen zu können. Hierfür sind die Intensivierung kontinuierlich entschei-
dungsunterstützender **Marktforschung** und die Professionalisierung des **Controlling**

---

[227] Beispielsweise bei den Seebädern Bray, Wicklow und Bangor in Irland (vgl. Baum, T. (1998), S. 171).
[228] Vgl. Agarwal, S. (2002) zitiert nach Peters, M./Schuckert, M./Weiermair, K. (2008), S. 315.
[229] Vgl. Schmude, J./Namberger, P. (2010), S. 56.
[230] Siehe hierzu Kapitel 5. Insbesondere kürzere und häufigere Reisen (nachfrageseitige Entwicklungen);
       vgl. z. B. Weiermair, K./Peters, M./Reiger, E. (Hrsg.) (2001) bei gleichzeitig verbesserter Erreich-
       barkeit vieler Destinationen durch Fortschritte der Transporttechnik und damit Ausweitung des
       touristischen Angebots (angebotsseitige Entwicklungen).

von Aktivitäten der Weiterentwicklung und Vermarktung der Destination erforderlich.[231] In klassischen Urlaubsländern der Deutschen wie Österreich, der Schweiz oder
Deutschland durchliefen viele Destinationen[232] nach einer Einführungsphase eine über
mehrere Jahrzehnte anhaltende Wachstumsphase. Ab Mitte der 1980-Jahre erfolgte
der Eintritt in das **Reifestadium**.[233] Das Marktvolumen der klassischen Quellregionen
entspricht weitgehend dem vorhandenen Marktpotenzial.[234] In Abhängigkeit vom
Verhalten der Marktteilnehmer ergeben sich vornehmlich drei mögliche Entwick-
lungsrichtungen der Post-Stagnationsphase:[235] Eintritt der Gesamtbranche in den
Verfall durch umfassenden Nachfragerückgang (Option III), **Marktbereinigung**
durch Austritt von Destinationen und stärkere Marktposition der verbleibenden Destinationen (Option II) oder **Relaunch** der gesamten Branche (Option I) und betroffenen
Destinationen, indem diese sich umfassend auf die intensivierte Wettbewerbssituation
in der Reifephase einstellen. Option I kann als unrealistisch betrachtet werden, da
nicht davon ausgegangen werden kann, dass alle gegenwärtig am Markt agierenden
Destinationen der genannten Länder in der Lage sind, der mit den veränderten Marktbedingungen verbundenen Vielfalt an Herausforderungen nachkommen zu können.[236]
Es gibt jedoch auch gute Argumente, die gegen einen schnellen Eintritt der gesamten
Branche in eine Verfallsphase der Post-Stagnation (Option III) sprechen: Im Gegensatz zu vielen (langlebigen) Konsum- oder Investitionsgütern ist in der Tourismusbranche ein insgesamt schrumpfendes Marktpotenzial unwahrscheinlich.[237] Die Nachfrager nach Urlaubsreisen befriedigen während ihres Aufenthaltes und in ihrer Freizeit spezifische Bedürfnisse. Die zur Bedürfnisbefriedigung notwendigen Dienstleistungen[238] am Aufenthaltsort werden während des Aufenthaltes in der Destination vor
Ort bzw. während der Reise konsumiert – und dem touristischen Nachfrager ist es
nicht möglich, diese zu seiner Bedürfnisbefriedigung an seinen Heimatort mitzuneh-
men. Das Auftreten einer umfassenden Verfallsphase ist kaum wahrscheinlich, weil
bei den Nachfragern nach der Rückkehr an den Heimatort die Bedürfnisse erneut
wirksam werden und zu einer erneuten Urlaubsreise führen. Das Nachfragevolumen
bleibt damit relativ konstant und schrumpft nicht. Dies bedeutet, dass der Lebenszyklus der Gesamtbranche nicht in die nächste Phase übergeht und damit nicht beendet
wird.[239] Ein Indikator hierfür ist, dass sich die (Netto-)Urlaubsreiseintensität[240] der
deutschen Nachfrage seit Jahren auf einem hohen Niveau stabilisiert hat. Wahrschein-

---

[231] Vgl. Eisenstein, B./Rast, C. (2000), S. 65; Eisenstein, B./Maschewski, A. et al. (2001); Beritelli,
P./Bieger, T./Boksberger, P.E. (2004).

[232] Vgl. bezogen auf die entsprechende Gesamtbranche Ullmann, S. (2000), S. 49 und S. 61.

[233] Vgl. Wöhler, Kh. (1997), S. 280 mit Bezug auf Keller, P. (1996), S. 327ff. und Lohmann, M. (1996),
S. 81ff.

[234] Vgl. Bär, S. (2006), S. 111.

[235] Vgl. Ullmann, S. (2000), S. 49; hier ebenfalls bezogen auf die Gesamtbranche der Destinationen in den
genannten Ländern.

[236] Siehe Kapitel 5.

[237] Vgl. Ullmann, S. (2000), S. 61.

[238] Zu den charakteristischen Dienstleistungseigenschaften siehe Kapitel 5.

[239] Vgl. Wöhler, Kh. (1997), S. 286: „ist (plausibel) davon auszugehen, dass zwar der Tourismus-
Branchenzyklus verschiedene Phasen durchläuft, doch kein Ende findet, da das freizeitbezogene
Nachfrageproblem nicht verschwindet"

[240] Siehe Kapitel 4.

lich ist vielmehr, dass es unter den bestehenden Destinationen zu einer Intensivierung des Wettbewerbs kommt, in wettbewerbsunfähigen Destinationen eine Post-Stagnationsphase des Verfalls eintritt und verbleibende Destinationen mit ausreichenden Ressourcen und Kompetenzen in einem Reifestadium verharren oder durch Innovationen in eine neuerliche Wachstumsphase gelangen können (Option II). Denkbar ist zudem, dass die klassischen Destinationen in Deutschland, Österreich und der Schweiz bei kontinuierlich verbesserter Erreichbarkeit von (Fern-)Destinationen und aufgrund des Markteintritts neuer Konkurrenzdestinationen Anteile am Nachfragevolumen der traditionellen Quellgebiete verlieren werden. Gleichzeitig eröffnet der Prozess der Globalisierung[241] jedoch neue Wachstumsmöglichkeiten. Dies kann von den Destinationen der angeführten klassischen Urlaubsländer genutzt werden, indem Bemühungen der Internationalisierung des Leistungsspektrums und des Marketings initiiert und erfolgreich implementiert werden, so dass neue Quellmärkte mit wachsendem Nachfragepotenzial erschlossen werden können.

---

[241] Zur Globalisierung siehe Kapitel 5.

Wichtige Erkenntnisse   ◉

▪ Die touristische Entwicklung im Zielgebiet durchläuft verschiedene Stadien.

▪ Bei der Übertragung des Lebenszyklus-Modells auf touristische Zielgebiete können sechs Phasen unterschieden werden: *Exploration*, *Involvement*, *Development*, *Consolidation*, *Stagnation* und *Post-Stagnation*.

▪ Die ersten vier Phasen sind durch Wachstum, die Stagnationsphase durch Sättigungserscheinungen gekennzeichnet. Die Post-Stagnationsphase kann verschiedene Verläufe annehmen, je nachdem ob und wie auf die bisherige Entwicklung reagiert wird.

▪ Für jede Phase ist eine Vielzahl von Merkmalen charakteristisch. Es ergeben sich unterschiedliche Wirkungen in der Destination, es stehen unterschiedliche Problembereiche im Zentrum des Interesses und es sind unterschiedliche Maßnahmen zu ergreifen.

▪ Die Analyse des Destinationslebenszyklus stiftet Nutzen, weil ein Verständnis für die zeitlich langfristigen Veränderungsprozesse entstehen kann.

Vertiefungsfragen   **?**

? In welcher Phase der Destinationslebenszyklus befand sich Ihrer Meinung nach Ihr letztes Urlaubsreiseziel?

? Warum sollte eine Destination Kenntnis darüber haben, in welcher Phase des Modells sie sich befindet?

? Wo sehen Sie Kritikpunkte bei der Übertragung des Lebenszyklusmodells auf Destinationen? Wo sehen Sie Grenzen des Modells?

Literaturhinweise   📖

▪ Butler, R.W. (Ed.) (2006): The Tourism Area Life Cycle, Volume 1: Applications and Modifications. Cleverdon u.a.
▪ Butler, R.W. (Ed.) (2006): The Tourism Area Life Cycle Volume 2: Conceptual and Theoretical Issues. Cleverdon u.a.
▪ Wöhler, Kh. (1997): Marktorientiertes Tourismusmanagement. Berlin u.a., S. 284ff.

4   Zur Nachfrage nach Reisezielen

Lernziele ◎

Am Ende dieses Kapitels sollten Sie Folgendes können:

- Probleme bezüglich der Erfassung der Nachfrage nach Reisezielen verstehen;

- Kenntnisse über die Möglichkeiten und Grenzen bei der Erfassung der touristischen Nachfrage durch die Beherbergungsstatistik in Deutschland besitzen;

- wichtige bevölkerungsrepräsentative Befragungen zur touristischen Nachfrage der Deutschen kennen;

- einen Überblick über die wichtigsten Reiseziele (weltweit und innerhalb Deutschlands) sowie die diesbezüglichen Trends geben;

- die bevorzugten Urlaubsreiseziele der Deutschen kennen.

Weitere Informationen unter **www.tourismus-grundlagen.de**

4.1   Erfassung der touristischen Nachfrage

Bei der quantitativen Betrachtung der touristischen Nachfrage können drei Arten von Reiseverkehrsströmen unterschieden werden:[242]

– **Binnenreiseverkehr**: alle Reisen der Bevölkerung einer Raumeinheit innerhalb dieser Raumeinheit (Domestic Tourism)

– **Einreiseverkehr**: alle Reisen der Bevölkerung außerhalb der Raumeinheit in die Raumeinheit (Incoming-Tourismus; bei Überschreiten der Staatsgrenze: Inbound Tourism)

– **Ausreiseverkehr**: alle Reisen der Bevölkerung einer Raumeinheit in andere Raumeinheiten (Outgoing-Tourismus; bei Überschreiten der Staatsgrenze: Outbound Tourism)

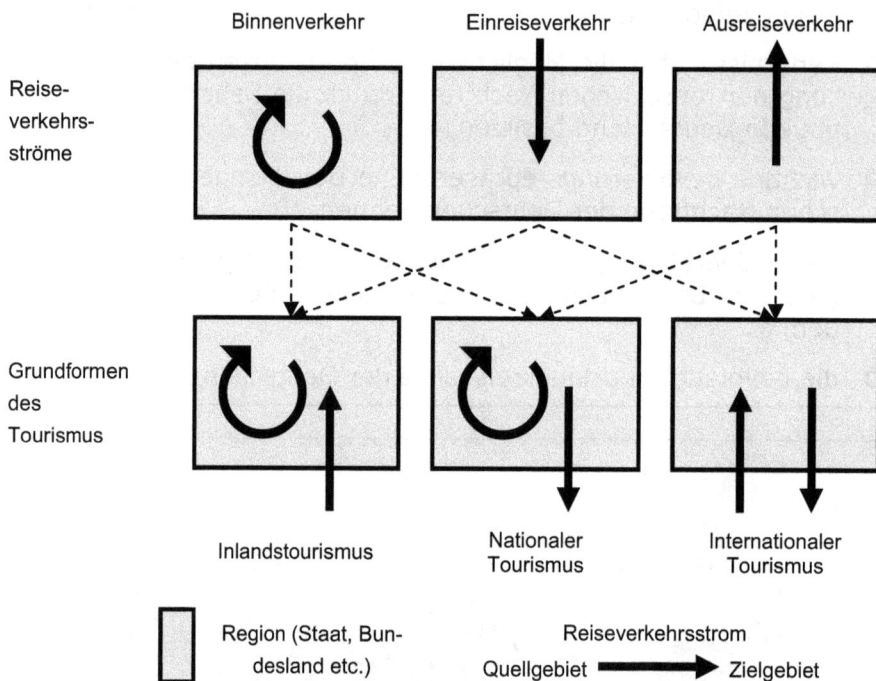

Abb. 4.1   *Reiseverkehrsströme und Grundformen des Tourismus*
(Quelle: Schmude, J./Namberger, P. (2010), S. 24)[243]

---

[242] Vgl. Statistisches Bundesamt (Hrsg.) (2007), o. S.; Mundt, J.W. (2013), S. 7; Schmude, J./Namberger, P. (2010), S. 23
[243] In Anlehnung an Statistisches Bundesamt (Hrsg.) (2007), o. S.; leicht verändert.

Aus der Kombination der unterschiedlichen touristischen Nachfrageverkehrsströme lassen sich die dargestellten drei Grundformen des Tourismus – **Inlandstourismus, Nationaler Tourismus und Internationaler Tourismus** – ableiten (siehe Abb. 4.1).

Die Erfassung des touristischen Geschehens in seiner Gesamtheit ist nicht möglich. Die vielfältigen Erscheinungsformen des Tourismus lassen es weder im internationalen noch im nationalen Rahmen zu, mit einem vertretbaren Aufwand eine valide Datengrundlage für das Phänomen *Tourismus* zu schaffen. Auch die Messung der tatsächlichen touristischen Nachfrage in den Zielgebieten gestaltet sich problematisch.

▪ Erfassung der weltweiten touristischen Nachfrage

Bei den national und international eingesetzten Erhebungsmethoden kann zwischen der **amtlichen Tourismusstatistik** im Rahmen des statistischen Berichtswesens und **bevölkerungsrepräsentativen Befragungsmethoden** der empirischen Sozialforschung unterschieden werden.[244] Zur weltweiten **Nachfrage nach Reisezielen** können nur begrenzt Aussagen getätigt werden.

– **Erstens liegen nicht für alle Staaten und Zielgebiete verlässliche Daten vor**: Repräsentative Befragungen sind nach wie vor in vielen Staaten nicht oder nur mit erheblichem Aufwand durchführbar. Auch in Bezug auf das amtlich-statistische Berichtswesen gibt es Staaten, denen die hierfür notwendige Basis fehlt.

– **Zweitens sind die von unterschiedlichen Staaten vorliegenden Daten nur bedingt oder nicht vergleichbar**: Internationale Statistiken beziehen sich in der Regel auf nationale Erhebungen und Definitionen. Trotz verschiedener Bemühungen sind diese nur teilweise harmonisiert, so dass die Daten von Staaten, in denen ein statistisches Berichtswesen zur touristischen Nachfrage existiert, größtenteils nicht miteinander vergleichbar sind. Es ist nur bedingt möglich, die für verschiedene, im internationalen Kontext stehende Reiseziele vorliegenden Daten verlässlich zueinander in Beziehung zu setzen. Zum einen haben verschiedene Staaten im Zeitverlauf die Definition der touristischen Nachfrage geändert, so dass zuverlässige Zeitvergleiche nicht möglich sind. Zum anderen werden in nationalen Statistiken die Begriffe *touristische Nachfrage* bzw. *Touristen* unterschiedlich definiert und damit wird auch Unterschiedliches gemessen.[245] Darüber hinaus werden z.T. verschiedene Erhebungs- und Auswertungsverfahren angewandt. Auch hierdurch wird der Vergleich zwischen den Reisezielen wesentlich erschwert.

---

[244] Siehe hierzu die Beispiele für Deutschland in den nachfolgenden Kapiteln.
[245] Vgl. Mundt, J.W. (2013), S. 6.

■ **Erfassung im Rahmen der Beherbergungsstatistik in Deutschland**

Die **amtliche Statistik zum Beherbergungswesen** in Deutschland wird auf Basis des **Beherbergungsstatistikgesetzes**[246] von den Statistischen Landesämtern durchgeführt.

	2012	2011	2010
Anzahl der geöffneten Betriebe[1]	53.246	54.949	55.315
angebotene Betten/Schlafgelegenheiten[1]	3.564.213	3.554.719	3.516.544
durchschnittliche Auslastung der angebotenen Betten/Schlafgelegenheiten in %	33,3	33,5	32,7

[1] Stand jeweils Juli des entsprechenden Jahres

Abb. 4.2   *Durch die amtliche Beherbergungsstatistik erfasste Betriebe*
(Quelle: Statistisches Bundesamt (Hrsg.) (20012a, 2012b)

Die gewonnenen Daten werden zur Aggregation auf Bundesebene an das Statistische Bundesamt weitergeleitet. Die Erfassung der Daten erfolgt im Rahmen einer schriftlichen Befragung und es besteht **Auskunftspflicht** für die betroffenen Inhaber oder Betriebsleiter. Die monatlich durchgeführten Erhebungen informieren über die konjunkturelle Lage und Entwicklung im deutschen Beherbergungsgewerbe und geben wichtige Hinweise zum touristischen Nachfragevolumen in den deutschen Reisezielen. Die Ergebnisse dienen als Informationsbasis für tourismuspolitische Entscheidungsprozesse, für infrastrukturelle Planungen sowie für die Kommunikationspolitik der Zielgebiete. Als **Erhebungsmerkmale** erfasst werden nach einer standardisierten Methodik die Zahl der Ankünfte und Übernachtungen von Gästen, bei ausländischen Gästen mit Wohnsitz außerhalb Deutschlands auch deren Herkunftsland. Jährlich zum 31. Juli wird zudem die Anzahl der angebotenen Schlafgelegenheiten ermittelt, bei Campingplätzen die Stellplatzanzahl sowie bei Hotelbetrieben die Anzahl der Gästezimmer.[247] Bei der Erfassung der Gästeankünfte und Übernachtungszahlen kommt die sogenannte **Standortmethode**[248] zur Anwendung, bei der die Touristen in der jeweiligen Unterkunft im Reiseziel, z. B. beim Check-in im Hotel oder auf dem Campingplatz, erfasst werden. Innerhalb von 40 Tagen nach Ablauf des Berichtsmonats liegt in der Regel ein erstes Bundesergebnis vor. Die regionale Gliederung der Daten bezieht sich auf die Gemeinde- und Kreisebene sowie auf die Bundesländer und auf Reisegebiete.[249] Die Beherbergungsstatistik liefert damit für ihren Hauptnutzerkreis aus Ministerien und Tourismusorganisationen verschiedener regionaler Ebenen und der unterschiedlichen Reiseziele zwar die bedeutendsten Eckwerte für die touristische Nachfrage in den deutschen Reisezielen, doch wird auch immer wieder auf Mängel

---

[246] Gesetz zur Neuordnung der Statistik über die Beherbergung im Reiseverkehr (Beherbergungsstatistikgesetz – BeherbStatG) vom 22. Mai 2002 (BGBl. I, S. 1642), zuletzt geändert durch Artikel 8 des Gesetzes vom 17. März 2008 (BGBl. I, S. 399).
[247] Vgl. Statistisches Bundesamt (Hrsg.) (2009), S. 3ff.
[248] Vgl. Mundt, J.W. (2013), S. 13.
[249] Vgl. Statistisches Bundesamt (Hrsg.) (2013c), S. 3.

hingewiesen und Kritik artikuliert: Der am häufigsten angeführte **Kritikpunkt** ist die Beschränkung der Erfassung auf Betriebe mit zehn oder mehr Betten (**Abschneide-grenze**[250]). Denn Beherbergungsbetriebe im Sinne des Beherbergungsstatistikgesetzes sind nur „Betriebe und Betriebsteile, die nach Einrichtung und Zweckbestimmung dazu dienen, mehr als neun Gäste gleichzeitig vorübergehend zu beherbergen."[251] Die Berichtspflicht bezieht sich somit lediglich auf (gewerbliche) Betriebe ab zehn Betten und spart die Kleinbeherbergungsbetriebe (Privatvermietung) mit bis zu neun Betten aus.[252]

Dies hat Folgen für den **Aussagegehalt** der Daten:

- Die Ankünfte und Übernachtungen in den Reisezielen in Deutschland und für die gesamte Bundesrepublik werden aufgrund der „Abschneidegrenze" systematisch untererfasst.

- Zudem ist eine statistische Schieflage das Resultat: Die bei der Erhebung nicht berücksichtigte Anzahl von Kleinbeherbergungsanbietern mit weniger als neun Betten übertrifft mutmaßlich die Anzahl der in der Erhebung einbezogenen Betriebe. Das statistische Bundesamt geht aufgrund von Daten aus nachfrageseitigen Erhebungen aus den Bundesländern Rheinland-Pfalz und Bayern, bei denen auf landesrechtlicher Basis auch Betriebe unter zehn Betten erhoben werden, davon aus, dass der nicht erfasste Anteil von Übernachtungen aufgrund der Abschneidegrenze im Bundesdurchschnitt bei unter 20% liegen dürfte. In größeren Städten und Großstädten mit einer deutlichen Dominanz der gewerblichen Betriebe ist davon auszugehen, dass die systematische Erfassungslücke somit nur zu einer relativ geringen Unterschätzung des tatsächlichen Volumens der touristischen Nachfrage führt. Allerdings weisen zahlreiche traditionelle Reiseziele (z. B. in den Alpen, in den Mittelgebirgen, an der Nordsee etc.) typischerweise ein Beherbergungsangebot mit einem relativ großen Anteil an Kleinbeherbergungsanbietern auf. So werden beispielsweise für die bayrischen Landkreise Lindau und Oberallgäu die Anteile der Betriebe unter der Abschneidegrenze (bezogen auf das Jahr 2003) mit durchschnittlich 30%, und für die baden-württembergischen Landkreise am Bodensee im Durchschnitt mit 34% angegeben.[253] In Schleswig-Holstein kann nahezu die Hälfte der Beherbergungskapazität den Kleinbeherbergungsanbietern zugeordnet werden. Im niedersächsischen Nordseeraum werden sogar 65% der Beherbergungskapazitäten durch Kleinbeherbergungsanbieter zur Verfügung gestellt.[254] Die systematische Nichtberücksichtigung der Übernachtungen und Ankünfte in diesen Betrieben führt bei Reisezielen mit kleinstrukturiertem Beherbergungsangebot dazu, dass deren in der Beherbergungsstatistik ausgewiesene Ankunfts- und Übernachtungszahlen im

---

[250] Vgl. Statistisches Bundesamt (Hrsg.) (2013b). Zu Erfassungsproblemen siehe z. B. Mundt, J.W. (2013), S. 13ff.

[251] §3 Abs. 1 Beherbergungsstatistikgesetz–BeherbStatG.

[252] Zu den erfassten Betrieben siehe Abb. 4.2. „Für Campingplätze gilt die Berichtpflicht, wenn sie mehr als zwei Stellplätze im Urlaubscamping anbieten." Statistisches Bundesamt (Hrsg.) (2009), S. 3.

[253] Böttcher, S./Schulz, J. (2005), S. 12.

[254] Vgl. Luft, H. (2007), S. 234.

Vergleich zu den realen Werten deutlich zu niedrig ausfallen. Schätzungen gehen davon aus, dass die realen kommerziellen Übernachtungen in den betreffenden Zielgebieten bis zu 40% über den durch die amtliche Statistik ausgewiesenen Angaben liegen.[255]

– Damit werden durch die Abschneidegrenze Vergleiche der Übernachtungs- und Ankunftsdaten zwischen Reisezielen mit unterschiedlicher Beherbergungsstruktur erschwert, da sehr unterschiedliche Erfassungsquoten in Bezug auf die tatsächlichen Übernachtungen und Ankünfte vorliegen können.[256]

■ Erfassung mittels bevölkerungsrepräsentativer Befragungsmethoden in Deutschland

Neben der amtlichen Tourismusstatistik wird die touristische Nachfrage nach Reisezielen über **Befragungen der Bevölkerung** (am Wohnort) erfasst. Auf Grundlage repräsentativer Stichprobenuntersuchungen wird das Reiseverhalten der deutschen Gesamtbevölkerung (zumeist ab 14 Jahren) dokumentiert. Neben diesen „Großerhebungen"[257] existiert eine Vielzahl von Marktforschungsstudien, die sich jedoch meist auf eine konkrete Fragestellung beziehen und nicht kontinuierlich durchgeführt werden. Abb. 4.3 gibt einen Überblick über ausgewählte, durch die Kontinuität der Untersuchungsmethodik gekennzeichnete **Repräsentativerhebungen zum Reiseverhalten der deutschen Bevölkerung**. Durch die Kontinuität bei der Erhebungsmethode wird es ermöglicht, Zeitreihen aufzubauen, die Veränderungen des Reiseverhaltens abbilden können. Bei den angeführten Erhebungen handelt es sich zwar um Stichprobenerhebungen, doch kann auf Basis einer zuverlässigen Stichprobenkonstruktion und der entsprechenden Fallzahlen mit relativ hoher Sicherheit auf die Grundgesamtheit der Bevölkerung geschlossen werden. Im Gegensatz zur amtlichen Statistik gibt es keine Abschneidegrenze. Zudem ist es möglich, die Auslandsreisetätigkeit der deutschen Bevölkerung sowie die Erhebung qualitativer Merkmale zu erfassen, so dass nicht nur Übernachtungen und Ankünfte der Nachfrage, sondern unterschiedliche Themenbereiche des Reiseverhaltens dokumentiert werden können. Zu den wichtigsten **Erhebungsmerkmalen** zählen die Reisemotive, die Aktivitäten während der Reise und das Ausgabeverhalten der Reisenden.

Ein großer Vorteil der bevölkerungsrepräsentativen Erhebungen ist die Möglichkeit, die Reiseabsichten der Befragten zu ermitteln, wodurch nicht nur Informationen über das **Reiseverhalten** in der Vergangenheit, sondern auch über die zukünftigen **Reisepläne** gewonnen werden können. Nachteile der Erhebungen liegen darin, dass lediglich Berichte über das Reiseverhalten erhoben werden können – das tatsächliche Reiseverhalten wird nicht erfasst. Erinnerungsverluste führen (insbesondere, wenn ein längerer Berichtszeitraum zugrunde gelegt wird) dazu, dass die gewonnenen Daten gegebenenfalls nicht mit dem tatsächlich getätigten Reiseverhalten übereinstimmen.

---

[255] Vgl. Mundt, J.W. (2013), S. 14.
[256] Zu weiteren Kritikpunkten in Bezug auf die amtliche Beherbergungsstatistik in Deutschland siehe Luft, H. (2007), S. 231ff.; Mundt, J.W. (2013), S. 13ff.; Steingrube, W. (2004b), S. 139ff.
[257] Besel, K./Hallerbach, B. (2004), S. 159ff.

	GfK/IMT DestinationMonitor Deutschland [258]	Deutscher Reisemonitor[259]	Reiseanalyse[260]	Deutsche Tourismus- analyse[261]
inhaltlicher Schwer- punkt	Inlandsreisen der Deutschen ab einer Übernachtung sowie Tagesreisen ab 50 km Entfernung vom Wohnort (Geschäfts-, Urlaubs- und sonstige Privatreisen)	In- und Auslands- reisen der Deut- schen ab einer Übernachtung (Geschäfts-, Urlaubsreisen und sonstige Privatrei- sen)	Urlaubsreisen ab 5 Tagen Dauer und Kurzurlaubsreisen von 2 bis 4 Tagen	Kurzreisen von 2 bis 4 Tagen; Kurzurlaubsreisen von 5 bis 13 Tagen und Urlaubsreisen von 14 und mehr Tagen
Institution	GfK SE Panel Ser- vices Deutsch- land/Eisenstein, B. (Hrsg.); GfK Mobili- ty/IMT der FH West- küste (Durchführung)	IPK International	F.U.R e.V.	Stiftung für Zukunftsfragen
Methodik	schriftliche und online-gestützte Befragung von 20.000 Haushalten (45.000 Personen), monatlich	Ganzjährig insge- samt etwa 24.000 Telefoninterviews	über 7.000 persön- liche Interviews zum Jahresbeginn sowie Online- Befragung im Mai und November mit je 2.500 Personen	4.000 persönliche Interviews jeweils zu Beginn des Jahres
ausgewähl- te Inhalte	Volumen der Über- nachtungs- und Tagesreisen ab 50 km, Volumen der Geschäftsreisen und Urlaubsreisen ab einer Übernachtung mit Zielgebiet, Reiseanlass, Ver- kehrsmittel, Informa- tionsquellen, Organi- sationsform, Unter- kunftsart, Urlaubsart und -aktivitäten, Qualitätseinschät- zung, Ausgaben, Hochrechnung wirtschaftlicher Effekte, Soziodemo- graphie, Urlaubsrei- seplanungen	Reisevolumen, Zielgebiete, Anlass, Urlaubsarten, Motive, Aktivitäten, Art der Geschäfts- reise, Reisedauer, Verkehrsmittel, Abflughäfen/ Airlines, Unter- kunftsarten/ Kate- gorien, Buchungs- verhalten, Internet- nutzung, Informa- tionsquellen, Reisen mit Kindern, Ausgaben, Saison, Zielgruppen-Profile, Reisehäufigkeit, Reiseintensität	Urlaubsreiseab- sichten, Urlaubs- und Kurzreisein- tensität, -häufigkeit, -volumen, Ziele, Dauer, Zeitpunkt, Organisation, Verkehrsmittel, Unterkunft, Beglei- tung, Ausgaben, Urlaubsarten, Motive, Aktivitäten, Internetnutzung, Soziodemografie, Urlaubsreiseerfah- rung in den letzten 3 Jahren, unter- schiedliche Modul- themen	Zielgebiete, Ver- kehrsmittel, Urlaubsaktivitäten, Ausgaben, Urlaubsreise- absichten
Bezug	Ergebnisse nur für Bezieher, Pressemit- teilungen	Ergebnisse nur für Käufer, Pressemit- teilungen	Ergebnisse nur für Bezieher, kosten- freie Summery	Ergebnisse werden kostenfrei veröf- fentlicht

Abb. 4.3   *Ausgewählte Repräsentativbefragungen zur touristischen Nachfrage in Deutschland
(Quellen: eigene Darstellung auf Basis diverser Quellen; siehe entsprechende Fußnote)*

---

[258]   Basierend auf dem GfK MobilitätsMonitor.
[259]   Vgl. Deutscher Tourismusverband e.V. (DTV) (2013), 04.05.2013.
[260]   Vgl. F.U.R Forschungsgemeinschaft Urlaub und Reisen e.V. (2013), 04.05.2013.
[261]   Vgl. Stiftung für Zukunftsfragen (2013), 04.05.2013.

4.2   Reiseziele weltweit

Die im Folgenden vorgestellten und erläuterten Daten unterliegen hinsichtlich der
Aussagekraft den unter 4.1 angeführten Einschränkungen. Für viele Staatsgebiete
kann keine oder kaum eine Aussage über den Inländerreiseverkehr getätigt werden.
Die folgenden Angaben beziehen sich vorwiegend auf Datenquellen der UNWTO, in
denen der Reiseverkehr mit Grenzübertritt zusammengefasst wird.

Die weltweit registrierten **internationalen Gästeankünfte**[262] stiegen nach Angabe
der UNWTO 2012 im Vergleich
zum Vorjahr um 3,8% und haben
damit einen Wert von 1.035 Mio.
erreicht. Im Jahr 1995 betrug die
Vergleichszahl noch 530 Mio.
Lediglich zu Beginn des 21.
Jahrhunderts und im Jahr 2009
unterbrochen, setzt sich damit
der **Trend der kontinuierlichen
Steigerung** des internationalen
Reiseverkehrs fort.

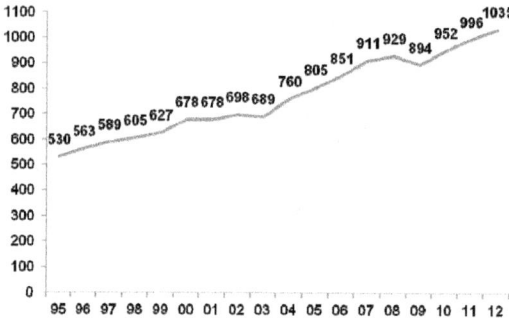

Abb. 4.4   *Entwicklung der registrierten internationalen Gästeankünfte in Mio.*
(eigene Darstellung; Datenbasis: UNWTO (Ed.) (2013), S. 1)

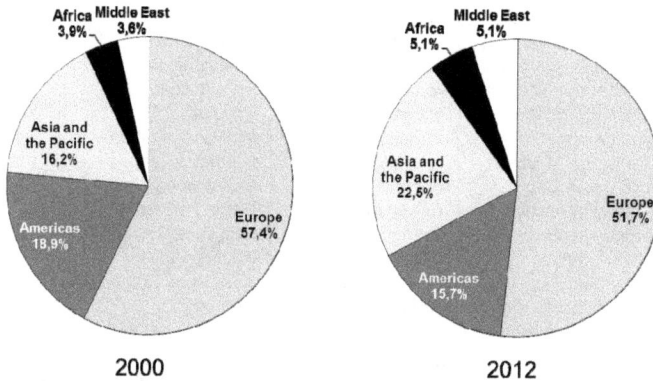

Abb. 4.5   *Regionale Verteilung der registrierten internationalen Gästeankünfte in % in den Jahren 2000
und 2012   (eigene Berechnungen und Darstellung; Datenbasis: UNWTO (Ed.) (2013), S. 4)*

Der prozentuale Anteil der internationalen Gästeankünfte in Europa am Gesamtmarkt
ist von 2000 bis 2012 um über fünf Prozentpunkte gefallen. Die vergleichbaren
Marktanteile der anderen Regionen sind mit Ausnahme von Amerika entsprechend
angestiegen (siehe Abb. 4.5). Mehr als die Hälfte der 2012 registrierten internationa-

---

[262]   Ankünfte von nicht-inländischen Gästen ohne Tagesbesucher.

len Gästeankünfte konzentriert sich zwar nach wie vor auf den europäischen Raum (über ein weiteres Fünftel entfiel auf die Region Asien/Pazifik und 16% auf die amerikanische Region), doch beim Vergleich mit dem Jahr 2000 (siehe Abb. 4.6) wird deutlich, dass das prozentuale Wachstum im Zeitraum 2000 bis 2012 in anderen ausgewiesenen Regionen höher war. In der Region Afrika stieg die Anzahl der internationalen Gästeankünfte um gut 10%, in der Region Middle East hat sie sich sogar mehr als verdoppelt. Auch in nahezu allen weiteren ausgewiesenen Regionen liegt die Wachstumsrate höher als im europäischen Raum.

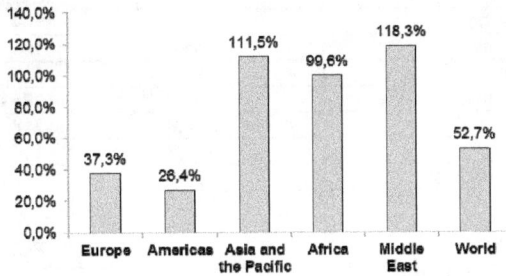

Abb. 4.6   *Wachstumsraten bei den registrierten internationalen Gästeankünfte im Zeitraum 2000–2012 in %*
             (eigene Berechnungen und Darstellung; Datenbasis: UNWTO (Ed.) (2013), S. 4)

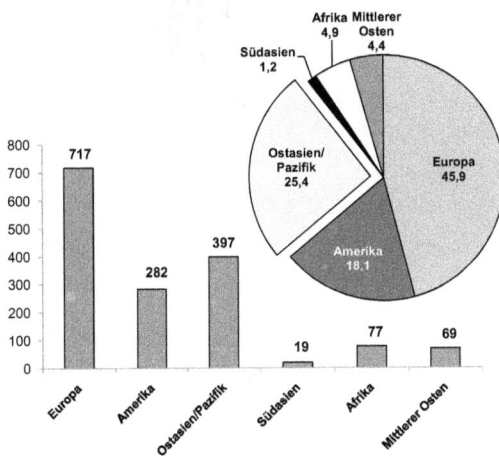

Nach der **Prognose** der UNWTO für 2020 (siehe Abb. 4.7) wird sich dieser prozentuale Umverteilungsprozess – bei in allen Regionen weiterhin zunehmenden internationalen Gästeankünften – weiter fortsetzen. Der Anteil Europas an der Gesamtzahl der internationalen Gästeankünfte wird deutlich unter 50% sinken, wohingegen der Anteil der Region Ostasien/Pazifik auf über ein Viertel ansteigen wird.

Abb. 4.7   *Für das Jahr 2020 prognostizierte Verteilung der internationalen Gästeankünfte*
             (absolut in Mio.; im Kreisdiagramm relativ in %-Anteilen)
             (eigene Darstellung; Datenbasis: UNWTO (Ed.) (2009), S. 5[263])

---

[263]   Rundungsbedingte Abweichungen im Kreisdiagramm von 100%.

Abb. 4.8 gibt einen Überblick zur Verteilung der internationalen Gästeankünfte 2012 differenziert nach **Regionen und Sub-Regionen** (gemäß der UNWTO-Einteilung). Alle Teilregionen Europas, Asiens und Amerikas sowie Afrika und der Durchschnitt aller Länder weisen im Vergleich zum Vorjahr z.T. beträchtliche prozentuale Zuwachsraten aus, wohingegen der Mittlere Osten einen Rückgang zu verzeichnen hat.

		2012	2011	Verän. zu 2011 in %
World		**1.035**	**996**	**3,8**
Europe		**534,8**	**517,5**	**3,3**
	Northern	65,1	64,8	0,4
	Western	165,8	161,0	3,0
	Central/Eastern	113,7	105,3	8,0
	Southern/Mediter.	190,2	186,4	2,0
Asia and the Pacific		**232,9**	**218,1**	**6,8**
	North-East	122,8	115,8	6,0
	South-East	84,0	77,3	8,7
	Oceania	12,1	11,7	4,0
	South Asia	14,0	13,4	4,4
Americas		**162,1**	**156,3**	**3,7**
	North America	105,6	102,1	3,4
	Caribbean	20,9	20,1	4,0
	Central America	8,8	8,3	6,0
	South America	26,9	25,8	4,2
Africa		**52,3**	**49,2**	**6,3**
	North Africa	18,5	17,1	8,7
	Subsaharan Africa	33,8	32,2	5,0
Middle East		**52,6**	**55,3**	**-4,9**

Abb. 4.8   *Anzahl der registrierten internationalen Gästeankünfte in Mio. nach Regionen und Teilregionen 2011 und 2012   (eigene Darstellung; Datenquelle: UNWTO (Ed.) (2013), S. 4)*

Im Jahr 2011 wies Frankreich die meisten internationalen Gästeankünfte aus – gefolgt von Spanien, den USA, China und Italien (siehe Abb. 4.9).

Rang	Staat	Ankünfte 2011	Zum Vergleich: Ankünfte 2010
1	Frankreich	81.411.000	77.648.000
2	USA	62.711.000	59.796.000
3	China	57.581.000	55.664.000
4	Spanien	56.694.000	52.677.000
5	Italien	46.119.000	43.626.000
6	Türkei	34.038.000	31.396.000
7	Großbritannien	29.306.000	28.295.000
8	Deutschland	28.374.000	26.875.000
9	Russland	24.932.000	22.281.000
10	Malaysia	24.714.000	24.577.000

Abb. 4.9   *Anzahl der registrierten internationalen Gästeankünfte in Mio. 2011 und 2010   (eigene Darstellung; Datenquelle: UNWTO (Ed.) (2012))*

4.3   Reiseziele in Deutschland

■ Ankünfte und Übernachtungen

Nach Ergebnissen des Statistischen Bundesamtes[264] betrug die Gesamtzahl der **Gäs-teankünfte**, „nachgewiesen" durch die amtliche Statistik in Beherbergungsstätten mit zehn oder mehr Betten und auf Campingplätzen in Deutschland im Jahr 2012 rund 153 Millionen. Im Vergleich zum Vorjahr entspricht dies einer Steigerung um 3,9%.

	2012			2011	2010
	in Tsd.	%-Anteil	Veränderung zu 2011 in %	in Tsd.	in Tsd.
gesamt	152.738,3	100	3,9	147.061,8	139.991,2
Inländer	122.327,8	80,1	3,0	118.710,3	113.116,4
Ausländer	30.410,5	19,9	7,3	28.351,5	26.874,8

Abb. 4.10   *Gästeankünfte in Deutschland*   *(eigene Darstellung, z.T. eigene Berechnungen;*
Datenbasis: Statistisches Bundesamt (Hrsg.) (2013a)[265]

Über 80% der Gäste in Deutschland kamen aus dem Inland. Deutschland ist somit überwiegend ein Reiseziel für die eigenen Einwohner (Abb. 4.10).[266]

Die Anzahl der amtlichen **Gästeübernachtungen** in Deutschland lag 2012 bei rund 407 Millionen (siehe Abb. 4.11). Dies ist eine Steigerung im Vergleich zum Vorjahr um 3,6%. Eine überdurchschnittliche Steigerung von 8,1% liegt bei den Übernach-tungen der ausländischen Gäste vor.

	2012			2011	2010
	in Tsd.	%-Anteil	Veränderung zu 2011 in %	in Tsd.	in Tsd.
gesamt	407.259,9	100	3,6	393.177,1	380.275,5
Inländer	338.432,2	83,1	2,7	329.499,9	319.970,5
Ausländer	68.827,7	16,9	8,1	63.677,2	60.305,0

Abb. 4.11   *Gästeübernachtungen in Deutschland*   *(eigene Darstellung, z.T. eigene Berechnungen;*
Datenbasis: Statistisches Bundesamt (Hrsg.) (2013a)[267]

---

[264] Die im Folgenden vorgestellten und erläuterten Daten unterliegen hinsichtlich der Aussagekraft den unter 4.1 dargelegten Einschränkungen. So können auf Basis der Erhebungen der amtlichen Statistik weder Aussagen zu Gästen und Übernachtungen in Kleinbeherbergungsbetrieben noch zum Tagesaus-flugsverkehr gemacht werden, zudem ist keine zwischen Privat- und Geschäftsreisen differenzierende Darstellung der Bedeutung des Reiseziels Deutschland möglich.

[265] Ab 2011 Übernachtungen in Beherbergungsbetrieben mit ≥ 10 Schlafgelegenheiten bzw. auf Cam-pingplätzen mit ≥ 10 Stellplätzen (vorher ≥ 9 Schlafgelegenheiten bzw. ≥ 3 Stellplätze).

[266] Die Tatsache, dass die Bevölkerung in Deutschland zudem ihren Urlaub am liebsten im eigenen Land verbringt, wird in Kapitel 4.4 näher dargelegt.

Im Vergleich zu den Vorjahren bestätigt sich der langfristige **Trend der Zunahme** bei Übernachtungen und Gästezahlen (siehe Abb. 4.12 und 4.13). Zwar weisen die Jahreswerte Schwankungen auf,[268] doch sind die Gästeankünfte in Deutschland innerhalb der letzten zehn Jahre gemäß der amtlich ermittelten Daten um über 37%, die entsprechenden Übernachtungen um mehr als 20% gestiegen.

Im Zeitraum von 1992 bis 2012 haben sich die Gästeankünfte von rund 90 Millionen im Jahr 1992 um über 69% erhöht.

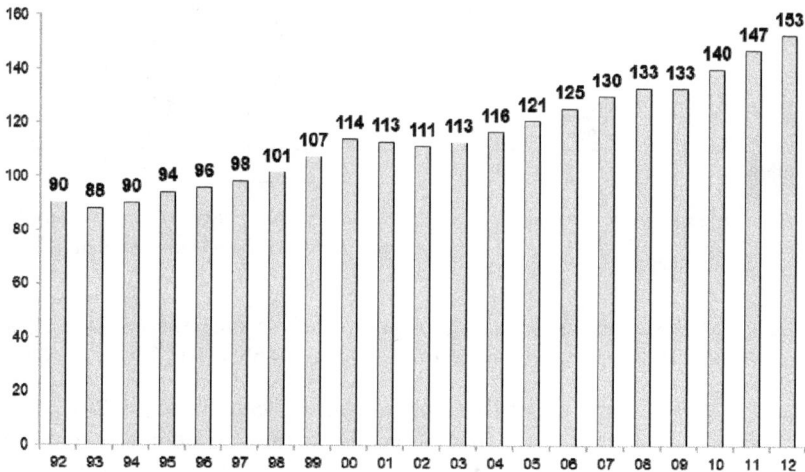

Abb. 4.12   *Entwicklung der Gästeankünfte in Deutschland 1992–2012 in Mio.*
                    (eigene Darstellung; Datenbasis: Statistisches Bundesamt (Hrsg.) (2013a))

Die Übernachtungen sind im gleichen Zeitraum von ca. 318 auf rund 407 Millionen angestiegen. Dies entspricht einer Steigerung von über 27%.

---

[267] Ab 2011 Übernachtungen in Beherbergungsbetrieben mit ≥ 10 Schlafgelegenheiten bzw. auf Campingplätzen mit ≥ 10 Stellplätzen (vorher ≥ 9 Schlafgelegenheiten bzw. ≥ 3 Stellplätze).
[268] Bis auf einige Ausnahmen (Gästeankünfte: 1993, 2001, 2002 und 2009; Übernachtungen: 1993, 1996, 1997, 2002, 2003, 2009) konnten in jedem Jahr Zuwächse festgestellt werden.

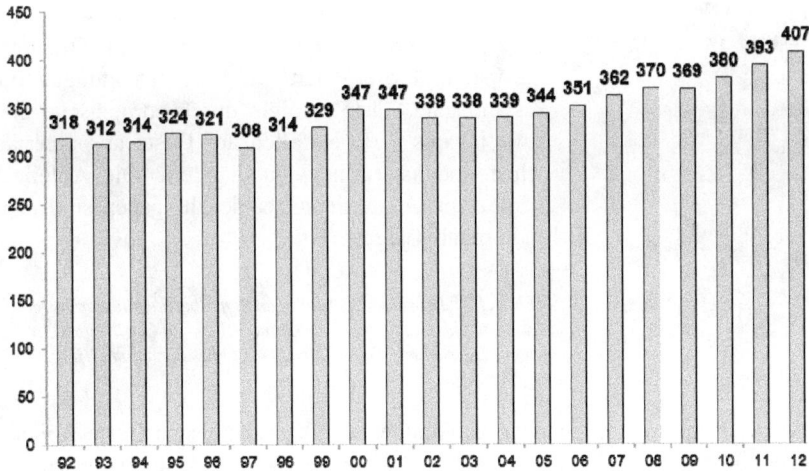

Abb. 4.13   Entwicklung der Gästeübernachtungen in Deutschland 1992–2008 in Mio.
                    (eigene Darstellung; Datenbasis: Statistisches Bundesamt (Hrsg.) (2013a))

▒ Bedeutung ausländischer Gäste

Obwohl Deutschland vor allem ein Reiseziel für die eigene Bevölkerung ist, spielt die touristische **Nachfrage aus dem Ausland** eine nicht unwichtige Rolle.

Jahr	%-Gästeanteil der Inländer	%-Gästeanteil der Ausländer	%-Übernachtungs- anteil der Inländer	%-Übernachtungs- anteil der Ausländer
2012	80,1	19,9	83,1	16,9
2011	80,7	19,3	83,8	16,2
2010	80,8	19,2	84,1	15,9
2002	83,8	16,2	88,0	12,0
1992	82,4	17,6	88,0	12,0

Abb. 4.14   Prozentuale Anteile der Gästeankünfte und Übernachtungen in Deutschland durch In- und
                    Ausländer im Zeitraum 1992–2012
                    (eigene Darstellung und Berechnungen; Datenbasis: Statistisches Bundesamt (Hrsg.) (2013a))

Im Vergleichszeitraum 1992 bis 2012 hat die Bedeutung dieses Nachfragesegmentes leicht zugenommen: Der prozentuale Anteil der ausländischen Gäste in Bezug auf die Gesamtgästeankünfte stieg um ca. 2,3 Prozentpunkte, der entsprechende Anteil bei den Übernachtungen um 4,9 Prozentpunkte.[269]

---

[269] Die kontinuierlichen Zuwachsraten bei den ausländischen Gästen und Übernachtungen wurden lediglich als Folge der Terroranschläge 2001 sowie 2009 unterbrochen.

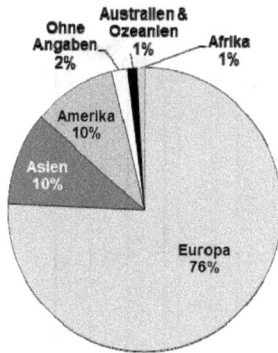

Bezüglich der Übernachtungen ausländischer Gäste 2012 dominiert wie in den Jahren zuvor die Quellregion Europa. Gut drei Viertel der Übernachtungen durch ausländische Gäste erfolgte durch europäische Gäste, etwa jeweils 10% entfallen auf Gäste aus amerikanischen und asiatischen Quellländern. Die Anteile aus Afrika und Australien/Ozeanien hingegen sind nahezu zu vernachlässigen.

Abb. 4.15   *Prozentuale Anteile an den Übernachtungen durch ausländische Gäste in Deutschland 2012 nach Quellregionen (eigene Darstellung; Datenbasis: Statistisches Bundesamt (Hrsg.) (2013a))*

Gemessen an der Anzahl der Übernachtungen durch ausländische Gäste stellen die Besucher aus den Niederlanden mit einem Anteil von ca. 16% deutlich die wichtigste Gästegruppe dar. Mit relativ großem Abstand folgen die Schweizer (ca. 8%) und Personen aus den USA, auf die über 7% der Übernachtungen der ausländischen Gäste entfallen.

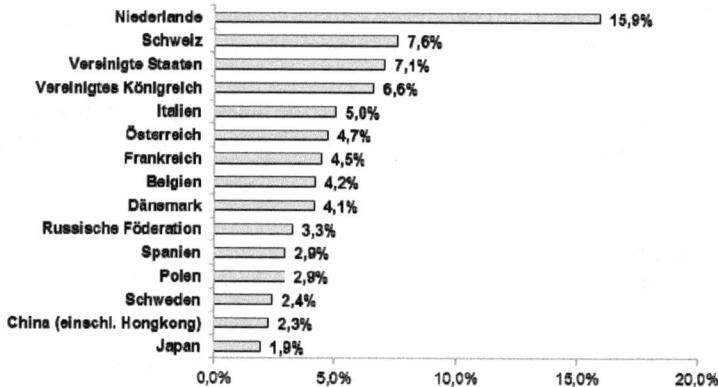

Abb. 4.16   *Wichtigste Herkunftsländer nach prozentualen Anteilen an den Übernachtungen durch ausländische Gäste in Deutschland im Jahr 2012*
(eigene Darstellung; Datenbasis: Statistisches Bundesamt (Hrsg.) (2013a))

Zu den 15 wichtigsten Quellländern gehören daneben vorwiegend europäische, aber auch einige asiatische Staaten, wie beispielsweise die Volksrepublik China (inkl. Hongkong), deren Outbound Tourism in den letzten Jahren stark zugenommen hat.[270]

---

[270]   Zur Entwicklung des chinesischen Outbound Tourism siehe Arlt, W.G. (Hrsg.) (2010); zum Thema Deutschland und chinesische Gäste siehe Arlt, W.G./Freyer, W. (Hrsg.) (2009).

▪ Verteilung der touristischen Nachfrage auf die Bundesländer

Abb. 4.17 gibt einen Überblick zu den **Marktanteilen der Bundesländer** auf Basis der Daten der amtlichen Statistik.

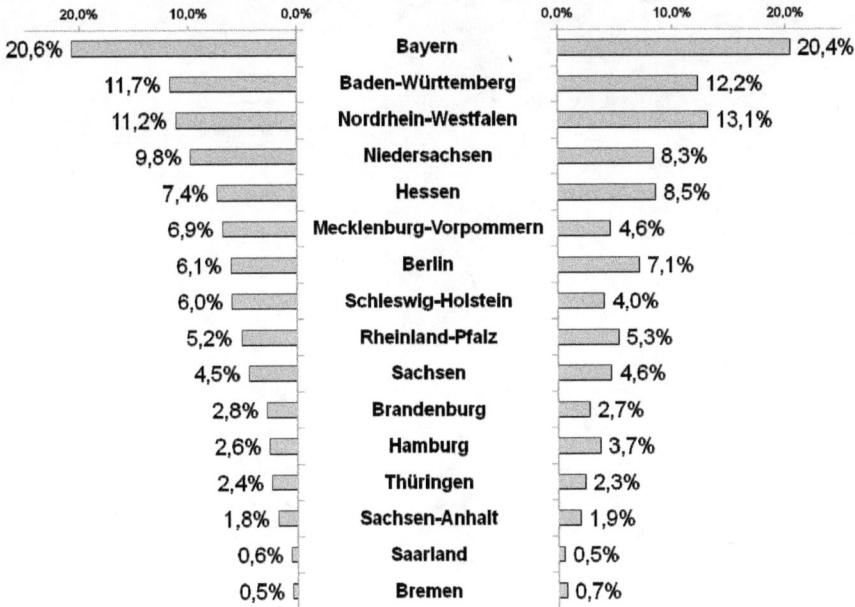

	Bundesland	
20,6%	Bayern	20,4%
11,7%	Baden-Württemberg	12,2%
11,2%	Nordrhein-Westfalen	13,1%
9,8%	Niedersachsen	8,3%
7,4%	Hessen	8,5%
6,9%	Mecklenburg-Vorpommern	4,6%
6,1%	Berlin	7,1%
6,0%	Schleswig-Holstein	4,0%
5,2%	Rheinland-Pfalz	5,3%
4,5%	Sachsen	4,6%
2,8%	Brandenburg	2,7%
2,6%	Hamburg	3,7%
2,4%	Thüringen	2,3%
1,8%	Sachsen-Anhalt	1,9%
0,6%	Saarland	0,5%
0,5%	Bremen	0,7%

Marktanteil am gesamten, von der amtlichen Statistik erfassten Volumen der **Übernachtungen** im Jahr 2012 in %	Bundesland	**Marktanteil** am gesamten, von der amtlichen Statistik erfassten Volumen der **Gästeankünfte** im Jahr 2012 in %

Abb. 4.17 *Marktanteile der Bundesländer an Gästeankünften und Übernachtungen in Deutschland (eigene Darstellung und Berechnungen; Datenbasis: Statistisches Bundesamt (Hrsg.) (2013a))*[271]

Abb. 4.18 zeigt die Marktanteile von Bundesländern auf Basis der Repräsentativ-Befragung TravelScope. Die Unterschiede zu Abb. 4.17 ergeben sich aus den unterschiedlichen Erhebungsarten.[272]

---

[271] Die bei einigen Bundesländern deutlichen Differenzen zwischen den Marktanteilen der beiden Indikatoren resultieren aus der jeweiligen Aufenthaltsdauer der Gäste in diesen Bundesländern.

[272] Erfassung auch der Gästeankünfte unterhalb der Abschneidegrenze; lediglich Erfassung der innerdeutschen Gästeankünfte.

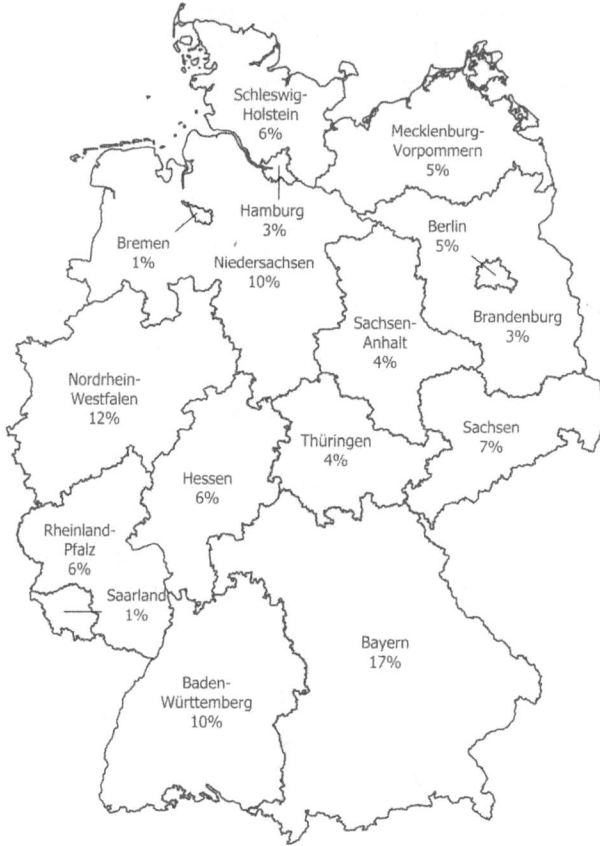

Abb. 4.18   *Marktanteile der Bundesländer an innerdeutschen Gästeankünften im Jahr 2012*
(Quelle: GfK SE Panel Services Deutschland/Eisenstein, B. (Hrsg.) (2013a))

Aufgrund der unterschiedlichen Bevölkerungszahlen und Flächen der Bundesländer haben die Daten jedoch nur eine geringe Aussagekraft bezüglich der Bedeutung des Tourismus für das jeweilige Bundesland als Reiseziel. Dieses generelle Problem beim Vergleich zwischen unterschiedlichen Reisezielen wird gelöst, indem die Übernachtungs- und Gästezahlen zu Gebietsdaten (z. B. Bevölkerungszahl, Fläche) des entsprechenden Reiseziels in Beziehung gesetzt werden. Das Ergebnis sind Maßzahlen der **Tourismusdichte**.

– Die am häufigsten verwendete Maßzahl der Tourismusdichte ist die sogenannte **Tourismusintensität**. Sie setzt die Anzahl der Gästeübernachtungen eines Zielgebietes in Beziehung zu der entsprechenden Einwohnerzahl (Übernachtungen im Zielgebiet je 1.000 Einwohner im Zielgebiet). Abb. 4.19 gibt die Tourismusintensitäten der Bundesländer für die Jahre 2001 und 2011 an.

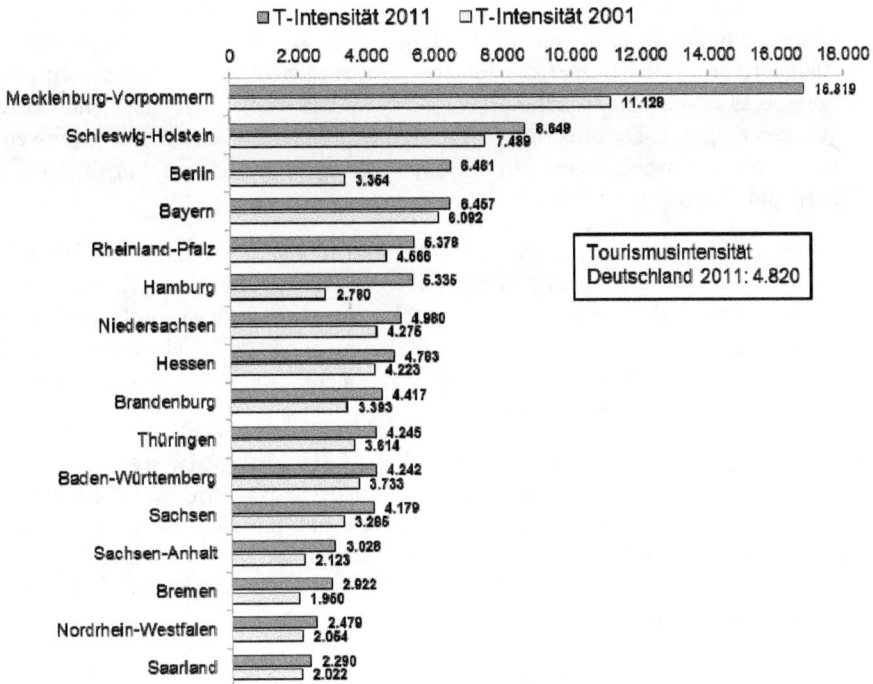

Abb. 4.19 *Tourismusintensitäten 2011 und 2001 in den Bundesländern (eigene Darstellung; Datenbasis: Statistisches Bundesamt (Hrsg.) (2012b))*

Die höchste Tourismusintensität für das Jahr 2011 liegt in Mecklenburg-Vorpommern vor. Der Wert ist um ein Vielfaches höher als der Vergleichswert für Deutschland. Auf den folgenden Plätzen rangieren mit großem Abstand Schleswig-Holstein, Berlin und Bayern. Beeindruckend ist zudem die Entwicklung der Tourismusintensität Hamburgs. Relativ niedrige Tourismusintensitäten liegen für Bremen und das Saarland vor. Nordrhein-Westfalen, das relativ große Marktanteile in Bezug auf die Gästeübernachtungen verzeichnet, liegt aufgrund seiner relativ hohen Einwohnerzahl bei dieser Kennziffer deutlich unter dem Vergleichswert für ganz Deutschland. Daten zur Tourismusintensität liegen zum Teil auch für regionale Zielgebiete vor. Dabei wird deutlich, dass die Kennzahl weit höher liegen kann als auf Bundeslandebene ausgewiesen. So wird beispielsweise für die Destination Nordsee Schleswig-Holstein in Bezug auf das Jahr 2009 und die in gewerblichen Betrieben erfassten Übernachtungen eine Tourismusintensität von mehr als 73.500 angeben.[273]

---

[273] Vgl. Nordseebäderverband Schleswig-Holstein e.V. (Hrsg.) (2010), S. 7.

– Eine weitere Tourismusdichte-Maßzahl ist die **Übernachtungsdichte**. Sie setzt die Übernachtungen des Zielgebietes in Bezug zu dessen Fläche (Übernachtungen im Zielgebiet je km^2). Die auf die Fläche bezogenen höchsten Werte weisen erwartungsgemäß die Stadtstaaten vor Schleswig-Holstein, Hessen und Baden-Württemberg auf. Die niedrigsten Werte dieser Maßzahl, und damit gemessen an der Fläche die wenigsten Übernachtungen, werden in Sachsen-Anhalt, Brandenburg und Thüringen festgestellt.[274]

– Seltener findet man entsprechende Kennziffern zu den Gästeankünften. Diese können analog in Beziehung zu den Einwohnern bzw. der Fläche des Zielgebietes berechnet werden. Die **Ankunftsdichte nach Einwohnern** misst folglich die Anzahl der Gästeankünfte im Zielgebiet je 1.000 Einwohner des Zielgebietes. Die **Ankunftsdichte nach Fläche** bezieht die Anzahl der Gästeankünfte im Zielgebiet auf die Fläche des Zielgebietes in km^2.

▪ Daten der amtlichen Statistik auf Regionsebene

Im Rahmen der amtlichen Statistik wird die touristische Nachfrage auch auf **regionaler Ebene** ermittelt. Die Daten geben Hinweise auf die Bedeutung verschiedener Regionen als Reiseziele, auch wenn die im Rahmen der statistischen Erfassung zur Anwendung kommende Abgrenzung der Regionen nicht immer den Grenzen von touristischen Regionen oder von Destinationen entspricht.[275]

Abb. 4.20 weist die Marktanteile an den statistisch ermittelten Übernachtungen und Gästezahlen im Jahre 20 angeführten regionalen Zielgebiete sowohl bei den Gästeankünften als auch bei den Übernachtungen 2012 für die 20 übernachtungsstärksten Reisegebiete aus. Aufgrund der unterschiedlichen Größe der Regionen ist ein Vergleich nur bedingt möglich, deutlich wird jedoch, dass sich das Übernachtungs- und Gästevolumen bis auf wenige Ausnahmen auf Großstädte, Küstenregionen und (Mittel-)Gebirgsregionen konzentriert. Bezogen auf das Jahr 2012 decken die über 45% der Marktanteile ab.

---

[274] Berlin 25.188; Hamburg 12.620; Bremen 4.605; Schleswig-Holstein 1.552; Hessen 1.374; Nordrhein-Westfalen 1.298; Baden-Württemberg 1.276; Mecklenburg-Vorpommern 1.191; Bayern 1.148; Rheinland-Pfalz 1.085; Sachsen 941; Saarland 907; Niedersachsen 828; Thüringen 587; Brandenburg 375; Sachsen-Anhalt 346. Eigene Berechnungen; Datenbasis: Statistisches Bundesamt (Hrsg.) (2012b), (2011).

[275] Siehe diesbezügliche Definitionen Kapitel 1.

Marktanteil Übernachtungen	Reisegebiet	Marktanteil Gästeankünfte
6,1%	Berlin	7,1%
5,0%	Schwarzwald	4,8%
3,0%	München	4,0%
2,7%	Allgäu	1,9%
2,7%	Ostsee (Schleswig-Holstein)	1,9%
2,6%	Hamburg	3,7%
2,5%	Main / Taunus	3,7%
2,2%	Vorpommern	1,3%
2,1%	Nordsee (Schleswig-Holstein)	1,0%
2,0%	Nördl. Baden-Württemberg	2,2%
1,9%	Bodensee – Oberschwaben	1,5%
1,8%	Region Stuttgart	2,5%
1,8%	Mecklenburg. Ostsee	1,2%
1,8%	Bayerischer Wald	1,1%
1,8%	Nordsee (Niedersachsen)	1,0%
1,6%	Teutoburger Wald	1,2%
1,5%	Sauerland	1,2%
1,5%	Köln & Rhein-Erft-Kreis	2,2%
1,5%	Lüneburger Heide	1,4%
1,5%	Ruhrgebiet	2,0%

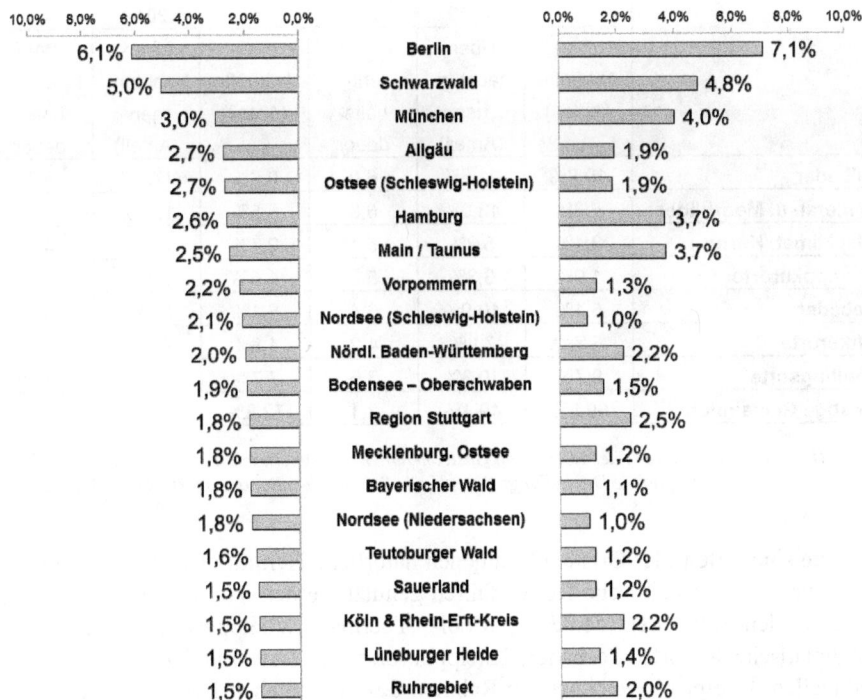

Marktanteil am gesamten, von der amtlichen Statistik erfassten Volumen der **Übernachtungen** im Jahr 2012 in %	Reisegebiet	Marktanteil am gesamten, von der amtlichen Statistik erfassten Volumen der **Gästeankünfte** im Jahr 2012 in %

Abb. 4.20 *Marktanteile ausgewählter Reiseregionen an Gästeankünften und Übernachtungen in Deutschland (eigene Berechnungen und Darstellung; Datenbasis: Statistisches Bundesamt (Hrsg.) (2013a))*

▨ Kur- und Erholungsorte als Reiseziele

Zu den bedeutendsten Reisezielen in Deutschland auf Gemeindeebene gehören die prädikatisierten **Kur- und Erholungsorte**.[276] Mehr als ein Viertel aller Gästeankünfte des Jahres 2012 und ca. 42% der statistisch erfassten Übernachtungen erfolgten in Gemeinden, die eine staatliche Anerkennung als Kur- oder Erholungsort besitzen (siehe Abb. 4.21).

---

[276] Zum Kur- und Bäderwesen siehe u.a. Berg, W. (2008), S. 137ff.; Berg, W. (2012), S. 351ff.; Luft, H. (2007), S. 76ff.; zum Gesundheits- und Wellnesstourismus siehe: Fischer, T./ Schulz, A. (Hrsg.) (2008); Berg, W. (2008).

	2002			2012		
	Ankünfte (Anteil)	Über-nachtun-gen (Anteil)	∅ Auf-ent-halts-dauer	Ankünfte (Anteil)	Über-nachtun-gen (Anteil)	∅ Auf-ent-halts-dauer
Heilbäder	10,8%	21,6%	6,0	9,6%	17,0%	4,7
Mineral- u. Moorbäder	5,8%	13,0%	6,8	5,5%	10,6%	5,2
Heilklimat. Kurorte	3,1%	5,2%	5,1	2,7%	4,0%	4,0
Kneippkurorte	1,9%	3,3%	5,3	1,5%	2,5%	4,4
Seebäder	5,1%	10,9%	6,4	5,1%	10,1%	5,3
Luftkurorte	5,7%	7,8%	4,2	4,8%	6,2%	3,5
Erholungsorte	8,7%	10,3%	3,5	7,7%	9,1%	3,1
Sonstige Gemeinden	69,8%	49,4%	2,1	72,8%	57,6%	2,1

Abb. 4.21   *Prozentuale Anteile der Kurorte an Gästeankünften und -übernachtungen in Deutschland 2012 (eigene Darstellung; Datenbasis: Statistisches Bundesamt (Hrsg.) (2003, 2013a))*

Kurorte sind Orte (oder Ortsteile), in denen natürliche Heilmittel vorkommen und in denen diese für medizinische Heilverfahren genutzt werden. Als Kurorte im engeren Sinne werden Heilbäder (Mineral-, Moor-, Thermal-, Kneipp- und Seeheilbäder), heilklimatische Kurorte, Seebäder, Kneippkurorte und Orte mit Kurbetrieb (Moor, Heilquellen, Kneipp) bezeichnet. Im Rahmen des gesetzlichen Begriffs kommen die Luftkurorte hinzu.[277] Für die staatliche Anerkennung[278] als Kurort müssen zunächst allgemeine Voraussetzungen, je nach Art des Kurort-Prädikats zudem weitere, spezielle Anforderungen erfüllt werden.[279] In Deutschland dürfen gegenwärtig ca. 350 Orte das Prädikat *Kurort* verwenden.[280] Auch die Bezeichnung *Luftkurort*, die in Deutschland über 1.000 Gemeinden[281] führen dürfen, setzt eine staatliche Anerkennung voraus. **Erholungsorte**[282] wiederum sind „klimatisch und landschaftlich bevorzugte Gebiete (Orte oder Ortsteile), die vorwiegend der Erholung dienen und einen

---

[277] Vgl. Mundt, J.W. (2013), S. 334 in Anlehnung an Lang, H.R. (1996).

[278] Die staatliche Anerkennung als Kurort erfolgt auf Bundeslandebene, wobei die Begriffsbestimmungen des Deutschen Heilbäderverbandes e.V. (in Kooperation mit dem Deutschen Tourismusverband e.V.) zu den unterschiedlichen Kurort-Arten die Basis für bundeslandspezifische Gesetze darstellen (vgl. Freyer, W. (2011), S. 278). Bei den staatlich anerkannten Kurorten handelt es sich um Orte oder Ortsteile, die natürliche Heilmittel des Bodens (Heilquellen, Heilgase oder Peloide, z. B. Schlämme oder Moore), des Meeres (z. B. Meerwasser), „des Klimas oder die Voraussetzungen für die Physiotherapie nach Kneipp für Kuren zur Heilung, Linderung oder Vorbeugung menschlicher Erkrankungen aufweisen." (Deutscher Tourismusverband e.V./Deutscher Heilbäderverband e.V. (Hrsg.) (2005), S. 28).

[279] Näheres zu den allgemeinen und speziellen Anerkennungsvoraussetzungen siehe z. B. Luft, H. (2007), S. 82f.

[280] Vgl. Berg, W. (2008), S. 133; Luft, H. (2007), S. 82 und Freyer, W. (2011), S. 274, der eine Zahl von 370 staatlich anerkannten Kurorten angibt; der Deutsche Tourismusverband (DTV, Hrsg.) (2009, S. 9) gibt die Gesamtzahl der Heilbäder und Kurorte mit 310 an.

[281] Vgl. Luft, H. (2007), S. 82 sowie Berg, W. (2008), S. 133, der eine Zahl von 1.400 Luftkurorten anführt.

[282] In Deutschland gibt es über 4.000 anerkannte Erholungsorte (inkl. Küstenbadeorte in Niedersachsen); vgl. Luft, H. (2007), S. 82.

artgerechten Ortscharakter vorweisen."[283] Für die Anerkennung als Erholungsort müssen mindestens 100 Gästebetten angeboten werden, von denen die Mehrheit dem mittleren bis gehobenen Segment gemäß der Deutschen Hotelklassifizierung angehören muss. Die durchschnittliche Aufenthaltsdauer sollte bei mindestens fünf Tagen liegen.[284]

4.4   Reiseziele der Deutschen

Im Mittelpunkt der Repräsentativerhebungen zu den **Reisezielen der deutschsprachigen Bevölkerung** stehen meist die Urlaubsreisen ab einer Dauer von fünf Tagen.[285]

Nach Ergebnissen der Reiseanalyse haben im Jahr 2012 mehr als 53 Millionen der über 72 Millionen deutschsprachigen Einwohnern ab 14 Jahren mindestens eine Urlaubsreise mit einer Dauer von fünf oder mehr Tagen unternommen. Das **Marktvolumen** der touristischen Nachfrage der Deutschen lag 2012 insgesamt bei 69,3 Millionen Urlaubreisen ab fünf Tagen (siehe Abb. 4.22).

	2012	2011	2010
Bevölkerung ab 14 Jahre; in Mio.	70,2	70,3	70,5
eine oder mehrere Urlaubsreisen gemacht; in % der Bevölkerung	76,3	76,2	75,7
Anzahl Urlaubreisende; in Mio.	53,6	53,6	53,4
Urlaubsreisen; in Mio.	69,3	69,5	69,5

Abb. 4.22   *Ausgewählte Kennzahlen zum Urlaubsreiseverhalten der deutschsprachigen Bevölkerung 2012 (Urlaubsreisen ab fünf Tagen Dauer)*
         (Quelle: F.U.R Forschungsgemeinschaft Urlaub und Reisen e.V. (Hrsg.) (2012–2013), S. 1)

Bezogen auf das Jahr 2012 gibt die Reiseanalyse für die (Netto-) **Urlaubsreiseintensität**[286] (für Urlaubsreisen ab fünf Tagen Dauer)[287] einen Wert von 76,3% an. Von den rund 65 Millionen deutschsprachigen Einwohnern Deutschlands ab 14 Jahren haben

---

[283] Deutscher Tourismusverband e.V./Deutscher Heilbäderverband e.V. (Hrsg.) (2005), S. 28.

[284] Mit Berücksichtigung von Ausnahmen; vgl. Deutscher Tourismusverband e.V./Deutscher Heilbäderverband e.V. (Hrsg.) (2005), S. 42; aktualisiert gemäß Beschluss der Mitgliederversammlung vom 30. Oktober 2011.

[285] Siehe Abb. 4.3.

[286] Sogenannte *Reiseintensitäts*-Kennziffern bilden die touristischen Aktivitäten der Einwohner einer definierten Gebietseinheit bezogen auf einen Zeitraum (in der Regel ein Jahr) ab. Die *Brutto-Reiseintensität* bezieht dabei die Summe der getätigten Reisen auf die Gesamtzahl der Einwohner, wohingegen die häufiger angewendete *Netto-Reiseintensität* den Anteil der Bevölkerung ausweist, der in der definierten zeitlichen Periode mindestens eine Reise unternommen hat. Aufgrund der Verwendung unterschiedlicher Bezugsgrößen weisen unterschiedliche Erhebungen zur touristischen Urlaubsnachfrage teilweise voneinander abweichende Reiseintensitäten aus; vgl. Freyer, W. (2011), S. 108.

[287] Im Folgenden beziehen sich – sofern nicht explizit anders angegeben – alle Angaben auf Basis der Reiseanalyse auf Urlaubsreisen ab einer Dauer von fünf Tagen.

damit mehr als drei Viertel mindestens eine Urlaubsreise von fünf oder mehr Tagen unternommen.

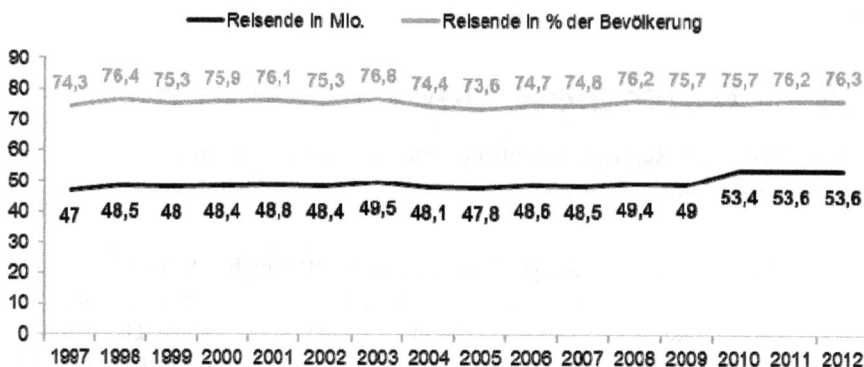

——Reisende in Mio.   ———Reisende in % der Bevölkerung

Data points (Reisende in % der Bevölkerung): 74,3 76,4 75,3 75,9 76,1 75,3 76,8 74,4 73,6 74,7 74,8 76,2 75,7 75,7 76,2 76,3

Data points (Reisende in Mio.): 47 48,5 48 48,4 48,8 48,4 49,5 48,1 47,8 48,6 48,5 49,4 49 53,4 53,6 53,6

X-axis: 1997 1998 1999 2000 2001 2002 2003 2004 2005 2006 2007 2008 2009 2010 2011 2012

Abb. 4.23   *Entwicklung der Urlaubsreisen (von mindestens fünf Tagen Dauer) der Deutschen bzw. der deutschsprachigen Bevölkerung (ab 2010) und der entsprechenden (Netto-) Urlaubsreiseintensität seit 1997*

(eigene Darstellung; Datenbasis: F.U.R Forschungsgemeinschaft Urlaub und Reisen e.V. (Hrsg.) (2002–2013))

Zu Beginn der 1970er-Jahre lag die entsprechende Kennziffer noch bei unter 50%. Sie stieg im Zeitverlauf nahezu kontinuierlich an, um schließlich in den 1990er-Jahren die 70%-Marke zu übersteigen. Beim Vergleich der entsprechenden Werte auf Basis der Daten der Reiseanalyse aus den letzten Jahren wird jedoch deutlich, dass sich die (Netto-)**Urlaubsreiseintensität** der deutschen Nachfrage auf einem relativ hohen Niveau stabilisiert hat.

Die empirischen Repräsentativerhebungen zu den Urlaubszielen der deutschen Nach-frager machen deutlich, dass Deutschland das bedeutendste Urlaubsziel der Deut-schen ist. So belegt beispielsweise die Reiseanalyse, dass in den letzten zehn Jahren zwar immer mehr als zwei Drittel der Urlaubsreisen mit einer Dauer von fünf oder mehr Tagen in ausländische Destinationen führten, der gesamte **Marktanteil Deutschlands** als Reiseziel jedoch seit über einem Jahrzehnt relativ konstant zwi-schen 29 und 33% liegt. Im Jahr 2012 betrug der Marktanteil Deutschlands 31%.

■ Deutschland □ Ausland

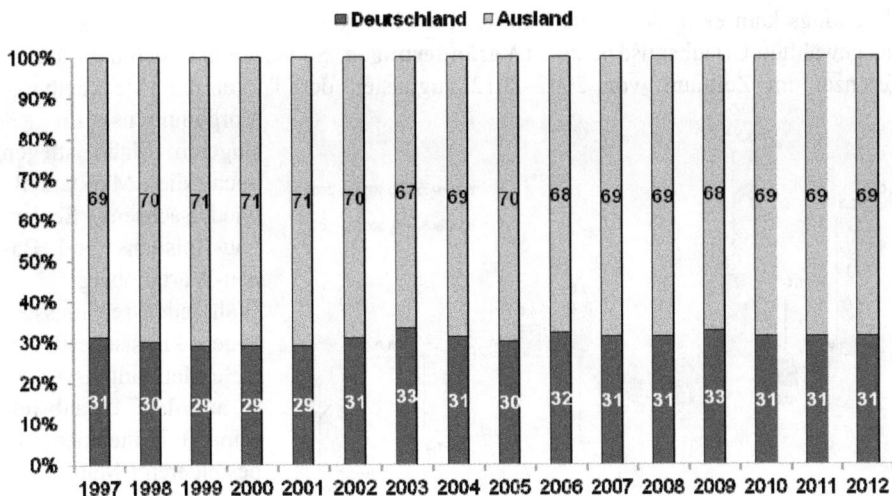

Abb. 4.24   *Entwicklung der In- und Auslandsmarktanteile bei Urlaubsreisen der Deutschen*
(Urlaubsreisen von mindestens fünf Tagen Dauer) seit 1997 in %
(eigene Darstellung; Datenbasis: F.U.R Forschungsgemeinschaft Urlaub
und Reisen e.V. (Hrsg.) (2002–2013))

Das beliebteste (Bundesland-)Zielgebiet der Deutschen für Urlaubsreisen (von mindestens fünf Tagen Dauer) **innerhalb Deutschlands** ist Bayern. Ebenfalls beliebt sind
Niedersachsen, Mecklenburg-Vorpommern, Schleswig-Holstein und Baden-
Württemberg. Allerdings fallen die Platzierungen der angeführten Bundesländer je
nach empirischer Studie unterschiedlich aus (siehe Abb. 4.25). Die Liste der **ausländischen Reiseziele** wird von Spanien angeführt. Weiterhin sind u.a. Italien, Österreich und die Türkei unter den beliebtesten Urlaubsreisezielen zu finden.

Rang	Reiseanalyse 2013		GfK/IMT DestinationMonitor Deutschland	
1	Spanien	13,0%	Spanien	8,9%
2	Italien	8,4%	Bayern	8,2%
3	Türkei	7,3%	Italien	7,8%
4	Bayern	5,7%	Österreich	6,9%
5	Österreich	5,5%	Niedersachsen	5,5%
6	Mecklenburg-Vorpommern	5,5%	Schleswig-Holstein	5,4%
7	Niedersachsen	4,4%	Mecklenburg-Vorpommern	5,0%
8	Schleswig-Holstein	4,3%	Türkei	4,9%
9	Baden-Württemberg	3,1%	Baden-Württemberg	3,8%
10	Kroatien	2,9%	Frankreich	2,9%

Abb. 4.25   *Marktanteile ausgewählter Reiseziele für Urlaubsreisen (von mindestens fünf Tagen Dauer)*
der Deutschen 2012
(eigene Darstellung; Datenbasis: F.U.R Forschungsgemeinschaft Urlaub und Reisen e.V.
(Hrsg.) (2013), S. 3 und (Quelle: GfK SE Panel Services Deutschland/Eisenstein, B. (Hrsg.) (2013b))

Allerdings kam es in den letzten Jahren auch bei den von der deutschen Nachfrage ausgewählten Urlaubsreisezielen zu **Veränderungen**. So verschoben sich die Zielpräferenzen im Zeitraum von 2002–2012 zugunsten der Türkei und Mecklenburg-Vorpommerns. Im geringeren Maße stiegen auch die Marktanteile Niedersachsens, Schleswig-Holsteins und Baden-Württembergs.

Währenddessen mussten andere klassische Reiseziele Marktanteilsverluste auf dem Urlaubsreisemarkt hinnehmen; im besonderen Maße gilt dies für Österreich, Bayern und Italien (siehe Abb. 4.26).

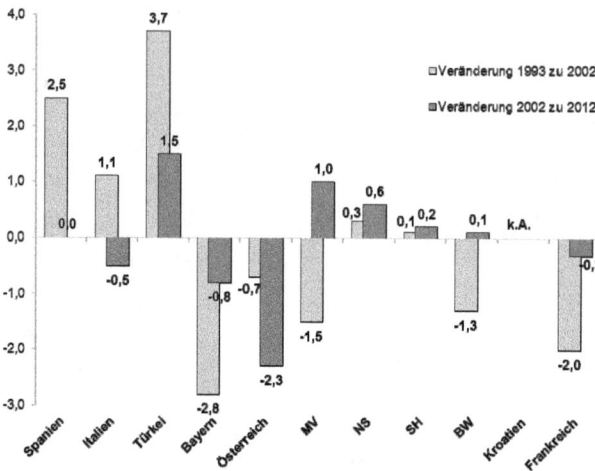

Abb. 4.26 *Veränderung der Marktanteile ausgewählter Reiseziele für Urlaubsreisen der Deutschen von mindestens fünf Tagen Dauer von 1993-2002 und von 2002–2012 in Prozentpunkten*
(eigene Darstellung; Datenbasis: F.U.R Forschungsgemeinschaft Urlaub und Reisen e.V. (Hrsg.) (2003, 2013))

▪ Traumreiseziele der Deutschen

Im Rahmen des GfK/IMT DestinationMonitors Deutschland wurden (im Jahr 2012) die Traumreiseziele der deutschen Haushalte ermittelt (siehe Abb. 4.27). Das Traumreiseziel Nr. 1 der deutschen Haushalte sind die USA. Deutschland erreicht den 2. Platz. Daneben gehören sowohl weitere Fernreiseziele (Australien, Neuseeland, Kanada, Malediven) als auch weitere europäische Länder zu den Traumreisezielen der deutschen Haushalte.

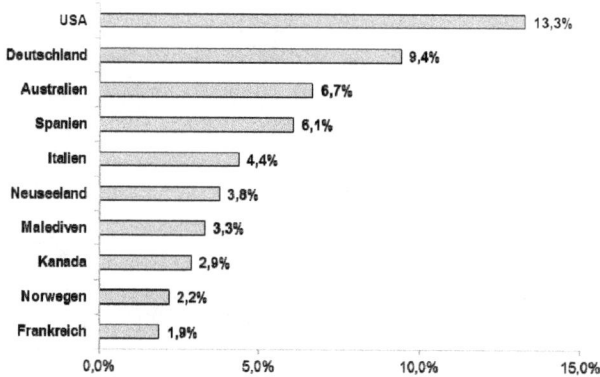

Abb. 4.27 *Traumreiseziele der deutschen Haushalte (für eine mehrwöchige Urlaubsreise bei voller Kostenübernahme und freier Wahl des Reiseziels)*
(Quelle: GfK SE Panel Services Deutschland/Eisenstein, B. (Hrsg.) (2013c))

Wichtige Erkenntnisse 👁

- Die wichtigsten Instrumente der Erfassung der touristischen Nachfrage auf nationaler Ebene sind die amtliche Beherbergungsstatistik und repräsentative Bevölkerungsbefragungen.

- Etwas mehr als die Hälfte der 2012 registrierten internationalen Gästeankünfte konzentrierte sich auf den europäischen Raum.

- Nach Prognosen der UNWTO wird der Anteil Europas 2020 an der Zahl der internationalen Gästeankünfte deutlich unter 50% sinken, wohingegen der Anteil der Region Ostasien/Pazifik über ein Viertel ansteigen wird.

- Nach Ergebnissen des Statistischen Bundesamtes betrugen die Gästeankünfte in Deutschland im Jahr 2012 rund 153 Mio. Die entsprechende Anzahl der Übernachtungen lag bei 407 Mio.

- Die wichtigsten Auslandsreiseziele der Deutschen für Urlaubsreisen ab einer Dauer von fünf Tagen sind Spanien, Italien und die Türkei; die wichtigsten diesbezüglichen Inlandsreiseziele sind Bayern, Mecklenburg-Vorpommern und Niedersachsen.

Vertiefungsfragen **?**

? Wo sehen Sie die Probleme bei der Erfassung der Nachfrage nach Reisezielen?

? Wie haben sich die wichtigsten Kennziffern zur touristischen Nachfrage im Zeitverlauf entwickelt?

? Welche Gründe für diese Entwicklung können Sie anführen?

Literaturhinweise 📖

- Mundt, J.W. (2013): Tourismus. 4. Auflage, München, S. 7ff.
- Berg, W. (2008): Gesundheitstourismus und Wellnesstourismus. München.

Internetquellen ⟳

- www.destatis.de
- www.deutschertourismusverband.de
- www.deutschland-tourismus.de
- www.unwto.or

5 Leistungsangebot, Produktionsfaktoren und Wettbewerbs- fähigkeit

Lernziele ◎

Am Ende dieses Kapitels sollten Sie Folgendes können:

- einen Überblick zu den Besonderheiten des von der Destination bereitgestellten Leistungsbündels geben;
- die Besonderheiten aufgrund der Dienstleistungsbestandteile benennen;
- die Koordinationsnotwendigkeit der Einzelbestandteile und die möglichen Grundformen der entsprechenden Organisationsmodelle erklären;
- die Veränderungsprozesse im Wettbewerb beschreiben;
- die Grundsätze des Destinationsmanagementkonzeptes benennen;
- die Vielfalt der Produktionsfaktoren in einer Destination erkennen;
- die aktuellen Hemmschwellen bei der Anpassung an neue Wettbewerbsbedingungen erläutern.

Weitere Informationen unter **www.tourismus-grundlagen.de**

5.1   Das Leistungsbündel

Bei der Entwicklung des Tourismus in der Destination müssen einige **Besonderheiten des touristischen Produktes** beachtet werden: Bereits dargestellt wurde, dass der Tourismus zahlreiche Effekte im Zielgebiet entfalten kann.[288] Ebenfalls zuvor angeführt wurde, dass sich das touristische Produkt aus einer Vielzahl heterogener Bestandteile zusammensetzt. Von diesen sind einige materiell, viele immateriell; einige sind standorttypisch, andere wiederum nicht; und bei einigen handelt es sich um natürliche Ressourcen, bei anderen hingegen um kulturelle Elemente.[289] Das touristische Produkt ist ein Leistungsbündel, dessen einzelne Bestandteile sich gegenseitig ergänzen (**Komplementarität**[290] **der Leistungsbestandteile**) und voneinander abhängig sind (**Interdependenz der Leistungsbestandteile**).

Die Anteile, die das touristische Zielgebiet zum Gesamtprodukt *Tourismus* leistet, entstehen durch die Kombination von unterschiedlichen Angebotselementen am Reiseziel. Zwar sind bei touristischen Leistungen materielle Bestandteile notwendig und die touristischen Leistungen sind damit per se nicht ausschließlich immateriell,[291] doch haben die immateriellen Bestandteile innerhalb des Leistungsbündels ein großes Gewicht. Zahlreiche Besonderheiten des touristischen Produktes sind auf die **Dienstleistungseigenschaften** der Immaterialität des Uno-Actu-Prinzips und der Notwendigkeit zur Integration des Touristen (als externer Faktor) in den Produktionsprozess zurückzuführen.[292] Das Ausmaß der Immaterialität bzw. Materialität bei den einzelnen touristischen Produktbestandteilen kann dabei stark variieren und ist folglich als Kontinuum aufzufassen[293] (vgl. auch Abb. 5.2).

▧ Immaterialität

Da Dienstleistungsbestandteile immateriell bzw. intangible (und damit nicht greifbar, nicht lagerbar und nicht transportfähig) sind, ist das **Absatz-/Auslastungsrisiko** des touristischen Produktes relativ hoch, weil angebotene, aber nicht von der Nachfrage genutzte Leistungseinheiten „verfallen".[294] Bei Destinationen, die durch eine hohe Saisonalität der touristischen Nachfrage gekennzeichnet sind, verstärkt sich diese Problematik. Ziel ist es, die Produktionskapazitäten von touristischen Dienstleistungen der Destination möglichst intensiv mit der zeitlichen Nachfrage nach diesen Angeboten abzustimmen. Hierzu stehen der Destination u.a. folgende Maßnahmen zur Verfügung:[295]

---

[288]   Siehe hierzu Kapitel 2.
[289]   Vgl. Tamma, M. (1999), S. 39.
[290]   Vgl. Kaspar, C./Kunz, B.R. (1982), S. 34ff.
[291]   Vgl. Wöhler, Kh. (1997), S. 130.
[292]   Vgl. z. B. Dettmer, H./Eisenstein, B./Gruner, A. et al. (2005), S. 45.
[293]   Vgl. Wöhler, Kh. (1997), S. 130f.
[294]   „Ein nicht genutztes Hotelbett ‚verfällt' ebenso wie ein nicht genutzter Flug- oder Bahnplatz, sie können nicht bis zum nächsten Tag gelagert werden" (Freyer, W. (1997), S. 94).
[295]   Vgl. Meffert, H./Bruhn, M. (2009), S. 44f.

- **Marktforschung**, um gesicherte Erkenntnisse über die Nachfrageschwankungen und über die Möglichkeiten zu deren Beeinflussung zu erhalten;

- zeitliche **Preisdifferenzierung** (z. B. nach Saisonzeiten), um Nachfrageschwankungen zu glätten;

- kurzfristige Belebung der Nachfrage durch **Marketingmaßnahmen**, um die Kapazitäten der Destination besser auszulasten;

- **Flexibilisierung der Kontingente** (Ab- und Aufbau von Kapazitäten, z. B. in Bezug auf den Personalbestand) und damit Anpassung an die Nachfrageschwankungen.

Die **Immaterialität** vieler Produktbestandteile führt zudem dazu, dass die **Beurteilung und die Dokumentation** des von der Destination angebotenen Leistungsbündels erschwert werden. Zum einen ist es für den potenziellen Gast schwierig, das vom Zielgebiet angebotene Leistungsbündel im Vorfeld des Aufenthaltes (während der Phase der Reiseentscheidung) zu bewerten, da vor der Inanspruchnahme weder eine Überprüfung noch eine physische Wahrnehmung der Leistungen der Destination möglich sind.[296] Im Gegensatz zu einem physischen Produkt kann das ortsgebundene Leistungsbündel der Destination **nicht vor der Kaufentscheidung** ausprobiert werden.[297] Für den touristischen Nachfrager besteht das Risiko darin, dass er bis zum Zeitpunkt des tatsächlichen Besuchs keine Gewissheit darüber erlangen kann, ob die Destination die angekündigten Leistungen zu seiner Zufriedenheit erfüllt. Zum anderen stellt es für die Destination eine Herausforderung dar, die Leistungsfähigkeit so zu dokumentieren und zu kommunizieren, dass die Nachfrager bereit sind, das angebotene Leistungsbündel zu nutzen. Hierfür ist es notwendig, die vom potenziellen Nachfrager in Verbindung mit dem Besuch des Reiseziels wahrgenommenen Risiken zu minimieren und den **Mangel an objektiven Beurteilungskriterien** durch den **Aufbau von Vertrauen** zu kompensieren. Diesbezügliche Maßnahmen können z. B. sein:[298]

- **Visualisierung** der Prozesse während des Aufenthaltes in der Destination und der Ergebnisse dieser Prozesse in Medien, z. B. durch Vorher-Nachher-Darstellungen, den Einsatz von Sinnbildern und die Darstellung materieller Faktoren;

- Kommunikation von **Garantien und Signalen** in Bezug auf Qualitätsstandards der Destination, z. B. Zertifizierungen, Klassifizierungen, Prädikatisierungen, Referenzen und den Einsatz von Opinion Leadern;

- Aufbau/Bildung und Pflege einer **Marke**[299] sowie Aufbau eines positiven **Images**.

---

[296] Vgl. Wöhler, Kh. (1997), S. 130.
[297] Vgl. Bieger, T./Beritelli, P. (2013), 143.
[298] Speziell zum Themenbereich Reputation und Reisentscheidung im Internet siehe Horster, E. (2013).
[299] Zu Destinationsmarken siehe z. B.: Peters, M./Schuckert, M./Weiermair, K. (2008); Trasser, R. (2006); Scherhag, K. (2003), (2000) und (1999); Meffert H. (2002); Morgan, N./Pritchard, A./Pride, R. (Ed.) (2011); Raum, S. (2011); und die Kritik von Mundt, J.W. (2013), S. 360ff. und (2002), S. 339ff.

Schließlich erschwert die Eigenschaft der Immaterialität die Qualitätskontrolle des Leistungsbündels, so dass periodische **Primärerhebungen zur Evaluation** der subjektiv von den Touristen wahrgenommenen Qualität notwendig sind.[300]

▦ Uno-Actu-Prinzip

Die Immaterialität von touristischen Dienstleistungen und die daraus folgende Nicht-Transportfähigkeit führen dazu, dass die in der Destination vorgehaltenen Produktionsfaktoren zwingend mit den Touristen (als externe Produktionsfaktoren) zusammentreffen müssen, um die Dienstleistung zu produzieren (**Uno-Actu-Prinzip**).[301] In der Destination kommt es dabei zu einer zeitlichen und räumlichen **Synchronisation von Produktion und Konsum** der jeweiligen Dienstleistung, wohingegen der Absatz häufig bereits im Vorfeld erfolgt.[302] Bei diesen Buchungen und Reservierungen erhält der Nachfrager lediglich ein **Leistungsversprechen**;[303] die eigentliche Leistungserstellung und der Konsum erfolgen zu einem späteren Zeitpunkt in der Destination. Um ihre Bedürfnisse durch die Inanspruchnahme der gebündelten Leistungen der Destination befriedigen zu können, müssen die Touristen gemäß dem **Residenzprinzip**[304] die räumliche Distanz zwischen dauerndem Wohnort und Reiseziel überwinden und in der Destination präsent sein. Auf diese Weise wird die räumliche Synchronisation hergestellt. Für das damit verbundene Problem der Distanzüberwindung müssen Transportlösungen bereitgestellt sein oder anders ausgedrückt: Die Destination muss für den Touristen erreichbar sein. Als Folge der zeitlichen Synchronisation von Produktion und Konsum der Dienstleistungen können Fehler bei der Dienstleistungserstellung unmittelbar durch den Touristen wahrgenommen werden. Eine Qualitätskontrolle am Ende des Produktionsprozesses wie bei materiellen Gütern, durch die die Weitergabe von fehlerhaften Produkten an den Kunden vermieden werden kann, ist nicht möglich. Damit erhält das Ziel der Null-Fehler-Produktion eine große Bedeutung.[305]

▦ Integration des Touristen in den Erstellungsprozess

Aufgrund des Uno-Actu-Prinzips kann die Dienstleistung erst nach erfolgreicher **Integration des Touristen** erstellt werden: Eine Wellnessdienstleistung kann erst erstellt werden, wenn der Tourist in den Dienstleistungsprozess „Wellness-Anwendung" integriert ist. „Ebenso ist ein Hotelier zwar im Besitz von Übernachtungspotenzialen. Die Übernachtung des Gastes als Ergebnis der Hotelleistung ist aber erst möglich, wenn der Gast sein Hotelzimmer bezieht. Die dafür notwendigen Potenziale stehen zu einem bestimmten Zeitpunkt zur Verfügung und verfallen, wenn sie nicht

---

[300] Vgl. z. B. Dettmer, H./Eisenstein, B./Gruner, A. et al. (2005), S. 46f.; in der Regel handelt es sich um Gästebefragungen; siehe z. B. Fischer, B./Hansch, A./Werner, K./Sperling, W. (2009).

[301] Vgl. Meffert, H./Bruhn, M. (2009), S. 44.

[302] Vgl. Frietzsche, U. (2001), S. 131f.

[303] Vgl. Ullmann, S. (2000) mit Bezug auf Schertler, W. (1994), S. 17ff. sowie Wöhler, Kh. (2001), S. 191.

[304] Vgl. Müller, H. (2008), S. 134. Im Gegensatz zum Versandprinzip, bei welchem der Dienstleistungsgeber zum Dienstleistungsnehmer bzw. dem externen Faktor reist.

[305] Vgl. z. B. Dettmer, H./Eisenstein, B./Gruner, A. et al. (2005), S. 48f.

genutzt werden."[306] Die Destination und die einzelnen Leistungsträger stellen zunächst nur Leistungspotenziale bereit (**Potenzialphase**).

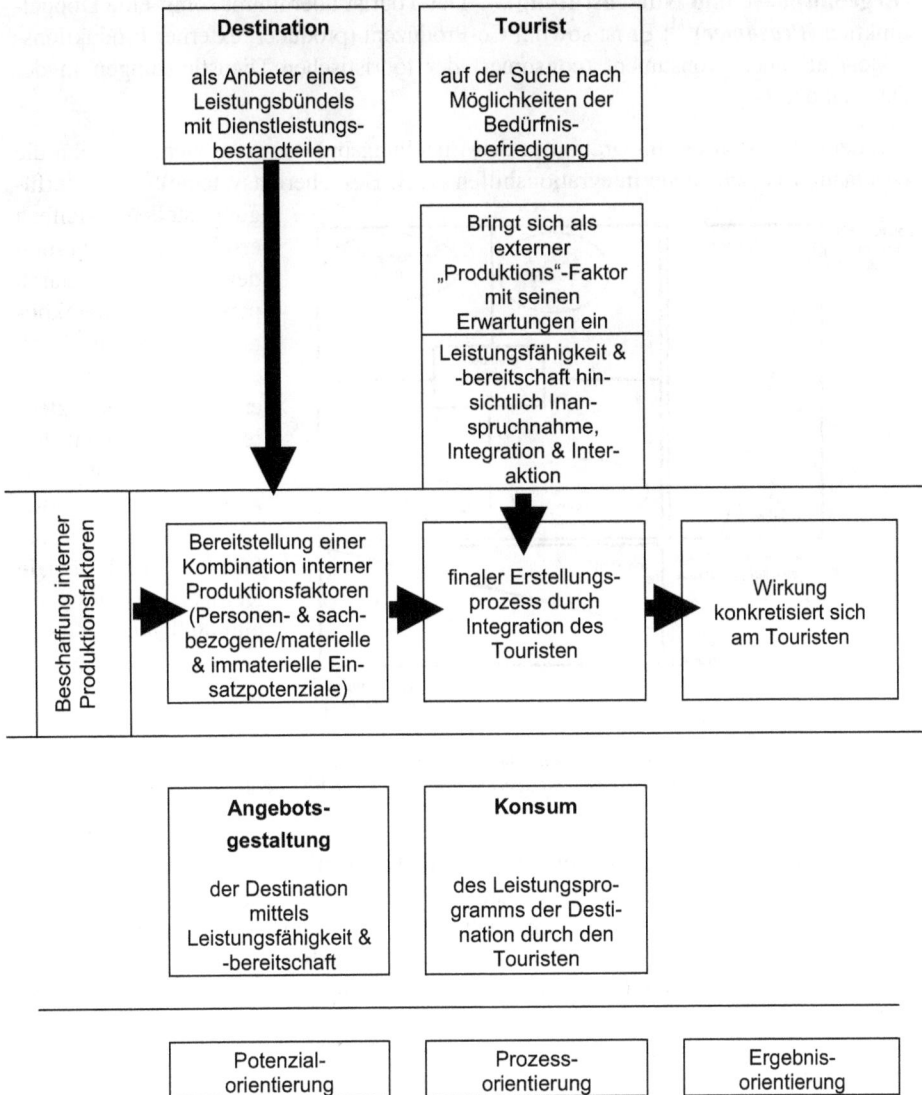

Destination	**Tourist**
als Anbieter eines Leistungsbündels mit Dienstleistungsbestandteilen	auf der Suche nach Möglichkeiten der Bedürfnisbefriedigung

Bringt sich als externer „Produktions"-Faktor mit seinen Erwartungen ein
Leistungsfähigkeit & -bereitschaft hinsichtlich Inanspruchnahme, Integration & Interaktion

Beschaffung interner Produktionsfaktoren

Bereitstellung einer Kombination interner Produktionsfaktoren (Personen- & sachbezogene/materielle & immaterielle Einsatzpotenziale)	finaler Erstellungsprozess durch Integration des Touristen	Wirkung konkretisiert sich am Touristen

Angebots-gestaltung	**Konsum**
der Destination mittels Leistungsfähigkeit & -bereitschaft	des Leistungsprogramms der Destination durch den Touristen

Potenzial-orientierung	Prozess-orientierung	Ergebnis-orientierung

Abb. 5.1   *Modell der touristischen (Dienst-)Leistungserstellung in der Destination*[307]

---

[306] Meffert, H./Bruhn, M. (2009), S. 44.
[307] in Anlehnung an Meffert, H./Bruhn, M. (2009), S. 18; Wöhler, Kh./Saretzki, A. (1999), S. 42 und Wöhler, Kh. (2005), S. 252.

Sobald sich der Tourist in den Produktionsprozess einbringt (**Prozessphase**), kann sowohl der Verlauf des Prozesses[308] als auch das Ergebnis am Ende des Erstellungsprozesses[309] zur Nutzenstiftung und Bedürfnisbefriedigung des Touristen beitragen (**Ergebnisphase und Nutzenstiftung**).[310] Der Tourist übernimmt somit eine Doppelfunktion (***Prosumer***)[311]: Er ist sowohl Co-Produzent (producer; externer Produktionsfaktor) als auch Konsument (consumer) der touristischen Dienstleistungen in der Destination.

Um dem Touristen die Integration in den Erstellungsprozess zu erleichtern, kann die Destination verschiedene Integrationshilfen (z. B. Besucherleitsysteme)[312] zur Verfügung stellen. Vielfach erfolgt die Integration der Touristen durch persönliche Interaktionen und damit durch eine wechselseitige Beeinflussung der Akteure. Die Häufigkeit dieser **Interaktionsprozesse** impliziert hohe Anforderungen an die fachliche und soziale Kompetenz des im unmittelbaren Gästekontakt stehenden Personals.

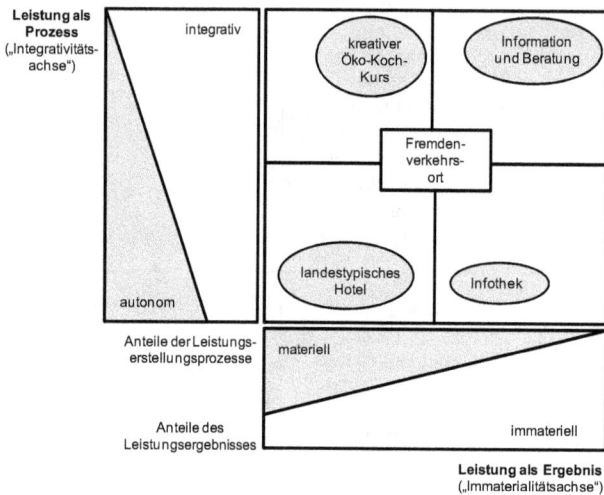

Abb. 5.2 *Touristische Leistungstypologie in Abhängigkeit vom Ausmaß der immateriellen Produktbestandteile und der notwendigen Integration des Touristen (Quelle: Wöhler, Kh. (1997), S. 131)*

Je nach Produktbestandteil sind unterschiedliche **Integrationsgrade** notwendig[313] und die Mitwirkungsgrade des Touristen am Leistungserstellungsprozess können stark variieren.[314] Es ergibt sich wie auch hinsichtlich der Anteile der Immaterialität ein Kontinuum unterschiedlicher Integrationsgrade (siehe Abb. 5.2). Durch die Mitwirkung des Touristen entzieht sich ein Teil des Erstellungsprozesses der Kontrolle des

---

[308] Zum Beispiel bei Unterhaltungs- oder Wellness-Dienstleistungen; Erlebnisse während des Aufenthaltes in der Destination.

[309] Zum Beispiel aufgrund des durch den Aufenthalt in der Destination erzielten und nach der Rückkehr an den Wohnort weiter wirkenden Erholungseffektes.

[310] In Anlehnung an Wöhler, Kh./Saretzki, A. (1999). S. 39.

[311] Normann, R. (1987), S. 15.

[312] Siehe hierzu z. B. Eilzer, C. (2007), S. 13ff.

[313] Vgl. z. B. Meffert, H./Bruhn, M. (2009), S. 254; Maleri, R. (1997), S. 150ff., Maleri, R./Frietzsche, U. (2008); auch Wöhler, Kh. (1997), S. 130 mit Bezug auf Corsten, H. (1990), S. 176ff.

[314] Zum Beispiel geringe Integration bei einer Stadtrundfahrt mit dem Bus; hohe Integration bei Erkundungsfahrt mit bereitgestellten Fahrrädern (vgl. Wöhler, Kh. (1997), S. 130).

Dienstleistungsanbieters. Die Individualität jedes Touristen (und jeder weiteren Person, die an der Erstellung der Dienstleistung beteiligt ist) führt zu einer Variabilität der Dienstleistungsqualität.[315] Hinzu kommt, dass die Qualitätsvorstellungen der Touristen sehr unterschiedlich sind[316] und somit verschiedene Maßstäbe zur Beurteilung der wahrgenommenen Leistungen[317] angesetzt werden. Die individuellen Bedürfnisse, Verhaltensweisen, Beurteilungsmaßstäbe und die daraus resultierende **Heterogenität der touristischen Nachfrager** setzen der Standardisierung der touristischen Dienstleistungen in der Destination Grenzen. Das Zielgebiet und die einzelnen Leistungsträger stehen in einem Spannungsfeld zwischen **Standardisierung** und **Individualisierung** der touristischen Leistungen. Denn einerseits erfordert der Wettbewerb Standardisierungen zur Gewährleistung einer gleichbleibenden Qualität, als vertrauensbildende Maßnahme hinsichtlich der Leistungen der Destination und zur Ausschöpfung von Möglichkeiten der Kostenreduktion. Andererseits kann aufgrund der Heterogenität der touristischen Nachfrager nur über eine möglichst individuell ausgerichtete Leistungserstellung eine optimale Bedürfnisbefriedigung erreicht werden.

▧ Vielzahl der Beteiligten und Anspruchsgruppen

Bei der Erstellung des Destinationsproduktes leistet eine Vielzahl von Personen, Unternehmen und Institutionen einen Beitrag. Hierzu zählen beispielsweise die Beherbergungsanbieter (große und kleine Hotels, Parahotellerie), Gastronomiebetriebe, Freizeit- und Unterhaltungsunternehmen sowie weitere Leistungsträger und deren Lieferanten. Hinzu kommen administrative und politischen Instanzen, Kapitalgeber, Verbände, das Gewerbe sowie die Einwohner und die Touristen selbst. Im Gegenzug machen die Beteiligten Ansprüche gegenüber dem Zielgebiet oder gegenüber den für die Entwicklung der Destination zuständigen Institutionen geltend. Bei den **Anspruchsgruppen** einer Destination handelt es sich um Personengruppen, Personen, Unternehmen oder andere Institutionen, die mit der touristischen Entwicklung im Zielgebiet in Beziehung stehen und entsprechend Einfluss auf diese nehmen können. In der Destination ist in der Regel eine große Anzahl an Anspruchsgruppen vorhanden, die zudem relativ hohen Einfluss auf die Destinationsentwicklung haben können.[318]

In vielen Destinationen haben **politische Anspruchsgruppen** (z. B. kommunale und regionale Gremien, politische und Administrationsinstanzen) und gesellschaftliche Anspruchsgruppen (z. B. Vereine, Einwohner) ein großes Interesse an der Einflussnahme auf die Entwicklung der Destination; zum einen weil Teilleistungen des touristischen Leistungsbündels der Destination durch öffentliche Finanzen ermöglicht oder

---

[315] Vgl. Bieger, T. (2007), S. 13.
[316] Vgl. Müller, H. (2008), S. 134.
[317] Zum Beispiel in Abhängigkeit von der jeweiligen Reiseerfahrung des Touristen.
[318] Vgl. Walch, S. (1999), S. 67. Zwar ist jedes Unternehmen den Einflüssen verschiedener Anspruchsgruppen ausgesetzt, die Destination und die für die Entwicklung der Destination verantwortliche Institution (Tourismusorganisation) sehen sich jedoch einer großen Anzahl dieser Gruppen gegenüber (vgl. Dettmer, H./Eisenstein, B./Gruner, A. et al. (2005), S. 41).

subventioniert werden, zum anderen aufgrund der vielfältigen Effekte, die der Tourismus auf den Lebensraum mit sich bringen kann.[319] Abb. 5.3 zeigt ausgewählte Anspruchsgruppen und deren (mögliche) Beiträge zum Produktionsprozess und zur Destinationsentwicklung sowie deren Ansprüche exemplarisch auf.

Anspruchsgruppen	erbrachte Leistungen	geforderte Gegenleistungen
Touristen	• Umsatz	• Befriedigung der mit dem Aufenthalt in der Destination verbundenen Bedürfnisse durch bedarfsorientierte Angebote und Leistungen
Leistungsträger	• Bereitstellung und Erbringung von diversen Bestandteilen des touristischen Leistungsbündels	• Marktbearbeitung, um Gewinn und Wertsteigerung des investierten Kapitals zu erhalten
Staat/Kommunen/Administration	• Infrastrukturbereitstellung • Fördermaßnahmen • Erbringung von Finanzmitteln	• Wirtschaftsförderung/positive wirtschaftliche Effekte
Einwohner	• Aufgeschlossenheit und Freundlichkeit gegenüber Touristen	• Partizipation an den positiven Effekten im Zielgebiet bei möglichst geringen negativen Effekten für das Zielgebiet
Verbände/Vereine/Organisationen/Parteien	• Interessenvertretung • Engagement und Leistungsbereitstellung	• Mitgestaltungsmöglichkeiten bei der touristischen Entwicklung • Schutz der Interessen
Kapitalgeber/Banken	• Bereitstellung finanzieller Ressourcen	• Kapitalerhaltung/Mindestdividende/Zinsen • Entscheidungs- und Kontrollbefugnisse • gutes Image
Management/ Mitarbeiter der Tourismusorganisation	• Arbeitskraft und Kompetenzen • Interesse/Engagement • Verantwortung • Loyalität • Beziehungen	• Einfluss • Einkommen • Entfaltung eigener Ideen und Fähigkeiten/Mitgestaltung • interessante Arbeitsfelder

Abb. 5.3   *Ausgewählte (Teil-)Leistungen und Ansprüche möglicher Anspruchsgruppen in der Destination (Quelle: Bär, S. (2006), S. 50ff.[320]; leicht verändert und ergänzt)*

---

[319]   Vgl. Dettmer, H./Eisenstein, B./Gruner, A. et al. (2005), S. 41.
[320]   Mit Bezug auf Wöhler, Kh. (1997), S. 35ff. und Bieger, T. (2002), S. 99ff.

5.2 Koordinationsnotwendigkeiten und Organisationsmodelle

Aus Sicht des Touristen handelt es sich bei dem Leistungsbündel des Zielgebietes um ein Produkt, welches zwar aus verschiedenen Teilleistungen zusammengesetzt, vom Nachfrager jedoch nicht nach den einzelnen Bestandteilen und Leistungserbringern differenziert, sondern in seiner Gesamtheit beurteilt wird; die Destination wird somit **als Ganzes** wahrgenommen.[321] Es ist offenkundig, dass hinsichtlich der Planung, Erstellung und Vermarktung die **Notwendigkeit der Koordination** der Einzelbestandteile besteht. Um das touristische Leistungsbündel des Zielgebietes am Markt erfolgreich platzieren zu können, müssen die folgenden drei zentralen Voraussetzungen erfüllt werden: [322]

– **Bereitstellung und Koordination des Leistungsprogramms**: Das Zielgebiet ist touristisch zu gestalten. Die touristische Inwertsetzung des Raumes erfolgt über die Entwicklung und Bereitstellung von Angeboten, die durch Kombination zur möglichst umfassenden Bedürfnisbefriedigung von definierten touristischen Zielgruppen beitragen. Durch Koordination der einzelnen Leistungsbestandteile und der bei der Erstellung beteiligten Unternehmen, Institutionen und Personen sind innerhalb des Zielgebietes Leistungsprogramme für die definierten Zielgruppen aufzubauen.

– **Kontinuierliche Anpassung des Leistungsprogramms**: Bei der Gestaltung der Leistungsprogramme muss sich das Zielgebiet an den Markt- und Wettbewerbsbedingungen orientieren und an den Bedürfnissen der gegenwärtigen Gästezielgruppen sowie der zukünftig möglichen Besucherpotenziale ausrichten. Aufgrund der Dynamik des touristischen Marktes müssen die Leistungsprogramme des Zielgebietes anpassungsfähig sein und mittels Leistungsinnovationen und auf Basis einer kontinuierlichen und konsequenten Markt-, Wettbewerbs- und Zielgruppenorientierung weiterentwickelt werden.

– **Kommunikation des Leistungsprogramms**: Die touristischen Zielgruppen müssen von der Existenz der vom Zielgebiet vorgehaltenen Leistungsprogramme Kenntnis haben und der Überzeugung sein, dass diese die jeweils vorliegenden Bedürfnisse befriedigen werden. Die Leistungsprogramme des Zielgebietes müssen gegenüber den Zielgruppen entsprechend kommuniziert werden, um touristische Nachfrage zu generieren.

Touristische Zielgebiete benötigen folglich eine Institution, die als **zentrale Koordinierungsstelle** für das vom touristischen Nachfrager als Einheit wahrgenommene Gesamtprodukt des Leistungsbündels fungiert[323] und zur Erfüllung der angeführten Erfolgsvoraussetzungen beiträgt.

---

[321] Vgl. Bieger, T./Beritelli, P. (2013), S. 54.
[322] Vgl. Wöhler, Kh. (1997), S. 18 (verändert und ergänzt).
[323] Siehe hierzu auch Kapitel 1.5.3 und 1.5.4.

Community-Modell   Corporate-Modell

Kontinuum

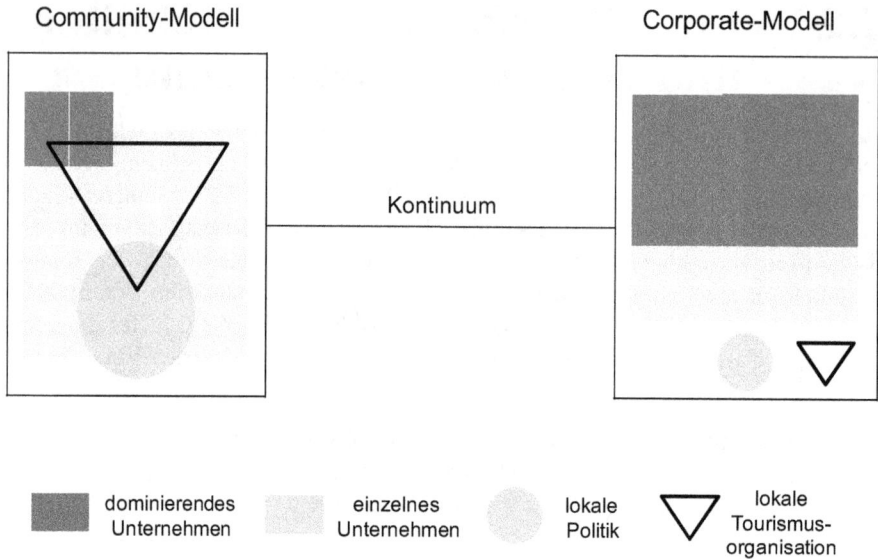

Abb. 5.4   *Community- und Corporate-Modell*   *(Quelle: Fischer, E. (2009), S. 70)[324]*

Die hierfür notwendigen **Organisationsstrukturen im Zielgebiet** können auf verschiedene Art und Weise ausgestaltet sein, wobei im Rahmen eines Kontinuums zwischen **Community-Ansatz**[325] und **Corporate-Ansatz** unterschieden werden kann (siehe Abb. 5.4).

Corporate-Ansatz

Für den **Corporate-Ansatz** ist kennzeichnend, dass sich die einzelnen Angebotselemente des Leistungsbündels im **Eigentum eines Unternehmens** oder Konzerns befinden und/oder vertragliche Verpflichtungen ergänzende Anbieter an das Unternehmen bzw. den Konzern binden. Die Koordination der Leistungsbestandteile wird über einen Unternehmensansatz realisiert. Als Beispiele können nordamerikanische Skigebiete herangezogen werden.[326] Übergeordnete Zielsetzung des Unternehmens ist die Erwirtschaftung wirtschaftlichen Profits,[327] der anhand von Unternehmenskennziffern gemessen werden kann. Durch den **zentralen Einfluss** des Unternehmens kann die Steuerung der Destination mit der Steuerung eines Konzerns verglichen werden.[328]

---

[324]   In Anlehnung an Flagestad, A./Hope, C.A. (2001), S. 452.
[325]   Zielgebiete, in denen auf den Community-Ansatz zur Koordination zurückgegriffen wird, werden als „traditionelle" Destinationen oder Zielgebiete bezeichnet (siehe z. B. Bieger, T. (2008), S. 179; Schieban, L. (2008), S. 35).
[326]   Vgl. z. B. Schieban, L. (2008), S. 21ff.
[327]   Vgl. Fischer, E. (2009), S. 71; Flagestad, A./Hope, C.A. (2001), S. 445ff.
[328]   Ebenda.

Auch Themen- und Freizeitparks,[329] große Ferienresorts, Ferienparks und Kreuzfahrt-schiffe[330] können auf eine zentrale Steuerung zur Koordination des Leistungsbündels zurückgreifen. Der Corporate-Ansatz hat den Vorteil, dass aufgrund von Weisungsbe-fugnissen und Durchgriffsrechten eine **umfassende Koordination** und Strategieim-plementierung zur touristischen Entwicklung des Zielgebiets erleichtert wird.

▪ Community-Ansatz

Im Gegensatz dazu steht der **Community-Ansatz**. Europäische Zielgebiete sind typi-scherweise nach diesem Ansatz organisiert. Hierbei wird das Leistungsbündel von einer **großen Anzahl rechtlich selbstständiger**, kleiner und mittlerer Unternehmen erstellt. In deren Interessenmittelpunkt steht primär die eigene Gewinnmaximierung mit der Folge, dass durch die Dominanz der einzelbetrieblichen Perspektive die Ko-ordination des gesamten Leistungsbündels der Destination erschwert wird.[331] Die Angebotsstrukturen sind ebenso über einen sehr langen Zeitraum historisch gewach-sen wie die Beziehungen zwischen privatwirtschaftlichen und öffentlichen Unterneh-men.[332] Diese Zielgebiete sind durch eine **Vielzahl unterschiedlicher Interessen** und durch **heterogene Strukturen** in Bezug auf die Eigentumsverhältnisse in der Destina-tion gekennzeichnet.[333] Es besteht keine dominierende Organisations- oder Unter-nehmenseinheit, die auf Basis mehrheitlicher Eigentumsverhältnisse zentrale Steue-rungsausgaben übernehmen kann.

Stattdessen werden die Aufgaben der Koordination der Einzelbestandteile zu Leis-tungsprogrammen und deren Kommunikation in der Regel auf eine Tourismusorgani-sation des Zielgebietes übertragen, deren Einflussmöglichkeiten aufgrund der **rechtli-chen Selbstständigkeit** vieler Leistungsträger beschränkt bleiben. Den Tourismus-organisationen stehen als Koordinationsinstanzen im Gegensatz zur Leitung eines privatrechtlichen Unternehmens keine klaren Regelungs- und umfassenden Wei-sungsbefugnisse gegenüber den einzelnen Teilproduzenten, die quasi als Abteilungen des Unternehmens *Destination* betrachtet werden können, zur Verfügung.[334] Zur Ko-ordination des Leistungsbündels müssen die Tourismusorganisationen deshalb vor allem auf **Maßnahmen der „weichen" Steuerung** zurückgreifen (siehe Abb. 5.5),

---

[329] Aufgrund der intensivierten Wettbewerbssituation haben verschiedene Themen- und Freizeitparks ihr Angebotsspektrum (z. B. durch Beherbergungsinfrastrukturen) erweitert. Mit den Zielen, die Aufenthaltsdauer zu erhöhen und zusätzliche Einnahmen aus Verpflegung, Beherbergung und Unterhaltung zu erwirtschaften, versuchen diese Parks, sich als Kurzurlaubsreiseziele zu positionieren (vgl. Steinecke, A. (2009), S. 82).

[330] Kreuzfahrtschiffe können für die Passagiere das eigentliche Reiseziel darstellen, auch wenn sie nicht der herkömmlichen (räumlich-geografischen) Vorstellung eines Zielgebietes entsprechen (vgl. Freyer, W. (2011), S. 271). Zumindest bei Hochseekreuzfahrten mit sehr großen Schiffen ist davon auszugehen, dass das Schiff auch das eigentliche Reiseziel/die eigentliche Destination für den Gast darstellt, da bei diesen Schiffen das Interesse der Teilnehmer insbesondere auf das Angebot der Attraktionen an Bord des Schiffes abzielt (vgl. Schulz, A. (2009), S. 151).

[331] Vgl. Dettmer, H./Eisenstein, B./Gruner, A. et al. (2005), S. 51ff. (Gefahr des Gefangenendilemmas); Larbig, C./Kämpf, R./Keller, F./Kozak, A. (2004) zitiert nach Peters, M./Schuckert, M./Weiermair, K. (2008), S. 309.

[332] Vgl. Fischer, E. (2009), S. 70.

[333] Vgl. Socher, K./Tschurtschenthaler, P. (2002), S. 167f.

[334] Vgl. Bieger, T./Beritelli, P. (2013), S. 89.

wobei in der Praxis informativ-kommunikative Aktivitäten von großer Bedeutung sind.[335] Die Handlungen und Aktivitäten der Tourismusorganisation werden durch die Ansprüche der beteiligten Akteure geprägt und stehen insbesondere unter starkem Einfluss der Politik, da die von privatwirtschaftlichen Unternehmen erstellten Bestandteile des Leistungsbündels der Destination durch öffentliche und öffentlich geförderte Produktbestandteile ergänzt werden müssen.[336] Entscheidungen zur touristischen Entwicklung des Zielgebietes basieren in der Regel auf **Kompromissen oder konsensualen Übereinkommen** zwischen den Beteiligten und werden auf dem Verhandlungsweg erzielt.

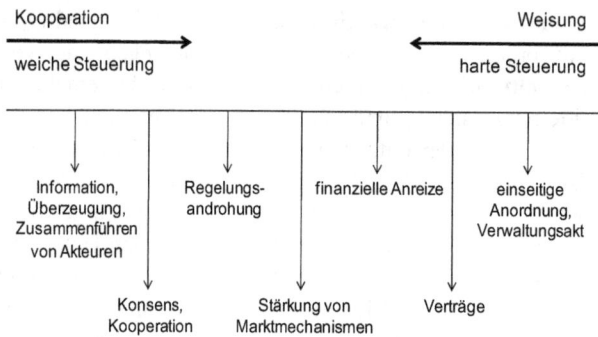

Kooperation   Weisung

weiche Steuerung   harte Steuerung

| Information, Überzeugung, Zusammenführen von Akteuren | Regelungsandrohung | finanzielle Anreize | einseitige Anordnung, Verwaltungsakt |

| Konsens, Kooperation | Stärkung von Marktmechanismen | Verträge |

Abb. 5.5   Steuerungsmedien (Quelle: Schuppert, G.F. (1989), S. 7)[337]

Die Koordination der einzelnen Leistungselemente durch die Tourismusorganisation mittels des **Community-Ansatzes** wird erschwert, da sich die an der Gesamtleistung beteiligten Unternehmen und Interessensgruppen teilweise in einem Spannungsfeld von Kooperation und Konkurrenz befinden. Die Kooperation der einzelnen Akteure stellt die Basis zur Erzielung einer möglichst hohen Wertschöpfung in der Destination dar; die Verteilung der erzielten Wertschöpfung kann jedoch zu einer Konkurrenzsituation zwischen den bei der Herstellung des Gesamtproduktes Beteiligten in der Destination führen.[338] Dies gilt insbesondere für Leistungsanbieter auf derselben Wertschöpfungsstufe,[339] kann aber auch auf Leistungsanbieter unterschiedlicher Wertschöpfungsstufen[340] zutreffen. Eine Situation, bei der die Beziehung zwischen Marktteilnehmern durch eine Gleichzeitigkeit von Kooperation und Konkurrenz charakterisiert ist, kann als Zustand der **Coopetition** bezeichnet werden.[341] Neben zahl-

---

[335]   Vgl. Dettmer, H./Eisenstein, B./Gruner, A. et al. (2005), S. 36.

[336]   Vgl. Bieger, T./Beritelli, P. (2013), S. 69f; Fischer, E. (2009), S. 70. Politische Anspruchsgruppen haben ein großes Interesse an der Einflussnahme auf die Tourismusorganisation und die touristische Entwicklung im Zielgebiet, „[zum] einen weil Teilleistungen des Tourismusproduktes durch öffentliche Gelder finanziert werden – so sind z. B. die Tourismusorganisationen in der Regel auf öffentliche Gelder angewiesen und Infrastruktureinrichtungen werden durch den öffentlichen Haushalt geschaffen und unterhalten – zum anderen weil der Tourismus positive und negative externe Effekte […] mit sich bringen kann." (Dettmer, H./Eisenstein, B./Gruner, A. et al. (2005), S. 41).

[337]   Zitiert nach Messner, D. (1995), S. 162.

[338]   Vgl. Becher, M. (2007), S. 20 mit Bezug auf Woratschek, H./Roth, S./Pastowski, S. (2003), S. 255ff.

[339]   Zum Beispiel Beherbergungsanbieter.

[340]   Zum Beispiel Beherbergungs-, Freizeitanbieter und Gastronomie.

[341]   Im Rahmen der Spieltheorie aus den englischen Begriffen cooperation und competition zusammengesetzter Begriff; siehe z. B. Brandenburger A.M./Nalebuff, B.J. (1996); Bengtsson, M./Kock, S. (2000); Jansen, S.A./Schleissing S. (2000); von Friedrichs Gränsjö, Y. (2003); Staber, U. (2007); Brandenburger A.M./Nalebuff, B.J. (2007). Seltener wird der deutsche Begriff **Kooperenz**

reichen weiteren Hemmschwellen[342] ist die Erzeugung eines ausgewogenen Verhältnisses von Konkurrenz und Kooperation innerhalb der Beziehungen der beteiligten
Akteure eine große Herausforderung im Rahmen der Weiterentwicklung der Destination.[343]

Bei der Steuerung über den **Community-Ansatz**, bei welchem auf Instrumente der
weichen Steuerung zurückgegriffen werden muss, ist der Koordinationsaufwand wesentlich höher bzw. sind die Einzelelemente des Leistungsbündels weniger aufeinander abgestimmt.[344] Auch gestalten sich die Definition gemeinsamer **Erfolgskriterien**
und deren Messung problematisch.[345] Durch die Einbindung verschiedener An-
spruchs- und Interessengruppen ist zwar eher damit zu rechnen, dass die verschiedenen Dimensionen der **Nachhaltigkeit** bei der touristischen Entwicklung Berücksichtigung finden, der Mangel der beteiligten Akteure in Bezug auf die Wahrnehmung
einer ganzheitlichen Perspektive kann jedoch die Implementierung einer gemeinsamen Strategie zur touristischen Weiterentwicklung des Zielgebietes erschweren oder
gar verhindern.[346]

Inwiefern es gelingt, eine zur Sicherung der Wettbewerbsfähigkeit der Destination
notwendige Strategie gemeinsam zu entwickeln und umzusetzen, hängt insbesondere
davon ab, ob die aus der großen Anzahl und der Heterogenität der Anbieter resultierende **Vielfalt der Partikularinteressen** und die damit in Zusammenhang stehende
Coopetition-Situation **zu einem Ausgleich** geführt werden, und ob die mit den traditionellen Strukturen verbundenen Tendenzen des Beharrungsvermögens und der Besitzstandswahrung überwunden werden können. Gleichwohl hat sich die Notwendigkeit der Koordination des von der Destination am Markt angebotenen Leistungsbündels aufgrund von veränderten Rahmenbedingungen im Wettbewerb der Destinationen verstärkt.

5.3 Wettbewerbsbedingungen im Wandel

Sowohl Veränderungen auf der Angebots- als auch auf der Nachfrageseite des Tourismusmarktes führen dazu, dass sich für viele Destinationen der **Wettbewerbsdruck**
spürbar erhöht. Im Zuge der **Globalisierung** hat sich auch der Markt der Destinationen gewandelt und die Destinationen stehen einer intensivierten Konkurrenzsituation
gegenüber. Dabei ist die Globalisierung der touristischen Märkte kein neuer Trend.
Für die touristische Nachfrage ist „das Entdecken neuer und entfernter Destinationen

---

(zusammengesetzt aus Kooperation und Konkurrenz) verwendet; siehe z. B. Woratschek, H./Roth,
S./Pastowski, S. (2003), S. 256 und Becher, M. (2007), S. 19.

[342] Zu den Hemmschwellen siehe Kapitel 5.6.
[343] Vgl. von Friedrichs Grängsjö (2003), S. 428; siehe hierzu auch Kapitel 5.6.
[344] Vgl. Fischer, E. (2009), S. 71.
[345] Vgl. Bieger, T. (2004), S. 97.
[346] Vgl. Fischer, E. (2009), S. 71.

ein der Urlaubsreise inhärentes Grundbedürfnis."[347] Durch steigenden Wohlstand bei breiten Bevölkerungsschichten und durch den Wegfall von Reisehindernissen (z. B. Erleichterungen im Zahlungsverkehr)[348] wurde die Erfüllung dieses Bedürfnisses vereinfacht.[349]

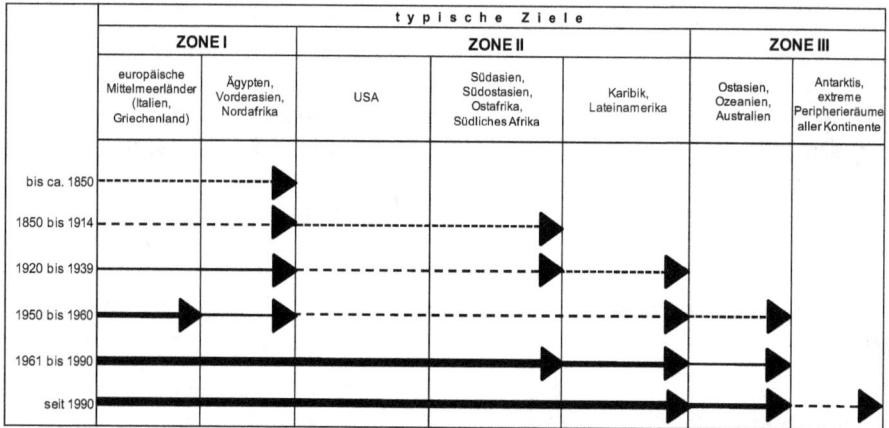

	typische Ziele						
	ZONE I		ZONE II			ZONE III	
	europäische Mittelmeerländer (Italien, Griechenland)	Ägypten, Vorderasien, Nordafrika	USA	Südasien, Südostasien, Ostafrika, Südliches Afrika	Karibik, Lateinamerika	Ostasien, Ozeanien, Australien	Antarktis, extreme Peripherieräume aller Kontinente
bis ca. 1850							
1850 bis 1914							
1920 bis 1939							
1950 bis 1960							
1961 bis 1990							
seit 1990							

Zoneneinteilung nach heutiger Erreichbarkeit

ZONE I   < 5 Flugstunden = Nahstreckenbereich

ZONE II   5–12 Flugstunden = Mittelstreckenbereich

ZONE III   > 12 Flugstunden = Langstreckenbereich

Intensität touristischer Erschließung

----- einzelne Pioniertouristen oberer Einkommensschichten

- - - wachsende Zahl nachahmender Pioniertouristen bzw. bereits größere Zahl von Individualtouristen höheren Einkommens

——— wachsender, z.T. organisierter Reiseverkehr oberer, zunehmend auch mittlerer Einkommensschichten

▬▬ punktuell beginnender Massentourismus mittlerer, zunehmend auch unterer Einkommensschichten

▬▬ linien-, z.T. flächenhafte Erschließung für den Massentourismus durch mittlere, zunehmend auch untere Einkommensschichten

Abb. 5.6   *Schema der raumzeitlichen Entfaltung des von Deutschland ausgehenden Tourismus seit ca. 1800 (Quelle: Becker, C./Job, H. (2000), S. 101)*

Zwar vollzog sich die Ausdehnung des Tourismus in der Vergangenheit langsamer, doch wurden bereits in den letzten Jahrzehnten **immer weitere Zielgebiete** erschlossen, die immer weiter von den Quellmärkten entfernt waren. Wie bereits Gormsen[350] am Beispiel von Großbritannien belegte, übernehmen Mitglieder der einkommensstarken Oberschicht die „Pionierfunktion bei der Erschließung neuer Zonen des Tourismus."[351] Becker/Job[352] veranschaulichen die raumzeitliche Entfaltung des von Deutschland ausgehenden Tourismus (siehe Abb. 5.6.). Hinsichtlich der in der Abbildung angeführten Zielgebietskategorie „Antarktis, externe Peripherieräume aller Kontinente" (Zone III) kann in Bezug auf die Intensität der touristischen Erschließung

---

[347] Tschurtschenthaler, P. (1999), S. 10.
[348] Vgl. Smeral, E. (2003), S. 82.
[349] Vgl. Bieger, T. (2010), S. 38.
[350] Vgl. Gormsen, E. (1983, S. 608ff).
[351] Schmude, J./Namberger, P. (2010), S. 22.
[352] Vgl. Becker, C./Job, H. (2000), S. 101.

mittlerweile ebenfalls ein „wachsender, z.T. organisierter Reiseverkehr oberer, zu-
nehmend auch mittlerer Einkommensschichten festgestellt werden". In Anbetracht der
Entwicklungstendenzen zum Weltraumtourismus kann das Schema zudem um eine
Zone IV „extraterrestrische Räume" erweitert werden.

Die **Dynamik der weltweiten Angebotsentwicklung** hat sich in der jüngeren Vergangenheit stark beschleunigt, so dass das Nachfragewachstum vergleichsweise hin-
terherhinkt.[353] Der touristische Markt hat sich vom **Verkäufer- zum Käufermarkt**
gewandelt. Wesentlichen Anteil an dieser Entwicklung haben Verbesserungen im
Luftverkehrswesen, die seit Mitte der 1980er-Jahre preisgünstigere Massentransporte
über große Distanzen hinweg ermöglichen.[354] Die durch den Wettbewerb und Überkapazitäten bei den Fluggesellschaften bedingten niedrigeren Flugpreise führten zur
Ausweitung der **Mobilitätsmöglichkeiten** der Nachfrager. Die Raumüberwindungs-
kosten zur Erreichung der Zielgebiete reduzierten sich und neue Destinationen konnten so zu massenmarktfähigen Preisen angeboten werden. Damit verloren die europäischen Destinationen gegenüber weiter entfernten Zielgebieten einen wesentlichen
Wettbewerbsvorteil: Bis dato sicherten die hohen Transportkosten, die für die Anreise
der Nachfrager von den europäischen Quellmärkten zu weiter entfernten Destinationen aufgewendet werden mussten, die traditionellen innereuropäischen Reiseziele vor
Nachfrageabwanderungen zu dieser Konkurrenz (*Distanzschutz*). Die Globalisierung
intensiviert somit den Wettbewerb um Marktanteile der klassischen Quellgebiete.

Einen weiteren Beitrag zur Globalisierung im Tourismus leisteten Entwicklungen im
Bereich der **Kommunikations- und Informationstechnologie**. Sie eröffneten (und
eröffnen weiterhin in Verbindung mit anderen Entwicklungen wie z. B. der weltweit
abnehmenden Visumverpflichtungen und der hieraus resultierenden Reisefreiheit[355])
den traditionellen Destinationen gleichzeitig eine vereinfache Zugänglichkeit zu weiteren Quellregionen und damit die Möglichkeit, neue Nachfragepotenziale zu er-
schließen. Es ergaben sich zudem neue Möglichkeiten der Produktion und Vermarktung touristischer Dienstleistungen[356] und touristische Anbieter konnten Effizienzzu-
wächse bei der unternehmensinternen Koordination und Kommunikation erzielen.
Der Informationsaustausch zwischen den Unternehmen wurde vereinfacht und neue
Distributionswege (z. B. Reservierungssysteme, Internet, interaktives TV) konnten
erschlossen werden.[357] Im Zusammenspiel mit dem weiteren Abbau von Handels-
hemmnissen führen Verbesserungen der Informations- und Kommunikationstechnologie zu einer **Reduktion der Transaktionskosten** beim weltweiten Güteraustausch
– auch in der Tourismusbranche. Die Folge ist eine Bedeutungsabnahme der räumlichen Distanz zwischen kooperierenden Unternehmen und zwischen den Standorten
von Angebot und Nachfrage (**Death of Distance**)[358].

---

[353] Vgl. Tschurtschenthaler, P. (1999), S. 11.
[354] Vgl. Bieger, T. (1998), S. 3.
[355] Vgl. Rein, H./Schuler, A. (2012), S. 7.
[356] Vgl. Pechlaner, H./Weiermair, K. (1999a), S. 81.
[357]   Vgl. Dettmer, H./Eisenstein, B./Gruner, A. et al. (2005), S. 22.
[358] Cairncross, F. (1997).

Der weltweite und branchenübergreifende Globalisierungsprozess erleichtert den Zugang zu tourismusrelevanten Produktionsfaktoren (z. B. Kapital, Personal, Technologien)[359] und führt dazu, dass die Wirtschaftsräume der Staaten international marktfähige Produkte entwickeln und anbieten müssen.[360] Zahlreiche Staaten setzen dabei auf den Tourismus und treten verstärkt oder mit neuen Destinationen am internationalen Markt auf. Weltweit kommt es zu Kapazitätsausweitungen und zu einem weiteren Ausbau der (touristischen) Infrastruktur.[361] Neben der Andersartigkeit bzw. der regionalen und kulturellen Neuheit weisen neu in den Markt eingetretene Destinationen z.T. weitere komparative Wettbewerbsvorteile gegenüber den traditionellen Destinationen auf – z. B. niedriges Lohnniveau und Kostenvorteile durch große Betriebseinheiten, Klimavorteile, hohes Prestige.[362]

Die Veränderungen der Rahmenbedingungen des touristischen Marktes betreffen nicht nur die Angebots-, sondern auch die **Nachfrageseite**. Da der Tourismus als gesellschaftliches Phänomen zu verstehen ist, spiegeln sich allgemein-gesellschaftliche Veränderungen im touristischen Konsumverhalten der Nachfrager wider. Die zahlreichen, mittlerweile stark ausdifferenzierten Lebensstile und die Heterogenität der Bedürfnisstrukturen prägen auch die Verhaltensweisen der touristischen Nachfrager. Das Stereotyp des *neuen* Touristen ist ein „hybrider, paradoxer und multioptionaler Konsument"[363], dessen Erlebnisorientierung als sein prägnantestes Kennzeichen gilt. Von überragender Bedeutung ist dabei die hohe **Reiseerfahrung** breiter Bevölkerungsschichten in den Hauptquellländern, die zu Veränderungen hinsichtlich der Reiseentscheidungsprozesse und der Anspruchsniveaus führt. Bei den Entscheidungsprozessen vermindert sich das von den Nachfragern empfundene Risiko bezüglich der Reisetätigkeit („Abbau von Reiserisikoperzeptionen […] aufgrund einer größeren Bereitheit"[364]). Die angebotenen Leistungsprogramme der Destinationen werden eingehender auf ihr Preis-Leistungs-Verhältnis und auf ihre konkreten Beiträge zur individuellen Bedürfnisbefriedigung geprüft. In Verbindung mit neuen Distributionswegen, die durch Fortschritte bei den Informations- und Kommunikationstechnologien ermöglicht wurden, führt die hohe Reiseerfahrung dazu, dass Reiseentscheidungen immer schneller, spontaner und kurzfristiger getroffen werden können. Darüber hinaus steigt aufgrund der hohen Reiseerfahrung die Akzeptanz kulturell andersartiger Destinationen. Das Sicherheitsbedürfnis in Bezug auf fremde Kulturen weicht dem Bedürfnis nach dem Erleben des Andersartigen. Der durch die bisher gesammelte Reiseerfahrung ausgelöste **Abbau der Risikoperzeption** führt zu einer Erweiterung des Suchfeldes – neue Destinationen rücken somit in den Fokus der Nachfrage. Zudem sind sich die reiseerfahrenen Nachfrager ihrer Marktmacht im touristischen Käufermarkt bewusst.[365]

---

[359] Vgl. Pechlaner, H./Weiermair, K. (1999a), S. 81.
[360] Vgl. Bieger, T. (1998), S. 3.
[361] Vgl. Bieger, T. (2005), S. 27.
[362] Vgl. Tschurtschenthaler, P. (1999), S. 10ff.
[363] Petermann, T./Wennrich, C. (1999), S. 55.
[364] Pechlaner, H./Weiermair, K. (1999a), S. 81.
[365] Vgl. Keller, P. (1999), S. 213; Bleile, G. (2000), S. 2.

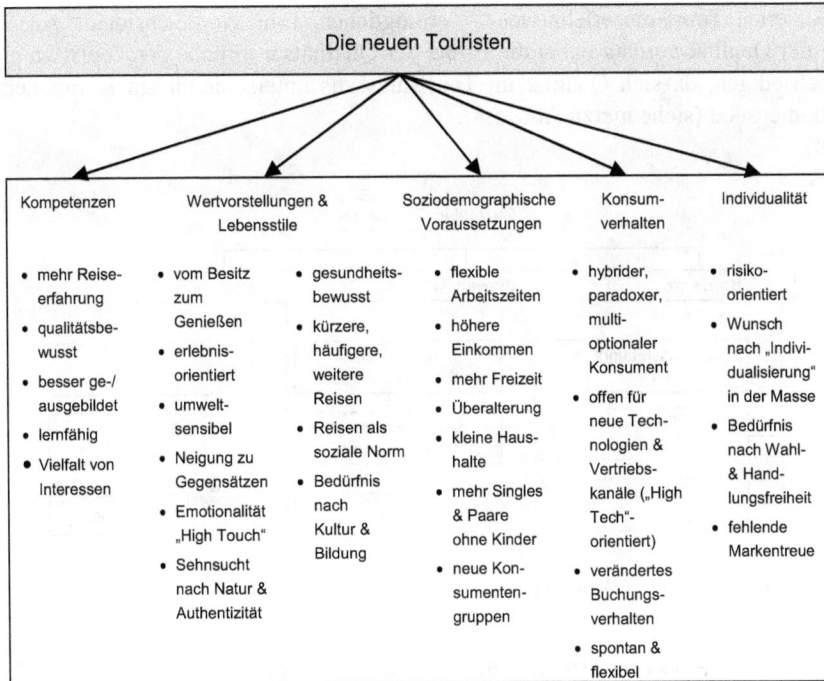

Die neuen Touristen				
Kompetenzen	**Wertvorstellungen & Lebensstile**	**Soziodemographische Voraussetzungen**	**Konsumverhalten**	**Individualität**
• mehr Reiseerfahrung • qualitätsbewusst • besser ge-/ausgebildet • lernfähig • Vielfalt von Interessen	• vom Besitz zum Genießen • erlebnisorientiert • umweltsensibel • Neigung zu Gegensätzen • Emotionalität „High Touch" • Sehnsucht nach Natur & Authentizität	• gesundheitsbewusst • kürzere, häufigere, weitere Reisen • Reisen als soziale Norm • Bedürfnis nach Kultur & Bildung	• flexible Arbeitszeiten • höhere Einkommen • mehr Freizeit • Überalterung • kleine Haushalte • mehr Singles & Paare ohne Kinder • neue Konsumentengruppen	• hybrider, paradoxer, multioptionaler Konsument • offen für neue Technologien & Vertriebskanäle („High Tech"-orientiert) • verändertes Buchungsverhalten • spontan & flexibel	• risikoorientiert • Wunsch nach „Individualisierung" in der Masse • Bedürfnis nach Wahl- & Handlungsfreiheit • fehlende Markentreue

Abb. 5.7   *Die neuen Touristen*   *(Quelle: Petermann, T./Wennrich, C. (1999), S. 55)*

Die bei den bislang getätigten Reisen erworbenen Erfahrungen bilden die Bemessungsgrundlage zur Beurteilung gegenwärtiger Angebote und Leistungen von Zielgebieten – und diese müssen sich an den erlebten Benchmarks messen lassen. Die touristische Nachfrage wird aufgrund dessen selbstbewusster und fordernder. Im touristischen Käufermarkt entsteht eine **Anspruchsinflation** in quantitativer und qualitativer Hinsicht. Der touristische Nachfrager erwartet von der Destination ein immer umfangreicheres Angebot, um seine komplexen und multioptionalen Bedürfnisse zu befriedigen (**quantitativer Aspekt der Anspruchsinflation**). Er möchte vor Ort spontan und individuell entscheiden können, wann welche aktiv-aufregenden und passiv-entspannenden Bestandteile aus dem angebotenen Leistungsprogramm von ihm genutzt werden; er fordert von der Destination ein umfangreiches Angebotsspektrum bei gleichzeitig vollständiger Wahlfreiheit.[366]

Neben diesen quantitativen Aspekt tritt die Erwartungshaltung, vom Zielgebiet ein möglichst optimal abgestimmtes, qualitativ hochwertiges Leistungsprogramm angeboten zu bekommen (**qualitativer Aspekt der Anspruchsinflation**). Die Kombination der einzelnen Elemente des Leistungsbündels der Destination soll dem Nachfrager bei erhöhten Qualitätsansprüchen einen umfassenden Konsum von „ganzheitlich

---

[366]   Vgl. Steinecke, A. (1997), S. 11.

produzierten Tourismuserlebnissen"[367] ermöglichen. Eine eindimensionale Ausrichtung der Qualität vermag dabei die Breite der Qualitätsansprüche der Touristen nicht zu befriedigen, da sich Qualität im Tourismus aus unterschiedlichen Komponenten zusammensetzt (siehe hierzu Abb. 5.8).

Abb. 5.8   *Struktur der Qualität im Tourismus*   *(Quelle: Müller, H. (2004), S. 35)[368]*

Durch angebots- und nachfrageseitige Veränderungen im Marktumfeld verlieren die ehemals komparativen Wettbewerbsvorteile innereuropäischer Destinationen wie z. B. Nähe, Sprache, kulturelle Vertrautheit und Existenz einer touristischen Basisinfrastruktur an Bedeutung. Die als Folge des Abbaus von internationalen Handelsbarrieren sowie der Entwicklungen im Transport- und Kommunikationswesen eintretende weltweite Ausweitung des Destinationsangebotes trifft auf eine reiseerfahrene Nachfrage, die über eine erhöhte Marktkenntnis verfügt und höhere Ansprüche als in der Vergangenheit geltend macht. Der Markt der Destinationen hat sich von einem Verkäufer- in einen Käufermarkt gewandelt, für dessen intensivierten Wettbewerb andere Spielregeln gelten. Dies verspüren insbesondere die traditionellen, durch klein- und mittelbetriebliche Strukturen geprägten Destinationen.[369]

5.4   Destinationsmanagement

Der durch die veränderten Rahmenbedingungen intensivierte Wettbewerb der Destinationen hat zu einer umfassenden Diskussion geführt, in deren Mittelpunkt die Frage steht, wie Destinationen den neuen Anforderungen gerecht werden können. Mit dem Konzept des **Destinationsmanagements** wird versucht, diese Frage zu beantworten.

Durch die Analyse der in traditionellen Destinationen bestehenden Strukturen wurden Defizite erkannt, denen im ehemals bestehenden Verkäufermarkt weniger Aufmerk-

---

[367]   Pechlaner, H./Weiermair, K. (1999a), S. 81.
[368]   In Anlehnung an Romeiss-Stracke, F. (1995), S. 20.
[369]   Vgl. z. B. Pikkemaat, B./Peters, M. (2006), S. 3.

samkeit geschenkt werden musste – die aber im nun vorliegenden Käufermarkt die **Wettbewerbsfähigkeit der Destination** einschränken. Hierzu zählen beispielsweise häufig die Dominanz des politischen Einflusses auf die Koordinations- und Vermarktungsstrukturen, die kleinteilige Struktur der Koordinations- und Vermarktungsinstanzen und die damit in Zusammenhang stehende Überorganisation durch die Vielzahl von Institutionen.[370] Hinzu kommt, dass in vielen Destinationen die Anbieterstruktur durch kleine und mittelgroße Betriebe geprägt ist.

Für die Koordination der durch eine Vielzahl von Akteuren bereitgestellten touristischen Leistungsbündel und die Vermarktung der *Leistungs-Markt-Bereiche*[371] sind **Tourismusorganisationen** zuständig. Den unterschiedlichen Destinationsgrößen entsprechen Tourismusorganisationen **unterschiedlicher Ebenen** – von lokalen über regionale bis hin zu nationalen Tourismusorganisationen. Dies ist zunächst durchaus sinnvoll, wenn durch jede Ebene unterschiedliche Zielgruppen angesprochen (oder unterschiedliche Quellmärkte durch verschiedene Produkte erschlossen) werden können.

Es birgt jedoch zugleich die **Gefahr der Ineffizienz**

– durch **Doppelarbeiten**,

– durch die Aufteilung der zur Verfügung stehenden Ressourcengesamtsumme auf eine **Vielzahl von** (auf der Nachfrageseite nur wenig bis nicht effektiven) **Einzeletats** („Streuverluste") und

– durch auf die Kompetenz- und Ressourcenverteilung bezogenen **Auseinandersetzungen zwischen den Institutionen**.

Zur Sicherstellung des **effizienten Mitteleinsatzes** ergeben sich hieraus **zwei zentrale Anforderungen**, die im Rahmen der Zusammenarbeit der Tourismusorganisationen der unterschiedlichen Ebenen zu erfüllen sind:

– eine an den anzusprechenden Marktsegmenten orientierte, verbindlich akzeptierte **Koordination der Zuständigkeiten**[372] und

– eine **kompetenzorientierte Ressourcenverteilung**.

Die in Kapitel 5.3 dargestellten Veränderungen bei den Wettbewerbsbedingungen offenbaren verstärkt die bereits vorher latent vorhandenen Schwächen vieler kleiner Tourismusorganisationen (insbesondere auf der lokalen Ebene): Die Vielzahl kleiner Organisationseinheiten, die zudem häufig über eine nicht ausreichende Ressourcenausstattung für eine professionelle Marktbearbeitung verfügen, führt in Verbindung

---

[370] Vgl. z. B. in Bezug auf die Strukturen in Deutschland: Bleile, G. (2001), S. 3ff. sowie Bleile, G. (2000), S. 3ff.

[371] Vgl. Müller, H./Stettler, J. (1993), S. 57; hier im Sinne der Strategischen Geschäftsfelder bzw. Themen-Zielgruppenkombinationen.

[372] Hierbei ist zwingend zu prüfen, inwiefern und in welcher Intensität eine Coopetition-Situation vorliegt; zu Coopetition siehe 5.2.

mit Kommunikations- und Kooperationsdefiziten zu **hohen Streuverlusten** des in der Summe doch beträchtlichen Volumens der eingesetzten Marketingmittel. Als Folgen resultieren eine **mangelhafte Außendarstellung** und eine **unzureichende Wahrnehmung** der entsprechenden Tourismusorte und Zielgebiete durch die touristische Nachfrage.

Nicht zuletzt auch aufgrund von Problemen der öffentlichen Finanzhaushalte wird in den letzten Jahren vermehrt eine **Aufgabenverlagerung** von der lokalen auf die regionale Ebene der Tourismusorganisationen diskutiert und teilweise auch umgesetzt. Auch ist es durchaus möglich, dass eine Tourismusorganisation mehrere Destinationen vermarktet, wobei sich Beschränkungen aus der Überschaubarkeit der Angebotsstrukturen und aus den Grenzen der Identifikation der Bevölkerung ergeben können. Zahlreiche Initiativen zur **interkommunalen Kooperation** belegen den Handlungsdruck, der durch Verdrängungswettbewerb, Anspruchsinflation und den daraus resultierenden Professionalisierungsnotwendigkeiten entsteht. Durch die **Bündelung von finanziellen Mitteln und Angebotspotenzialen** wird nicht nur ein besser koordiniertes und damit effizienteres **Marketing** angesteuert, sondern auch eine leichtere Rekrutierung von **qualifiziertem Personal** ermöglicht. Weitere hierbei angestrebte Ziele können eine erhöhte **Managementkapazität**, ein verbessertes **Innovationspotenzial** sowie die Realisierung umfassenderer **Dienstleistungsketten** und die Implementierung wirkungsvollerer **Qualitätsmanagementsysteme** sein.[373]

Das **moderne Destinationsmanagement** widmet sich deshalb dem **Aufbau von leistungsfähigen Strukturen**, mit denen innerhalb der Destination eine am Markt Erfolg versprechende Strategie durchgesetzt werden kann.[374]

Zu den **zentralen Charakteristika** des Destinationsmanagements gehören:

– eine verstärkte **Nachfrageorientierung**, die als Reaktion auf den Übertritt in den Käufermarkt notwendig ist;[375]

– eine intensivierte **Prozessorientierung**, die zu einer die Qualität des Gesamtproduktes *Destination* fördernden Koordination der Einzelbestandteile führen soll; das Leistungsbündel der Destination wird dabei als Dienstleistungskette[376] (siehe Abb. 5.9) verstanden und von einem Netzwerk von Produzenten erstellt;[377]

---

[373]   Vgl. Dettmer, H./Eisenstein, B./Gruner, A. et al. (2005), S. 34; in Anlehnung an Arbeitsgruppe „Neue Strukturen im Schweizer Tourismus" des Verbandes Schweizer Tourismusdirektoren et al. (1998), S. 25f.

[374]   Vgl. Pechlaner, H./Weiermair, K. (1999b), S. 3.

[375]   „Nicht mehr geografisch, institutionell oder traditionell gewachsene Produktabgrenzung stehen im Vordergrund sondern die vom Konsumenten im jeweiligen Geschäftsfeld definierten Aufenthalts- und Bezugsräume." Bieger, T./Beritelli, P. (2013), S. 63.

[376]   Das Leistungsbündel kann auch als *Wertefächer* verstanden werden. Siehe hierzu z. B. Fischer, E. (2009), S. 80ff. mit Bezug auf Flagestad, A./Hope, C.A. (2001), S. 454ff.

[377]   „im Gegensatz zur veralteten Branchenorientierung…" stehen nicht mehr „…Hoteliers, Bergbahnen oder Restaurants .. im Vordergrund sondern die Leistungsprozesse und Dienstleistungsketten für die jeweiligen Gästesegmente." Bieger, T./Beritelli, P. (2013), S. 63.

vorher	vor Ort	nachher

Informa- tion/ Reser- vation	Reise	Info vor Ort	Verpfle- gung	Beher- bergung	Trans- port	Aktivität/ Anima- tion	Unter- haltung	Abreise	Nachbe- treuung
Tourist- Informa- tion andere Betriebe	Bus Bahn Flugzeug Privatauto	Tourist- Information andere Betriebe	Restaurants Hotels Snack-Bars	Hotel Ferienwohnung Jugendher- berge Ferienheim Camping	Bergbahnen Schifffahrt Bus	Skilift Sportcenter	Bars Diskotheken Theater Kino	Bus Bahn Flugzeug Privatauto	alle Betriebe

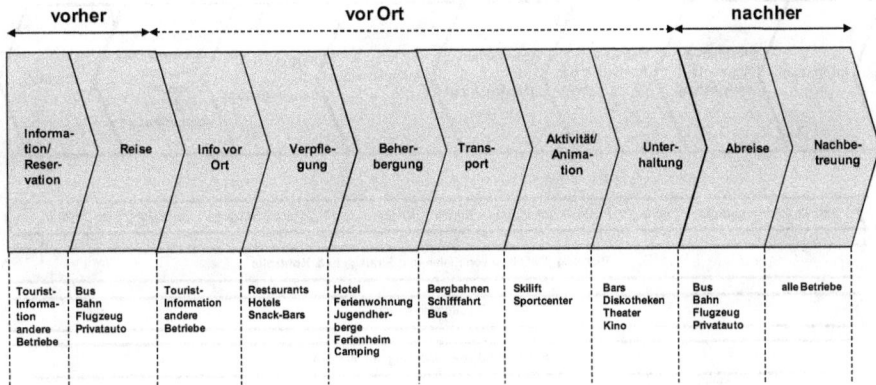

Abb. 5.9   *Dienstleistungskette im Tourismus*   *(Quelle: Müller, H. (2008), S. 140)*

- die besondere **Rolle der Tourismusorganisation**, die als destinationsübergreifende und grundlegende Aufgaben die Planungsfunktion (Strategie- und Entwicklungs-funktion), die Koordinationsfunktion und die Marketingfunktion zu erfüllen hat.[378] (als exemplarischen Überblick zu den Aufgaben und Funktionen der Tourismus-organisation siehe Abb. 5.10).

Besonders in Destinationen, die sich am Community-Ansatz orientieren, fällt der Tourismusorganisation eine außerordentliche Bedeutung zu. Pechlaner[379] bezeichnet diese herausgehobene Rolle der **Tourismusorganisation als „quasi-konstitutives Element"** des Destinationsmanagements.

---

[378] Vgl. Pechlaner, H. (2003), S. 6.
[379] Ebenda.

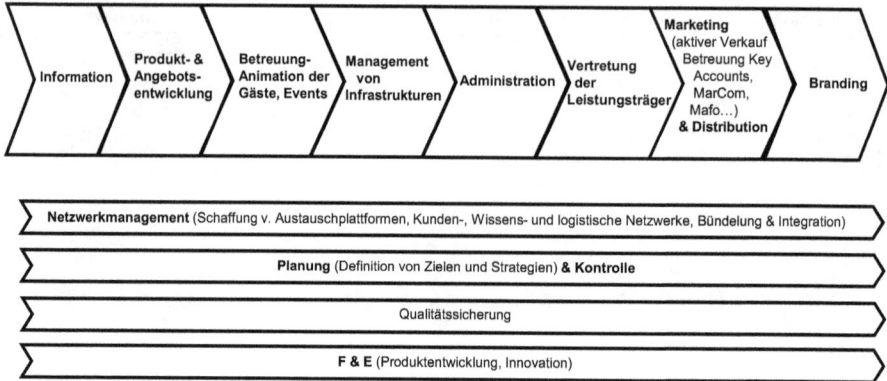

Abb. 5.10   *Aufgaben und Funktionen einer Tourismusorganisation*
                 (Quelle: Pechlaner, H./Abfalter, D. (1998), S. 137)[380]

Das Konzept des Destinationsmanagements ist damit als eine Antwort auf die veränderten Wettbewerbsbedingungen und die damit verbundenen Herausforderungen zu verstehen.

Im folgenden Kapitel soll aufgezeigt werden, welche **Ressourcen und Produktionsfaktoren** den Tourismusorganisationen zur Bewältigung der Herausforderungen und dem Destinationsmanagement zur Herstellung und Vermarktung des Leistungsbündels zur Verfügung stehen können.

5.5   Elemente des Leistungsbündels – Produktionsfaktoren der Destination

Einen ersten Ansatz, um einen Überblick zu den einzelnen Komponenten des Leistungsbündels zu erhalten, kann die Einteilung der in der Destination vorhandenen Faktoren in die folgenden vier Angebotsbereiche darstellen:[381]

– **natürliche Gegebenheiten**;
– **infrastrukturelle Grundausstattung**;
– **touristische Infrastruktur sowie Unterhaltung** und
– **Humanpotenzial**.

---

[380] Zitiert nach Pechlaner, H. (2003), S. 6.
[381] Vgl. Steingrube, W. (2004a), S. 444f., wobei kein Anspruch auf Überschneidungsfreiheit der Kategorien erhoben wird.

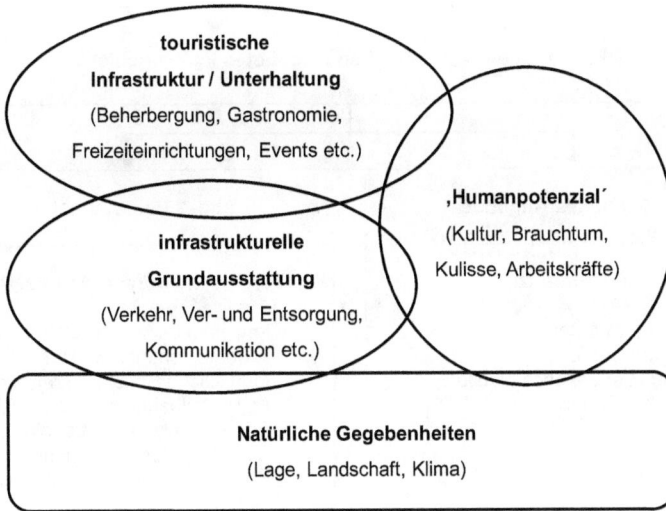

Abb. 5.11   *Angebotsbestandteile des Zielgebietes*   *(Quelle: Steingrube, W. (2004a), S. 446)*

Die Einteilung des touristischen Angebotes erfolgt nach wie vor häufig, indem auf die Kategorisierung in *ursprüngliches* und *abgeleitetes* Angebot (mit den dazugehörigen Unterteilungsmöglichkeiten) zurückgegriffen wird.[382] Zum **ursprünglichen Angebot** zählen alle Angebotselemente, die zwar keinen direkten Bezug zum Tourismus haben, aber durch ihre Anziehungskraft auf die Touristen zum Angebotsbestandteil des touristischen Zielgebietes werden. Unter dem **abgeleiteten Angebot** hingegen werden die Angebotselemente des Zielgebietes verstanden, die eigens zur Befriedigung der Bedürfnisse der touristischen Nachfrage aufgebaut und unterhalten werden. Abb. 5.12 zeigt die weitere Differenzierung der Angebotselemente innerhalb dieser beiden Kategorien auf.

---

[382] Siehe z. B. Lehmann, M./Heinemann, A. (2009), S. 91; Freyer, W. (2011), S. 260; Berg, W. (2008), S. 95; Schieban, L. (2008), S. 3; Scheurer, R. (2003), S. 40. Dabei wird in der Regel auf Krippendorf, J. (z. B. 1980, S. 22) oder Kaspar, C. (z. B. 1991, S. 63ff.; 1998, S. 29ff oder Kaspar, C./Kunz, B.R. (1982), S. 35) Bezug genommen. Auch Luft, H. (2007, S. 27ff.) greift auf diese Differenzierung zurück, ergänzt sie jedoch um die Kategorie der „standortfördernden touristischen Angebotsfaktoren", zu der er „verkehrsbeschränkende Maßnahmen", ein „aufenthaltsbegünstigendes Siedlungsgefüge" und eine „morphologische Harmonie im örtlichen Aufrissbild" zählt.

Elemente des touristischen Angebotes im Zielgebiet	
ursprüngliches Angebot	**abgeleitetes Angebot**

▶ **natürliche Faktoren**; z. B.
 	
  - Klima und Wetter
  - Geografische Lage
  - Topografie; Landschaftsbild
  - Flora und Fauna
	▶ **touristische Infrastruktur**; z. B.
	
	  - tourismusbedingter Ausbau der allgemeinen Infrastruktur
	  - touristische Spezialverkehrsmittel (z. B. Seilbahnen, Skilifte etc.)
	  - Sport- und Unterhaltungsinfrastruktur (z. B. Wanderwege, Skipisten, Kurpromenaden, Sportstätten)
	  - kurörtliche Einrichtungen und Einrichtungen zum Gesundheits-/ Wellnesstourismus
	  - Kongress- und Tagungszentren
	  - Tourist Information und Tourismusorganisationen

▶ **menschliche Faktoren/Kultur**; z. B.
 	
  - Mentalität und Gastfreundschaft
  - Brauchtum, Sitte, Tradition, Sprache
  - religiöse, historische Bauten
	▶ **touristische Suprastruktur**; z. B.
	
	  - Beherbergungsbetriebe
	  - Gastronomie/Verpflegungsbetriebe

▶ **allgemeine (Basis-)Infrastruktur**; z. B.
  - allgemeine Verkehrsanlagen
  - Ver- und Entsorgungsinfrastruktur
  - Kommunikationsinfrastruktur
	▶ **touristische Events**; z. B.
	
	  - Kulturevents
	  - Sportevents
	  - Kongresse und Tagungen

Abb. 5.12   *Differenzierung der Angebotsbestandteile des Zielgebietes nach ursprünglichen und abgeleiteten Elementen   (Quelle: eigene Darstellung in Anlehnung an Freyer, W. (2011), S. 260)[383]*

Aufgrund verschiedener Kritikpunkte schlägt Mundt[384] statt einer Einteilung unter Verwendung der Begriffe *ursprünglich* und *abgeleitet* eine Kategorisierung nach touristischen **Attraktionsarten** vor (siehe Abb. 5.13).

---

[383] Elemente und Einteilung vgl. Müller, H. (2008), S. 135ff.; Kaspar, C. (1998), S. 29f.; Freyer, W. (2011), S. 260.

[384] Vgl. Mundt, J.W. (2013), S. 327ff. Er kritisiert, dass die bei dieser Kategorisierung verwendeten Begriffe *ursprünglich* und *abgeleitet* dazu führen können, dass eine zeitliche Abfolge der Angebotsentstehung impliziert wird. Als weiterer Kritikpunkt wird angeführt, dass die Unterscheidung in touristische Infra- und Suprastruktur nicht trennscharf sei.

natürliche Attraktionen, Landschaften & Landschafts-elemente	von Menschen gemacht, ohne die anfängliche Intention, Touristen anzuziehen	von Menschen gemacht, mit der Intention, Touristen anzuziehen	Veranstaltungen
- Strände - Höhlen - Felswände - Flüsse und Seen - Wälder	- Kirchen und Kathedralen - herrschaftliche Anwesen, historische Gebäude - archäologische Ausgrabungs-stätten und frühzeitliche Monumente - historische Gärten - Industrie-denkmäler - Stauseen	- Clubanlagen - Heilbäder - Unterhaltungs-komplexe - Museen und Galerien - Freiluftmuseen - Spielkasinos - Picknick-einrichtungen - Vergnügungsparks - Themenparks - Safari Parks - Markenwelten - Messegelände	- Sport-veranstaltungen - Kunstfestivals - Märkte und Messen - Folklore-veranstaltungen - historische Feste - religiöse Feste

Abb. 5.13 *Kategorien von touristischen Attraktionen*
(Quelle: Mundt, J.W. (2013), S. 329; leicht verändert)[385]

Aus betriebswirtschaftlicher Perspektive kann das Zielgebiet als **Produktionssystem** betrachtet werden, dass ein Produkt zur Bedürfnisbefriedigung des Touristen liefert. Der Prozess der Leistungserstellung wird durch die Kombination verschiedener **Input- und Produktionsfaktoren des Zielgebietes** erklärt. Folgt man dieser Sichtweise,[386] lassen sich ebenfalls vier Teilbereiche differenzieren (siehe Abb. 5.14):[387] Kernelemente und Attraktionen, unterstützende Faktoren und Ressourcen, qualifizierende und verstärkende Determinanten sowie Managementressourcen.

---

[385] In Anlehnung an Swarbrooke, J. (1995), S. 5.
[386] Die Sichtweise erfolgt hier nach Crouch, G.I./Ritchie, J.R.B. (1999).
[387] Vgl. zu dieser Kategorisierung Ritchie, J.R.B./Crouch, G.I. (2003), S. 63ff. und S.110ff.; Fischer, E. (2009), S. 74ff. und S. 140ff.; Crouch, G.I./Ritchie, J.R.B. (1999) S. 146ff.; Ritchie, J.R.B./Crouch, G.I. (2000), S. 1ff.; Crouch, G.I. (2006), S. 1ff. Die Ausführungen zu den einzelnen Kategorien entstammen ebenfalls aus diesen Quellen, wurden jedoch ergänzt.

Kernelemente & Attraktionen	unterstützende Faktoren	qualifizierende Determinanten	Management-ressourcen
- natürliche Ressourcen - kulturelle und historische Ressourcen - touristische Suprastruktur - Aktivitäts-möglichkeiten inkl. Veranstaltungen/ Events und Entertainment - marktrelevantes Beziehungs-gefüge	- Human- und Wissensbestände (inkl. Aus-, Weiter-bildungs- und Forschungs-institutionen) - Kapitalbestände/ Finanzressourcen - Unternehmertum und Unternemens-gründungen - politischer Gestaltungswille (inkl. öffentliche Dienstleistungen und Verwaltung) - allgemeine Infrastruktur	- Standort - Preisniveau - Sicherheitslage - Bekanntheitsgrad und Image - ökologische und soziokulturelle Belastungsgrenzen - Größe der regionalen Wirtschaft - Abhängigkeiten von anderen Zielgebieten	- Werte und Traditionen - Leadership - Stärkung der Kooperation und Aufbau eines Commitments der Akteure - Planung, Organisation, Umsetzung, Steuerung und Kontrolle von destinations-übergreifenden Aktivitäten

Abb. 5.14   *Input- und Produktionsfaktoren des touristischen Zielgebietes*
(Quelle: verschiedene Quellen insbesondere von Ritchie, J.R.B./Crouch, G.I.; verändert und ergänzt)[388]

▦ Kernelemente und Attraktionen

Diese Faktoren sind durch ihren **primären Einfluss** auf die Attraktivität des Zielgebietes gekennzeichnet. Sie sind der eigentliche Grund für die Auswahl der Destination
durch den Nachfrager. Gleichzeitig sind sie jedoch durch das Management des Zielgebietes nur zum Teil gestaltbar. Zu dieser Kategorie zählen:

– die **natürlichen Ressourcen** des Zielgebietes wie Topographie, Landschaft, Klima,
  Flora und Fauna sowie die diesbezüglichen ästhetisch-optischen Eigenschaften;[389]

– die **kulturellen und historischen Ressourcen**. Diese umfassen sowohl die tangib-
  len (greifbaren) Elemente wie z. B. Architektur und Ortsbilder als auch intangible
  Elemente wie die Geschichte, die Traditionen und Bräuche, die Religion, die Sprache, die Kunststile (in Musik und Literatur etc.) und das Kunsthandwerk oder auch
  die Esskultur etc.;

– die **touristische Suprastruktur**, der das Beherbergungsangebot, die Gastronomie,
  die touristischen Transportmöglichkeiten, die touristische Attraktionsinfrastruk-

---

[388]   Ritchie, J.R.B./Crouch, G.I. (2003), S. 63ff. und S.110ff.; Fischer, E. (2009), S. 74ff. und 140ff.;
        Crouch, G.I./Ritchie, J.R.B. (1999) S. 146ff.; Ritchie, J.R.B./Crouch, G.I. (2000), S. 1ff.; Crouch, G.I.
        (2006), S. 1ff.;
[389]   Zur Bedeutung des ökologisches Potenzials als strategischer Erfolgsfaktor für das touristische
        Zielgebiet siehe Kapitel 2.3.1.

tur,[390] aber auch Kongresszentren sowie der zusätzliche und tourismusbedingte Ausbau der allgemeinen Infrastruktur zugeordnet werden. Sie umfasst die Angebotsbestandteile, die speziell zur touristischen Bedürfnisbefriedigung auf- oder ausgebaut werden;

- die **Aktivitätsmöglichkeiten**, die das Zielgebiet für den Touristen vorhält, um Erlebnisse zu stimulieren und positive Erinnerungen zu erzeugen. Für die jeweilige Zielgruppe, die vom Zielgebiet als Marktsegment angesprochen wird, sollten vielfältige Optionen an Aktivitäten offeriert werden (zielgruppenspezifische Multioptionalität), die Angebote sollten möglichst spontan nutzbar sein und in Bezug zu den natürlichen und kulturellen Faktoren des Zielgebietes stehen. Den Aktivitätsmöglichkeiten können als gestaltbare Angebotselemente des Zielgebietes ebenso Sportangebote (z. B. Wandern, Radfahren, Wasser- und Wintersport etc.) wie das Angebot von Veranstaltungen/Events sowie kulturelle und weitere Unterhaltungsangebote zugeordnet werden;

- das marktrelevante **Beziehungsgefüge**, welches nicht nur die kommerziellen und organisationalen Beziehungen umfasst (z. B. zwischen Unternehmen oder Verwaltungsstrukturen), sondern auch die persönlichen Beziehungen der Einwohner des Zielgebietes (z. B. im Hinblick auf Besuche von Verwandten, Freunden und Bekannten).

Auf die touristische Suprastruktur und den Mix an Aktivitätsangeboten kann das **Management der Destination** umfassenden **Einfluss** ausüben. Auch das marktrelevante Beziehungsgefüge ist zumindest teilweise gestaltbar (Aufbau, Pflege oder Unter-stützung von Beziehungen), wohingegen dem Gestaltungspielraum in Bezug auf die kulturellen und historischen Bestände enge und auf die natürlichen Bestände sehr enge Grenzen gesteckt sind.

▪ Unterstützende Faktoren und Ressourcen

Im Gegensatz zur ersten Faktorenkategorie haben die Elemente dieser Kategorie einen **sekundären Einfluss** auf die Attraktivität des Zielgebietes für die touristische Nachfrage. Da die unterstützenden Faktoren und Ressourcen jedoch die unternehmerische Grundlage bilden, hängt die Entwicklung der Destination stark von der Ausstattung mit diesen Faktoren und Ressourcen ab.

Einer touristischen Region, die über attraktive Kernelemente verfügt, gleichzeitig aber nicht ausreichend unterstützende Faktoren und Ressourcen vorhalten kann, dürfte es sehr schwer fallen, im Wettbewerb mit Konkurrenzzielgebieten zu einer erfolgreichen touristischen (Weiter-)Entwicklung zu gelangen.[391] Zu den unterstützenden Faktoren und Ressourcen zählen:

---

[390] Hier im Sinne von Infrastruktureinrichtungen, die von Menschen mit der Intention geplant, aufgebaut und fortgeführt werden, Touristen anzuziehen. Siehe hierzu Abb. 5.13.

[391] Vgl. Crouch, G.I. (2006), S. 6.

– die **Human- und Wissensbestände**, die der Destination zur Verfügung stehen. Ein hoher Anteil des Leistungsbündels besteht aus persönlichen Dienstleistungen, die in unmittelbarem Kontakt mit den Gästen (Uno-Actu-Prinzip) oder in deren Anwesenheit geleistet werden. Diese Bestandteile des Leistungsbündels haben direkten Einfluss auf die durch den Gast wahrgenommene Qualität,[392] wobei die veränderten Wettbewerbsbedingungen zu einer weiteren Bedeutungssteigerung der Interaktionsprozesse führen.[393] Zudem muss beachtet werden, dass touristische Unternehmen beim Kunden nahezu ausschließlich über die Optimierung des Interaktionsprozesses (z. B. durch umfassende Integration der Kundenwünsche, Entwicklung von Problemlösungen, Schaffung von Erlebnissen) Nutzenwerte schaffen[394] und die veränderten Ansprüche der Nachfrage sowie die Entwicklung neuer Technologien zu einer Komplexitätserhöhung der touristischen Dienstleistung beitragen.[395] Infolgedessen ist die in der Destination vorhandene Verfügbarkeit qualifizierten Personals mit entsprechenden Fähigkeiten und hoher Motivation als sehr wichtiger Faktor zu betrachten, um im Wettbewerb bestehen zu können. Die Aus-, Weiterbildungs- und Forschungsinstitutionen, auf die die Destination zurückgreifen kann, werden hier ebenso dem Human- und Wissensbestand zugeordnet. Sie ermöglichen eine Professionalisierung, die marktadäquate Ausbildung sowie die kontinuierliche Weiterbildung der touristischen Akteure der Destination und tragen auf diese Weise zum Anstieg der Wissens- und Managementbestände bei. Forschungsinstitutionen können zudem einen direkten Beitrag zur Innovationsfähigkeit der Destination leisten;

– die **Kapitalbestände** bzw. finanziellen Ressourcen, die für den Ausbau und den Unterhalt der touristischen Suprastruktur im Zielgebiet zur Verfügung stehen. In vielen Destinationen ist die Struktur der Anbieter durch eine große Anzahl von kleinen und mittelgroßen Betrieben geprägt, so dass die finanziellen Möglichkeiten nicht nur vom Kapitalmarkt und der Situation der öffentlichen Haushalte, sondern auch vom persönlichen Vermögen und von der Investitionsneigung der örtlichen (Klein- und Kleinst-)Unternehmer abhängen;

– das Ausmaß an **Unternehmertum/Unternehmensgeist** sowie die Initiative zu Unternehmensgründungen in der Destination;

– der politische **Gestaltungswille** zur touristischen Entwicklung des Zielgebietes und das Ausmaß der hieraus resultierenden **öffentlichen Dienstleistungen und Verwaltungsressourcen**;

– die **allgemeine Infrastruktur** z. B. Verkehrsanbindung zur Erreichbarkeit (über Schiene, Straße, Luft etc.), örtliche Transportmöglichkeiten, Ver- und Entsorgungs- sowie Kommunikationseinrichtungen etc.

---

[392] Vgl. z. B. Kohl, M. (1998), S. 30.; Bieger, T. (1997), S. 188.
[393] Vgl. Eckhoff, M. (2007), S. 65f.
[394] Vgl. Bieger, T./Laesser, C. (2004), S. 77.
[395] Vgl. Weiermair, K. (1998), S. 12; Tschurtschenthaler, P. (2004), S. 107f.; Weiermair, K. (1996), S. 245ff.

■ Qualifizierende und verstärkende Determinanten

Bei den Elementen dieser dritten Faktorenkategorie handelt es sich um **situationale Rahmenbedingungen**, die wesentlichen Einfluss auf die Möglichkeiten und Grenzen der touristischen Entwicklung im Zielgebiet haben. Sie können die Wirkung der anderen drei Faktorenkategorien wesentlich einschränken und sind größtenteils nicht oder nur sehr bedingt durch die Akteure der Tourismusbranche gestaltbar. Zu diesen Elementen zählen:

– der **Standort**, der in enger Beziehung zur Erreichbarkeit der Destination steht;

– der **Bekanntheitsgrad** und das **Image** des Standortes. Die Bandbreite der Informationsquellen und der Informationen über einen Standort und seine Bewohner ist mittlerweile so groß, dass große Teile außerhalb des Einflussbereiches von touristischen Organisationen und Unternehmen liegen.

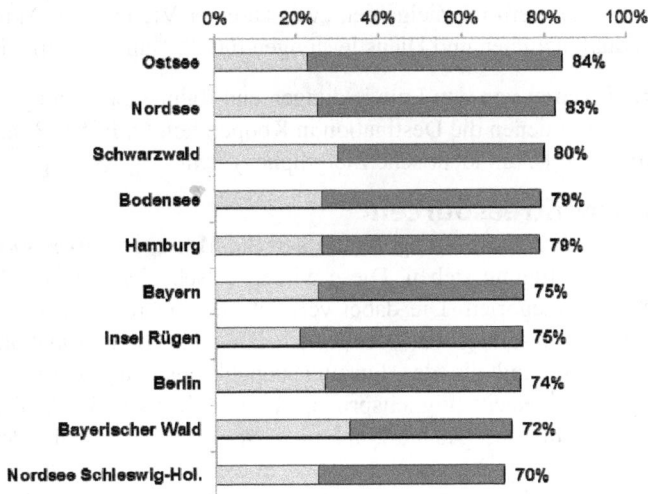

Abb. 5.15   *Top 10 der sympathischsten Reiseziele in Deutschland[396]*   *(Quelle: IMT (Hrsg.) (2013))*

Trotz umfangreicher Bemühungen zur Steigerung des Bekanntheitsgrades und zum Aufbau eines positiven Images als Destination im Rahmen des touristischen Marketing bleibt der hierdurch entfaltete Einfluss auf den Bekanntheitsgrad und das gesamte Standortimage häufig relativ gering. Um so wichtiger ist es, die für das touristische Marketing zur Verfügung stehenden personellen und finanziellen Res-

---

[396]   Top-Two Boxes-Prozentangabe („sehr sympathisch" und „eher sympathisch" auf einer 5-stufigen-Skala) auf Basis der repräsentierten Bevölkerung. Erhebung in 2012; repräsentativ für die deutschsprachige Bevölkerung im Alter von 14 bis 74 Jahren in Deutschland; Fallzahl je Destination 1.000.

sourcen koordiniert für die touristische Positionierung und die Markenbildung bei klar definierten Zielgruppen der touristischen Nachfrage einzusetzen. Die Herausforderung ist dabei, durch den Aufbau von Bekanntheit und Sympathie auf die Besuchsbereitschaft potenzieller Nachfrager einzuwirken – unter Beachtung folgender Aspekte:

– das **Preisniveau**; in Abhängigkeit von den Transportkosten zur Erreichung der Destination aus den relevanten Nachfragerstandorten, von den (Lebenshaltungs-) Kosten während des Aufenthaltes in der Destination und ggf. von den Wechselkursbedingungen;

– die **Sicherheitslage**, z. B. Kriminalitätsrate, Terroranschläge, Krankheitserreger und Ausbruch von Krankheiten, Transportsicherheit;

– die ökologischen und soziokulturellen **Belastungsgrenzen** (Tragfähigkeit);[397]

– die Größe der **regionalen Wirtschaft**. Je größer die regionale Wirtschaft, desto größer der Wettbewerb im Zielgebiet, „was zu einer Vielfalt von Akteuren, Lieferanten, Produktqualitäten und Dienstleistungen führt"[398] und schließlich

– die **Abhängigkeiten von** den Entwicklungen und Rahmenbedingungen in **anderen Zielgebieten**, mit denen die Destination in Kooperation (z. B. bei Rundreisen) oder in Konkurrenz (z. B. um identische Zielgruppen) steht.

▪ Managementressourcen

Die vierte und letzte Faktorenkategorie umfasst die **Managementressourcen**, die der Destination zur Verfügung stehen. Diese wirken entscheidend auf die Kombination der anderen drei Kategorien. Die dabei verfolgte übergeordnete Zielsetzung ist die Erhaltung und Verbesserung der Wettbewerbsfähigkeit der Destination, indem die komplementären Bestandteile des Leistungsbündels als Gesamtprodukt und unter Berücksichtigung des Nachhaltigkeitsprinzips bestmöglich zur Bedürfnisbefriedigung der definierten Nachfragesegmente kombiniert werden. Die Aufgabe der zur Verfügung stehenden Managementressourcen ist es, in diesem Sinne die Kernelemente und Attraktionen (Faktorenkategorie I) zu stärken, die unterstützenden Faktoren und Ressourcen (Faktorenkategorie II) auszubauen und möglichst effektiv zu nutzen sowie beide an die situationalen Rahmenbedingungen, die sich aus den qualifizierenden und verstärkenden Determinanten (Faktorenkategorie III) ergeben, anzupassen. Bestandteile dieser Faktorenkategorie sind:[399]

– die **Werte und Traditionen** des Managements;

– das **Leadership** (Führungsverhalten und Führungsstil);

---

[397] Zu den soziokulturellen und ökologischen Wirkungen des Tourismus im Zielgebiet siehe Kapitel 2.2 und 2.3.

[398] Fischer, E. (2009), S. 76.

[399] In Anlehnung an Fischer, E. (2009), S. 77.

– die Fähigkeit, **destinationsübergreifende Aktivitäten** zu planen, zu organisieren, umzusetzen, zu steuern und zu kontrollieren sowie

– die Kompetenz, die Akteure in der Destination zu einem gemeinsamen Commitment zu bewegen, indem die **Kooperationsbereitschaft und -fähigkeit** der beteiligten Akteure gestärkt wird.

5.6 Hemmschwellen des Wandels und zukünftige Herausforderungen

Die Bereitstellung, die Kombination und der optimale Einsatz der für die Wettbewerbsfähigkeit notwendigen Ressourcen und die Umsetzung des Destinationsmanagementkonzeptes erfordern in der Regel einen **Wandlungsprozess in der Destination**.

▨ Koordinationsauftrag, Ressourcen und Professionalisierung

Viele traditionelle Zielgebiete stehen dabei vor großen Herausforderungen, denn die **Beharrungstendenzen historisch gewachsener Strukturen** sind stark ausgeprägt. Die auf die Tourismusorganisationen übertragenen Aufgaben können von diesen teilweise nur ungenügend erfüllt werden, da den einzelnen Tourismusorganisationen häufig nur unzureichende Ressourcen zur Verfügung stehen und weil z.T. nach wie vor eine *Verpolitisierung* der Tourismusorganisationen festzustellen ist. Die Mittelknappheit lässt gleichzeitig **keine ausreichenden Investitionen** in die notwendigen **konzeptionellen Grundlagen und Marktforschungsaktivitäten** zu. Die Destination kann nur unzureichend am Markt positioniert werden.[400] Strategischen Aspekten zur Erhaltung der Wettbewerbsfähigkeit der Destination wird häufig zu wenig Aufmerksamkeit geschenkt, da die Bewältigung der Aufgabenvielfalt im operativen Tagesgeschäft alle zur Verfügung stehenden Ressourcen bindet. Die **Anpassung der Ressourcenausstattung** der touristischen Organisationseinheiten und die **Optimierung der Organisationsgrößen** an die veränderten Wettbewerbsbedingungen sind bislang vielmals nur mangelhaft erfolgt.[401] Der Koordinationsauftrag kann in diesem Fällen nur unzulänglich erfüllt werden, weil eine marktadäquate institutionelle und auf die Ressourcen bezogene Neugestaltung der Tourismusorganisationen zumeist noch aussteht.

Da (im Falle des Community-Ansatzes) in der Regel nur weiche Steuerungsinstrumente[402] zur Verfügung stehen, gleichzeitig jedoch eine Vielzahl von Akteuren in der Destination zu koordinieren ist, fallen die **Koordinationsaufwendungen sehr hoch**

---

[400] Vgl. Pechlaner, H. (2003), S. 7.
[401] Vgl. Tschurtschenthaler, P. (1999), S. 25.
[402] Siehe Abb. 5.5.

aus. Zugleich sinkt mancherorts die Bereitschaft der Leistungsträger und weiterer Beteiligter, an den für die weiche Steuerung typischen Veranstaltungen zur Information und Konsensfindung (Foren, Workshops etc.) teilzunehmen. Daneben hat sich in der jüngeren Vergangenheit der **Legitimationsdruck** auf die Tourismusorganisationen erheblich verstärkt, da Teile der Anspruchsgruppen die Nutzenstiftung der von der Tourismusorganisation getätigten Arbeit nicht ohne Weiteres erkennen können. Teilweise unabhängig hiervon, teilweise aber auch als Folge dessen werden die von den Tourismusorganisationen zu verantwortenden Aufgabenbereiche ausgeweitet. Dies erfolgt meist ohne die gleichzeitige Einführung bzw. Anwendung von **Methoden zur Überprüfung der Effektivität und Effizienz der Aufgabenerfüllung**. Gründe hierfür sind der zögerliche Einsatz der (bislang wenigen) praktikablen Instrumentarien zur ganzheitlichen Erfolgsmessung der Destinationsentwicklung[403] und nach wie vor weit verbreitete subjektive Vorbehalte gegenüber der Anwendung betriebswirtschaftlicher Controllingansätze im Destinationsmanagement. Da davon auszugehen ist, dass der Legitimationsdruck auf die Tourismusorganisationen auch weiterhin zunehmen wird, wird die **Bedeutung des Controllings** hinsichtlich der Aufgabenerfüllung der Tourismusorganisationen und der Destinationsentwicklung in Zukunft steigen.

■ Grundlegende Erfordernisse: Qualifikation und Kooperation

Um die aufgrund der veränderten Wettbewerbssituation notwendige Neuorientierung zu ermöglichen, müssen zunächst die erforderlichen Voraussetzungen an der touristischen Basis der Destination geschaffen werden.[404]

In vielen traditionellen Destinationen scheinen diese Voraussetzungen noch nicht erfüllt zu sein, wobei insbesondere zwei zentrale **Defizite** festzustellen sind: [405]

– die **Qualifikationslücke** und

– die **Koordinations- und Kooperationslücke**.

In Zukunft werden Destinationen umso erfolgreicher sein, je mehr es ihnen gelingt, diese Lücken zu schließen. Qualifikation und Kooperation werden zu zentralen Voraussetzungen und damit zu wesentlichen Erfolgsfaktoren, um im intensivierten Wettbewerb der Destinationen bestehen zu können.

Auf dem Weg zu einem modernen Destinationsmanagement muss an erster Stelle die Schließung der Qualifikationslücke stehen, indem die **Aus- und Weiterbildung** der touristischen Akteure in der Destination intensiviert wird. Veränderte Wettbewerbsbedingungen führen zu veränderten Qualifikationsanforderungen an Mitarbeiter der Leistungsträger und Tourismusorganisationen. Die touristische Basis ist durch eine

---

[403]   Siehe z. B. Eisenstein, B./Maschewski, A. et al. (2001); Becher, M. (2007).
[404]   Vgl. Socher, K./Tschurtschenthaler, P. (2002), S. 172.
[405]   Vgl. Tschurtschenthaler, P. (1999), S. 25ff.

verstärkte **Aus- und Weiterbildungspolitik** und im Rahmen eines zielgerichteten Systems entsprechend zu qualifizieren.[406]

veränderte Wettbewerbsanforderungen	komplexe Qualifikationsanforderungen
– komplexere Dienstleistungen – steigende Bedeutung des Interaktionsprozesses – Notwendigkeit der Professionalisierung – Innovationsnotwendigkeit	– Unternehmerqualifikation – Mitarbeiterqualifikation
Notwendigkeit eines Qualifizierungssystems zur kontinuierlichen Weiterbildung der touristischen Akteure im Zielgebiet	

Abb. 5.16 *Faktoren für die Notwendigkeit eines Qualifizierungssystems im Zielgebiet*
(Quelle: Eckhoff, M. (2007), S. 75; gekürzt)

Eine verbesserte **Qualifikationsgrundlage** kann dazu führen, dass die Komplexität der Wettbewerbssituation besser erfasst und dass deshalb die in der Destination notwendigen Veränderungen schneller akzeptiert und bewältigt werden können. Dies gilt auch im Hinblick auf die umfassenden Kooperationsnotwendigkeiten.

Ausreichende Qualifikation wird somit zur **Prämisse für eine wettbewerbsadäquate Kooperationsbereitschaft** und -fähigkeit in der Destination. Die grundsätzliche Notwendigkeit der Kooperation im Zielgebiet bestand zwar bereits während der Phase des Verkäufermarktes, doch haben sich die erforderlichen Inhalte und Intensitäten geändert. Die Schließung der Kooperationslücke wird zur überragenden Herausforderung und die **Kooperationsfähigkeit** der Destination zum **entscheidenden Erfolgsfaktor**.

▨ Weitere Hemmschwellen

Nicht nur der für die Verfolgung einer gemeinsamen Strategie notwendige Ausgleich der innerhalb der Destination vorliegenden vielfältigen Partikularinteressen stellt häufig eine Hemmschwelle für die Weiterentwicklung der Wettbewerbsfähigkeit der Destination dar. Auch Tendenzen der **Besitzstandswahrung** und der **Zementierung bestehender Organisationsstrukturen** behindern oftmals einen diesbezüglichen Fortschritt. Hierbei kann die Identifikation mit den bestehenden Strukturen ebenso wie die Befürchtung, bei einer neuen organisatorischen oder inhaltlichen Ausrichtung an Gestaltungsmöglichkeiten zu verlieren, eine wichtige Rolle spielen. Der letztgenannte Aspekt kann verstärkt aufgrund einer **asymmetrischen Kompetenzwahrnehmung** unter den Beteiligten auftreten, wenn insbesondere die vermeintlich „kleinen" Kooperationspartner (z. B. kleinere Betriebe oder Gemeinden) Angst verspüren, ihre Interessen nicht mehr ausreichend einzubringen und durchsetzen zu können.

---

[406] Vgl. Socher, K./Tschurtschenthaler, P. (2002), S. 172.

Daneben tragen **Erfolgserlebnisse**, die von in der Destination tätigen Akteuren während des **in der Vergangenheit** vorhandenen, weniger wettbewerbsgetriebenen Verkäufermarktes[407] erzielt wurden, sowie **unzureichender Kenntnisse** über die bestehenden Marktdynamik dazu bei, dass Anpassungsnotwendigkeiten nicht frühzeitig genug erkannt oder akzeptiert werden. Statt die Veränderungsprozesse in der Destination präventiv anzugehen, werden diese häufig erst eingeleitet, wenn das Ausbleiben wirtschaftlicher Erfolge einen ausreichend großer Leidensdruck bei den beteiligten Akteuren entfaltet hat.

Einerseits kann dieser **Leidensdruck** die Grundlage für die Bereitschaft zur Kooperation und für die Akzeptanz für Veränderungsprozesse in der Destination bilden, andererseits besteht nun verstärkt die Gefahr, dass sich im Rahmen einer ggf. vorliegenden Coopetition-Situation[408], eine **Dominanz des Konkurrenzaspektes um die verbleibenden Nachfrage- und Ressourcenpotenziale** (und damit eine Verschärfung der Gefangenendilemma-Problematik[409] der Destination) herausbildet.

▦ Zukünftige Herausforderungen

Unter den Rahmenbedingungen einer intensivierten Konkurrenzsituation gilt es für viele Destinationen, zunächst den grundlegenden Erfordernissen zur Verminderung der Qualifizierungs- und Kooperationslücken nachzukommen, um eine realistische Chance zur Verbesserung, Stabilisierung oder Wiederherstellung einer nachhaltigen Wettbewerbsfähigkeit zu erhalten. Gleichzeitig ist absehbar, dass das moderne Destinationsmanagement sich in der Zukunft zahlreichen weiteren Herausforderungen stellen muss. In Anlehnung an das **System von Kapsar**[410] und mit Bezug auf die darin angeführten Umweltbereiche sollen abschließend einige wichtige Rahmenbedingungen – und die damit zusammenhängenden zentralen Herausforderungen – für das **Destinationsmanagement der Zukunft** skizziert werden:

– **Soziale Umwelt/gesellschaftliche Rahmenbedingungen**:
Die wohl folgenreichste Veränderung bei den gesellschaftlichen Rahmenbedingungen stellt die **Alterung der Gesellschaft** dar. Sie wirkt sich umfänglich auf den Tourismus aus. Neben den Auswirkungen auf den **touristischen Arbeitsmarkt** – insbesondere der (in Teilen Deutschlands bereits jetzt spürbare) **Fachkräftemangel** und die Problematik der **Unternehmensnachfolge** – wird es zu deutlichen **Verschiebungen auf der Nachfrageseite** kommen. Bis 2020 ist bei der inländischen Nachfrage insgesamt noch mit einem leichten Anstieg bei Urlaubs- und Kurzurlaubsreisen zu rechnen, wobei die **Senioren als Wachstumsmotor** fungieren, während für Urlaubsreisen mit Kindern von einem leichten Rückgang ausgegangen wird. Im Bereich der Tagesausflüge avancieren die über 65-Jährigen zur wichtigs-

---

[407]   Siehe hierzu 5.3.
[408]   Siehe hierzu 5.2.
[409]   Zur Problematik des Gefangenendilemmas der Destination in Verbindung mit dem Auftreten von Trittbrettfahrertum vgl. Dettmer, H./Eisenstein, B./Gruner, A. et al. (2005), S. 51ff (mit Bezug auf, Watzlawick. P. (1996), S. 103ff und Tschiderer, F. (1980), S. 225ff).
[410]   Siehe 1.3.

ten Zielgruppe.[411] Dabei ist von einem **kohortenspezifischen Verhalten** auszugehen, d. h. die zukünftigen Senioren versuchen, ihr touristisches Verhalten der Lebensmitte bis weit ins hohe Alter beizubehalten. Der im Vergleich zur vorherigen
Generation höhere Bildungsgrad und die umfangreiche Reiseerfahrung führen dazu,
dass sich das Reiseverhalten der zukünftigen Seniorengeneration deutlich vom Reiseverhalten der gegenwärtigen Senioren unterscheiden wird. So werden beispielsweise die Stellenwerte von **Kultur- und Gesundheitsangeboten** weiter zunehmen
und gleichzeitig wird das Bedürfnis nach einem möglichst **selbständigen Urlaub
trotz Handicap** viel stärker artikuliert werden. Die Ansprüche an das touristische
Angebot ändern sich: **Barrierefreiheit, zielgruppenspezifische Orientierungshil-
fen, Sicherheitsaspekte, adäquate Betreuungs- und Ernährungsangebote** werden immer wichtiger[412]. Zur Ansprache und zur Befriedigung der Bedürfnisse dieser zukünftigen „Zielgruppe"[413] sind Anpassungen sowohl beim Angebot, bei der
allgemeinen Infrastruktur als auch beim Marketing der Destinationen notwendig.
Auch dies wird das Destinationsmanagement vor große Herausforderungen stellen.

Daneben werden zweifelsohne zahlreiche weitere gesellschaftliche Entwicklungen
Einfluss auf den Tourismus der Zukunft nehmen. Dazu gehört ebenso das weiterhin
steigende Umweltbewusstsein[414] wie auch der Trend zum bewussteren Erleben
mittels **Angebote zur Entschleunigung**. Beide Entwicklungen werden verstärkt
Eingang in die in Kapitel 5.3 dargestellte qualitative und quantitative Anspruchsinflation der touristischen Nachfrage finden.[415] Dass sich bei den gesellschaftlichen
Rahmenbedingungen gleichzeitig vermeintlich gegenläufige Entwicklungen mani-
festieren können, zeigt sich beim Trend zur verstärkten **Suche nach Authentizität**,
der parallel begleitet wird durch den anhaltenden Erfolg **künstlicher Erlebniswelten**. „Einerseits werden authentische Angebote, vor allem wenn ihnen mehr Qualität, Natürlichkeit und damit Gesundheit sowie kulturelle Einzigartigkeit zugeordnet
wird, an Bedeutung gewinnen. Auf der anderen Seite werden als Gegentrend auch
gute Kopien, insbesondere in Form künstlicher Erlebniswelten, die Erfolgsgarantie
und Sicherheit bieten, auf verstärkten Zuspruch stossen."[416]

Zudem werden die Gleichzeitigkeit der **Ausweitung weiterer individualisierter
Lebensmuster**[417] mit dem Gegentrend der **Rückbesinnung zu Werten und Ele-**

---

[411]   Vgl.: Grimm, B./Lohmann, M./Heinsohn, K./Richter, C./Metzler, D. (2009), S. 7ff.

[412]   Vgl. z. B.: Smeral, E. (2012), S. 9.

[413]   Die heterogene Bedürfnisstruktur der zukünftigen Senioren-Touristen wird es in der Regel nicht zulas-
sen, dass die Angebotsseite diese als eine Zielgruppe in toto ansprechen kann – vielmehr wird der zukünftige Markt des Seniorentourismus ähnlich stark ausdifferenziert sein, wie der gegenwärtige Markt
der „Lebensmitte".

[414]   Hiermit im Zusammenhang zu sehen ist die Wende zur verstärkten Nutzung erneuerbarer Energien, die
unter dem Bereich der ökologischen Rahmenbedingungen angeführt wird.

[415]   Neben dem seit längerer Zeit eingeführten Begriff des „sustainable tourism" bilden sich Begriffe wie
„green tourism" und „slow tourism". Zu letzterem siehe z. B. Antz, C./Eisenstein, B./Eilzer, C. (Hrsg.)
(2012) und Fullagar, S./Markwell K./Wilson E. (Ed.) (2012).

[416]   Bieger, T./Laesser, Ch. (2010), S. 31f.

[417]   Vgl. Bieger, T./Laesser, Ch. (2010), S. 28.

menten der traditionellen Lebensmuster[418] sowie der Anstieg der globalen Migration zu einer weiteren Ausdifferenzierung der Gesellschaft und damit zu einer weiteren Ausdifferenzierung des Reiseverhaltens und der Urlaubsformen führen („Class und Mass")[419]. Für Destinationen wird es somit immer wichtiger, sich im Rahmen der Positionierung konsequent mit einer Preis- oder Qualitätsstrategie auf klar definierte Zielgruppen auszurichten.

– Ökonomische Umwelt/wirtschaftliche Rahmenbedingungen:
Aufgrund der unerfreulichen Haushaltslage vieler Kommunen und Gebietskörperschaften werden die der Destination bzw. der Tourismusorganisation zur Verfügung stehenden öffentlichen Mittel deutlich begrenzt oder vermindert. Das Management der Destination wird zukünftig (in einem noch stärkeren Maße) durch wirtschaftlichen Legitimationsdruck geprägt sein. Die Bedeutung von Transparenz stiftenden Controllinginstrumenten und von Aktivitäten des Innenmarketings zur gezielten Akzeptanzsteigerung bei ausgewählten Anspruchsgruppen wird deutlich zunehmen. Gleichzeitig bestehen die Herausforderungen, unter Einbindung der Privatwirtschaft neue Modelle zur Finanzierung der Aufgaben und Funktionen des Destinationsmanagements zu entwickeln, und die Ansätze zur Kooperation (zwischen kommunalen Einheiten) weiter voranzutreiben, ohne die Akzeptanz bei den eigenen Anspruchsgruppen oder die Identifikation der Anspruchsgruppen mit der organisatorischen Einheit einzubüßen.

Auf Basis der unter dem Aspekt des demografischen Wandels dargestellten Entwicklungen kann abgeleitet werden, dass in der näheren und mittleren Zukunft von Seiten der nationalen Gesamtnachfrage nur geringe ökonomische Wachstumsimpulse für die Gesamtheit der Destinationen zu erwarten sind. Unter globalen Gesichtspunkten wird jedoch von einen weiterhin deutlichen Nachfragesteigerung ausgegangen.[420] „Eine Erhöhung des Durchschnittseinkommens der Mittelschicht in weiteren Ländern kann die Zahl der Teilnehmer am touristischen Geschehen weltweit weiter erhöhen, wenngleich sich andererseits in vielen (west-)europäischen Ländern eine Ausdünnung der Mittelschicht abzeichnet, die den Tourismus negativ beeinträchtigen wird."[421] Wachstumsimpulse können folglich insbesondere durch die Erschließung zusätzliche Nachfragepotenziale auf ausgewählten ausländischen Quellmärkten erreicht werden. Dies gilt insbesondere für sogenannte „Emerging Markets", zumal anzunehmen ist, dass im Rahmen der wirtschaftlichen Entwicklungsprozesse in diesen Märkten, die Urlaubsausgaben stärker als die Einkommenszuwächse steigen, „...da auf Grund der Sättigung mit dauerhaften Konsumgütern und Gütern des täglichen Bedarfs Kaufkraft für Freizeitgüter verbleibt."[422] Die Positionierung der Destination auf dem internationalen Markt bringt jedoch weitere Herausforderungen mit sich: So müssen selbstverständlich die entsprechen-

---

[418]   Vgl. Rein, H./Schuler, A. (2012), S. 5f.
[419]   Vgl. Bieger, T./Laesser, Ch. (2010), S. 28ff.
[420]   Siehe hierzu Abb. 4.7.
[421]   Schmude, J./Namberger, P. (2010), S. 117.
[422]   Smeral, E. (2012), S. 8.

den Ressourcen zur Verfügung stehen, um zunächst die Wahrnehmung auf den internationalen Quellmärkten zu gewährleisten, das Marketing der Destination muss für internationale Zielgruppen angepasst werden und das Angebot sowie die Anbieter in der Destination müssen auf die Gepflogenheiten und die Bedürfnisse der internationalen Gäste ausgerichtet sein.

- **Politische Umwelt/Rahmenbedingungen**:
Neben den bereits oben dargestellten, aus der unerfreulichen Finanzlage der öffentlichen Hand resultierenden Folgen wird die Misere der öffentlichen Haushalte zudem dazu führen, dass die **Diskussionen um Gebietskörperschaftsreformen** (Gemeinde-, Kreisreformen) weiterhin Bestand haben.[423] Die Durchführung entsprechender Reformen führt in der Regel dazu, dass auch die touristischen Strukturen des Destinationsmanagements neu geordnet werden müssen. Dies stellt sicherlich in jedem Einzelfall eine Herausforderung dar, kann aber auch als Chance zum Aufbrechen bestehender Strukturen und Beharrungstendenzen und damit zur Erreichung einer verbesserten Wettbewerbsfähigkeit angesehen werden.

Die (insgesamt betrachtet) **weltweit abnehmenden Visumspflichten** und die damit einhergehende (erfreulicherweise) **zunehmende Reisefreiheit** hat als politische Rahmenbedingung einen wesentlichen Einfluss auf die ebenfalls oben bereits angeführte Erschließungsmöglichkeit internationaler Märkte. Die **EU-Erweiterung** kann sich hingegen als eine zukünftige Herausforderung für das Destinationsmanagement herausstellen: Einerseits stellen die Beitrittsländer für die traditionellen Destinationen „Hoffnungs- und Wachstumspotenzial"[424] zur Verfügung, andererseits drängen die Beitrittsländer aus Ost- und Südeuropa mit kulturellen und natürlichen Attraktoren sowie teilweise einem deutlichen Preisvorteil auf die traditionellen Quellmärkte hiesiger Destinationen.

- **Technologische Umwelt/Rahmenbedingungen**:
Die technologische Umwelt wird auch in naher Zukunft vorwiegend durch die **Entwicklungen bei der Informations- und Kommunikationstechnologie** geprägt werden. Zu den größten Herausforderungen des Managements der Destination wird es gehören, in Bezug auf diese Entwicklungen Schritt zu halten. Der sich hier rasant vollziehende, **kontinuierliche technologische Wandel**, die ständigen **Innovationen im Internet** und die **Ausweitung mobile Endgeräte** erfordern von den Destinationen die Bereitstellung entsprechender Ressourcen – quantitativ, aber auch im Sinne von in der Destination vorgehaltenen Qualifikationen zur Nutzung und zum Umgang mit den neuen technologischen Möglichkeiten. „Die Verfügbarkeit mobiler, lernfähiger Internet-Tools zur Konsumenteninformation...werden den touristischen Alltag immer mehr dominieren,"[425] – ganz gleich ob es sich um einfache GPS-basierte Location-Based-Services[426] oder umfassende Augmented-

---

[423]   Vgl. Rein, H./Schuler, A. (2012), S. 7.
[424]   Smeral, E. (2012), S. 10.
[425]   Ebenda.
[426]   Zu Location Based Services für Destinationen siehe z. B. Fronhofer, M./Lütters, H. (2012), S. 292-315.

Reality-Angebote oder Tools zur Adhoc-Bewertung von einzelnen Bestandteilen des von der Destination angebotenen Leistungsbündels handelt. Die herangewachsene Internetgeneration (und noch mehr die heranwachsende Generation des mobilen Internets) erwarten von der modernen Destination diesbezügliche Lösungen, bestenfalls als maßgeschneiderte Leistungsbündel, die noch während der Reise zusammengestellt oder verändert werden können – traditionelle Informations- und Kommunikationstechnologien verlieren gleichzeitig an Bedeutung.[427] Es ergeben sich nahezu **vollständig neue Aufgaben** (und damit Herausforderungen) im Rahmen der Kommunikationspolitik und des Reputationsmanagements der Destination.[428]

– **Ökologische Umwelt/Rahmenbedingungen**:
In Verbindung mit dem weiterhin ansteigenden Umweltbewusstsein breiter Bevölkerungsschichten und den vielfältigen technologischen Entwicklungen sei hier zunächst auf die zukünftig stärkere Verbreitung der sogenannten „**Cleantech**" hingewiesen. Im Mittelpunkt stehen hierbei die betriebliche Verwendung von alternativen Energien – u.a. zur Imagebildung[429] – und die Verbesserung der Energieeffizienz.[430] Auch hier werden bestimmte Zielgruppen verstärkte Ansprüche gegenüber den Leistungsanbietern und den Destinationen geltend machen.

Die natürlichen Ressourcen der Destinationen gehören zu den Kernelementen der Destination.[431] Sie zeichnen (neben weiteren Faktoren) maßgeblich die mögliche Wettbewerbsposition der Destination vor.[432] Die in Deutschland eingeleitete **Energiewende** beinhaltet insbesondere durch die stärkere Verbreitung von **Windkraftanlagen** die Gefahr, negativen Einfluss auf die Ressource des Landschaftsbilds und die damit in Zusammenhang zu sehende touristische Attraktivität zu nehmen („Verspargelung" der Landschaft). Einerseits können die Windkraftanlagen als Beleg für ökologisch orientiertes Handeln verstanden werden, andererseits können Standorte und Anzahl der technischen Großgeräte dazu führen, dass das vom Touristen gesuchte Naturerlebnis nur eingeschränkt erreicht wird. Dabei ist „die Annahme, dass Windkraftanlagen a priori negative Auswirkungen auf den Tourismus haben, .. aus tourismuswissenschaftlicher Sicht nicht haltbar. Gleichwohl bedarf es bei der Errichtung neuer Windkraftanlagen einer hohen Sensibilität bei der Abwägung ökonomischer, naturschutzrechtlicher, landschaftsästhetischer und touristischer Belange."[433] Für zahlreiche Destinationen (z. B. Urlaubsziele an Küsten und in (Mittel-)Gebirgen) wird folglich eine weitere Herausforderung darin bestehen, die erneuer-

---

[427] Vgl. Rein, H./Schuler, A. (2012), S. 5f.; Smeral, E. (2012), S. 10.
[428] Allerdings nicht nur für Destinationen; die neuen Kommunikationsmöglichkeiten führen dazu, dass Information – ist diese einmal digital erfasst und öffentlich – nur sehr schwer kontrolliert kommuniziert werden kann. Siehe hierzu z. B. Pörksen, B./Detel H. (2012).
[429] Siehe z. B. die Medien-Kampagne zur „grünen" BahnCard der Deutschen Bahn AG (100% Ökostrom).
[430] Vgl. Bieger, T./Laesser, Ch. (2010), S. 28.
[431] Siehe hierzu Abb. 5.14.
[432] siehe z. B. Smeral, E. (2012), S. 9.
[433] Quack, H.-D. (2012), S. 28.

baren Energien in einer solchen Art und Weise auszubauen, dass möglichst kein Verlust an touristischer Attraktivität damit einhergeht.[434]

Unten den ökologischen Rahmenbedingungen wird die globale Erwärmung die folgenreichste Wirkung – den **Klimawandel** – mit sich bringen. Von touristischer Relevanz sind hier hauptsächlich die **zeitlichen und räumlichen Temperatur- und Niederschlagsveränderungen**, aber auch die häufiger auftretenden Extremwetter und die Verteilung des zur Verfügung stehenden Wassers (z. B. zur Beschneiung oder Bewässerung von Golfplätzen).[435] Der Klimawandel wird regionale und lokale Auswirkungen nicht nur auf das **Wetter**, sondern darüber hinaus auf die **Landschaft** und auf ganze **Ökosysteme** entfalten.[436] Dabei werden Winter- und Sommersaison unterschiedlich betroffen sein: **Nachteilen in der Wintersaison** (durch Verminderung des Schneeaufkommens bzw. der Schneesicherheit, damit kürzere für den Wintersport zu Verfügung stehende Zeiträume und damit Verkürzung und ggf. Ausfall der Wintersaison) stehen **Vorteile in der Sommersaison** (durch höhere Anzahl an Sonnentagen, z. B. an der Nord- und Ostsee, und damit durch eine Saisonverlängerung) gegenüber.[437]

---

[434] Analog zu den Windkraftanlagen gilt dies für Solarparks, den Ausbau des Leitungsnetzes und für die Ausweitung landwirtschaftlicher Monokulturen zur Energiegewinnung mittels Biogas.
[435] Schmude, J./Namberger, P. (2010), S. 117.
[436] Vgl. Rein, H./Schuler, A. (2012), S. 6.
[437] Vgl. z. B. Smeral, E. (2012), S. 9f; Rein, H./Schuler, A. (2012), S. 6.

Wichtige Erkenntnisse 👁

- Zahlreiche Besonderheiten des Leistungsbündels der Destination sind auf die Dienstleistungseigenschaften der Immaterialität des Uno-Actu-Prinzips und der Notwendigkeit zur Integration des Touristen in den Produktionsprozess zurückzuführen.

- Bei der Erstellung des Destinationsproduktes leistet eine Vielzahl von Personen, Unternehmen und Institutionen einen Beitrag, die im Gegenzug Ansprüche gegenüber dem Zielgebiet oder gegenüber den für die Entwicklung der Destination zuständigen Institutionen geltend machen.

- Hinsichtlich der Planung, Erstellung und Vermarktung der Destination besteht die Notwendigkeit der Koordination der Einzelbestandteile.

- Sowohl Veränderungen auf der Angebots- als auch auf der Nachfrageseite des Tourismusmarktes führen dazu, dass sich für viele Destinationen der Wettbewerbsdruck spürbar erhöht.

- Das moderne Destinationsmanagement widmet sich dem Aufbau von leistungsfähigen Strukturen, mit denen innerhalb der Destination eine am Markt Erfolg versprechende Strategie durchgesetzt werden kann.

- Die Wettbewerbsfähigkeit der Destinationen wird durch Kernelemente und Attraktionen, unterstützende Faktoren, qualifizierende Determinanten und Managementressourcen bestimmt.

- Die Anpassung von traditionellen Zielgebieten an die veränderten Marktbedingungen werden durch Qualifikations- und Kooperationsdefizite sowie eine ganze Anzahl weiterer Hemmschwellen erschwert.

- Das Destinationsmanagement der Zukunft hat sich zahlreichen weiteren Herausforderungen zu stellen. Hierzu zählen insbesondere die Anpassung an den demografischen Wandel, die Folgen des Klimawandels, aber auch die Weiterentwicklungen in der Kommunikations- und Informationstechnologie.

Vertiefungsfragen   **?**

? Welche Implikationen für das touristische Leistungsbündel der Destination ergeben sich aus den Dienstleistungseigenschaften?

? Woraus ergibt sich die Vielzahl der Anspruchsgruppen?

? Wie begründet sich die Koordinationsnotwendigkeit des touristischen Leistungsbündels und welche organisatorischen Lösungsmöglichkeiten können prinzipiell unterschieden werden?

? Wieso kommt es zu einer Ausweitung des Destinationsangebotes?

? Was wird unter quantitativer und qualitativer Anspruchsinflation verstanden und wie entsteht diese?

? Welche Prinzipien des modernen Destinationsmanagements ergeben sich aus den veränderten Wettbewerbsbedingungen?

? Welche der angeführten Produktionsfaktoren halten Sie hinsichtlich der Wettbewerbsfähigkeit einer Destination für sehr wichtig, welche für weniger wichtig?

? Wie könnte Ihrer Meinung nach der Kooperationslücke entgegengewirkt werden?

? Wie könnte Ihrer Meinung nach den weiteren Hemmschwellen begegnet werden?

? Vor welche zentralen Herausforderungen steht das Destinationsmanagement in der Zukunft?

Literaturhinweise

- Bieger, T./Beritelli, P. (2013): Management von Destinationen. München u.a.
- Ritchie J.R.B./Crouch, G.I. (2003): The Competitive Destination – A sustainable Tourism Perspective. Wallingford/Cambridge.
- Pechlaner, H. (2003): Tourismus-Destinationen im Wettbewerb. Wiesbaden.
- Luft, H. (2007): Destination Management in Theorie und Praxis. Meßkirch.
- Pikkemaat, B./Peters, M./Weiermair, K. (Hrsg.) (2006): Innovationen im Tourismus – Wettbewerbsvorteile durch neue Ideen und Angebote. Berlin.

Literaturverzeichnis

Aderhold P./Kösterke A./von Laßberg D./Vielhaber A. (2006): Tourismus in Entwicklungsländern – Eine Untersuchung über Dimensionen, Strukturen, Wirkungen und Qualifizierungsansätze im Entwicklungsländer-Tourismus – unter besonderer Berücksichtigung des deutschen Urlaubsreisemarktes. Ammerland.

Aderhold, P./ Laßberg, D./Stabler, M./Vielhaber, M. (2000): Tourismus in Entwicklungsländern. Ammerland.

Agarwal, S. (1994): The Resort Cycle revisited – Implications for Resorts. In: Cooper, C./Lockwood, A. (Ed.) (1994): Progress in Tourism Recreation and Hospitality Management. Chichester, pp 194–208.

Agarwal, S. (1997): The Resort Cycle and Seaside Tourism – An Assessment of its Applicability and Validity. In: Tourism Management, 18, 2, pp 65–73.

Agarwal, S. (2002): Restructuring Seaside Tourism – The Resort Lifecycle. In: Annals of Tourism Research, 29, 1, pp 25–55.

Ahlert, G. (2005): Die volkswirtschaftliche Bedeutung des Tourismus – Ergebnisse des TSA für Deutschland. (= GWS Discussion Paper 7/2005), Osnabrück.

Antz, C. (2012): Eine Zukunft des Reisens zwischen Langsamkeit und Sinnlichkeit. In: Antz, C./Eisenstein, B./Eilzer, C. (Hrsg.) (2012): Slow Tourism – Reisen zwischen Langsamkeit und Sinnlichkeit. (= Schriftenreihe des Instituts für Management und Tourismus, 6), München, S. 9–39.

Antz, C./Eisenstein, B./Eilzer, C. (Hrsg.) (2012): Slow Tourism – Reisen zwischen Langsamkeit und Sinnlichkeit. (= Schriftenreihe des Instituts für Management und Tourismus, 6), München.

Arbeitsgruppe „Neue Strukturen im Schweizer Tourismus" des Verbandes Schweizer Tourismusdirektoren et al. (1998): Neue Strukturen im Schweizer Tourismus – Das Konzept. In: Bieger, T./Laesser, C. (Hrsg.) (1998): Neue Strukturen im Tourismus – Der Weg der Schweiz. Bern u.a., S. 16–50.

Arbeitsgruppe Ökotourismus (AGÖT) (Hrsg.) (1995): Ökotourismus als Instrument des Naturschutzes? – Möglichkeiten zur Erhöhung der Attraktivität von Naturschutzvorhaben. (= Forschungsberichte des Bundesministerium für wirtschaftliche Zusammenarbeit), Köln.

Archer, B./Cooper, C./Ruhanen, L. (2005): The positive and negative impacts of tourism. In: Theobald, W. F. (Ed.) (2005): Global Tourism. 3. Auflage, Amsterdam u.a. pp 79–102.

Arlt, W.G. (Hrsg.) (2010): COTRI Yearbook 2010. China's Outbound Tourism Development. (= Schriftenreihe des Instituts für Management und Tourismus, 4), München.

Arlt, W.G. (Hrsg.) (2012): COTRI Yearbook 2012. (= Schriftenreihe des Instituts für Management und Tourismus, 8), Frankfurt am Main u.a.

Arlt, W.G./Freyer, W. (Hrsg.) (2008): Deutschland als Reiseziel chinesischer Touristen – Chancen für den deutschen Reisemarkt. München.

Auswärtiges Amt (2013): Malediven. Wirtschaft. http://www.auswaertiges-amt.de/DE/Aussenpolitik/Laender/Laenderinfos/Malediven/Wirtschaft_node.html vom 10.05.2013

Bär, S. (2006): Ganzheitliches Tourismus-Marketing – Die Gestaltung regionaler Kooperationsbeziehungen. (= Dissertation Universität Leipzig), Wiesbaden.

Bartel, R. (1994): Allgemeine Grundlagen der Umweltpolitik. In: Bartel, R./Hackl, F. (1994) (Hrsg.): Einführung in die Umweltpolitik. München, S. 3–32.

Baum, T. (1998): Taking the Exit Route – Extending the Tourism Area Lifecycle Model. In: Current Issues in Tourism, 1, 2, pp 167–175.

Becher, M. (2007): Entwicklung eines Kennzahlensystems zur Vermarktung touristischer Destinationen. (= Dissertation Universität Bayreuth), Wiesbaden.

Becker, C. (1995a): Nachhaltige Regionalentwicklung mit Tourismus – ein Strategierahmen. In: Institut für Tourismus der Freien Universität Berlin (Hrsg.) (1995); Berichte und Materialien, 14, S. 21–31.

Becker, C. (1995b): Planung und Partizipation im umweltschonenden Tourismus. In: Moll, P. (Hrsg.) (1995): Umweltschonender Tourismus – Eine Entwicklungsperspektive für den ländlichen Raum. (= Materialien zur angewandten Geographie, 24), Bonn, S. 77–84.

Becker, C. (2004a): Tourismuspolitik und Tourismusförderung. In: Becker, C./ Hopfinger, H./Steinecke, A. (Hrsg.) (2004): Geographie der Freizeit und des Tourismus – Bilanz und Ausblick. 2. Auflage, München, S. 381–394.

Becker, C. (2004b): Destinationsmanagement. In: Becker, C./Hopfinger, H./Steinecke, A. (Hrsg.) (2004): Geographie der Freizeit und des Tourismus – Bilanz und Ausblick. 2., Auflage, München, S. 464–474.

Becker C./Job H. (2000): Nationalatlas Bundesrepublik Deutschland – Freizeit und Tourismus. Leipzig.

Becker, C./Job, H./Witzel, A. (1996): Tourismus und nachhaltige Entwicklung – Grundlagen und praktische Ansätze im mitteleuropäischen Raum. Darmstadt.

Belisle, F. J. (1984): Tourism and food imports. The case of Jamaica. In: Economic Development and Cultural Change, 32, pp 819–842.

Bengtsson, M./Kock, S. (2000): „Coopetition" in Business Networks – to Cooperate and Compete Simultaneously. In: Industrial Marketing Management, 29, pp 411–426.

Beratende Kommission für Fremdenverkehr des Bundesrates (Hrsg.) (1979): Das schweizerische Tourismuskonzept – Grundlagen für die Tourismuspolitik. Bern.

Berg, W. (2008): Gesundheitstourismus und Wellnesstourismus. München.

Berg, W. (2012): Tourismusmanagement. 3., aktualisierte und erweiterte Auflage, Herne.

Beritelli, P. (1999): Qualität im Destinationsmanagement. In: Mussner, R./Pechlaner, H./Schönhuber, A. (Hrsg.) (1999): Destination Management della destinazione. Chur/Zürich, S. 31–43.

Beritelli, P./Romer, D. (2006): Inkrementelle versus radikale Innovationen im Tourismus. In: Pikkemaat, B./Peters, M./Weiermair, K. (Hrsg.) (2006): Innovationen im Tourismus – Wettbewerbsvorteile durch neue Ideen und Angebote. (= Schriften zu Tourismus und Freizeit, 6), Berlin, S. 53–64.

Beritelli, P./Bieger, T./Boksberger, P.E. (2004): Destination-Auditing – Ein integrativer Ansatz zur Evaluation der Effektivität und Effizienz im Destinationsmanagement. In: Tourismus Journal, 8, 1, S. 51–63.

Bernecker, P. (1956): Die Stellung des Fremdenverkehrs im Leistungssystem der Wirtschaft. Wien.

Besel, K./Hallerbach, B. (2004): Touristische Großerhebungen. In: Becker, C./Hopfinger, H./Steinecke, A. (Hrsg.) (2004): Geographie der Freizeit und des Tourismus – Bilanz und Ausblick. 2. Auflage, München, S. 159-170.

Beyer, M. (2003): Partizipation als Herausforderung für Tourismusprojekte in der Entwicklungszusammenarbeit – Handlungsempfehlungen für eine partizipative Projektarbeit. Ammerland.

Bieger, T. (1997): Von der Gästefreundlichkeit zum professionellen Dienstleistungsprozess – Ansätze zur strategischen Gestaltung der menschlichen Leistung im Dienstleistungsprozess am Beispiel des Tourismus. In: Die Unternehmung, 3, S. 181–200.

Bieger, T. (1998): Einleitung – Reengineering der „Tourismus Schweiz AG" – Die Bedeutung neuer touristischer Strukturen für die zukünftige Wettbewerbsfähigkeit traditioneller touristischer Gebiete. In: Bieger, T./Laesser, C. (Hrsg.) (1998): Neue Strukturen im Tourismus – Der Weg der Schweiz. Bern u.a., S. 1–14.

Bieger, T. (2000): Destinationsmanagement. In: Gewald, S. (Hrsg.): Handbuch des Touristik- und Hotelmanagement. München, S. 56–59.

Bieger, T. (2002): Management von Destinationen. 5. Auflage, München, Wien.

Bieger, T. (2004): Tourismuslehre – Ein Grundriss. Bern u.a.

Bieger, T. (2005): Management von Destinationen. 6. Auflage, München, Wien.

Bieger, T. (2007): Dienstleistungs-Management – Einführung in Strategien und Prozesse bei Dienstleistungen. 4., überarbeitete Auflage, Bern u.a.

Bieger, T. (2008): Destination. In: Fuchs, W./Mundt, J.W./Zollondz, H.-D. (Hrsg.) (2008): Lexikon Tourismus – Destinationen, Gastronomie, Hotellerie, Reisemittler, Reiseveranstalter, Verkehrsträger. München, S. 179–184.

Bieger, T. (2010): Tourismuslehre – Ein Grundriss. 3., überarbeitete Auflage. Bern u.a.

Bieger, T./Beritelli, P. (1996): Anpassung von Destinationsstrategien an die Globalisierung – Erfolgsfaktoren und Hemmnisse für den strategischen Wandel. In: AIEST (Ed.): Globalisation and Tourism. St. Gallen, S. 427ff.

Bieger, T./Beritelli, P. (2013): Management von Destinationen. 8., aktualisierte und überarbeitete Auflage, München, Wien.

Bieger, T./Laesser, C. (2004): Neue Organisationsformen und Geschäftsmodelle im Tourismus. In: Weiermair, K./Peters, M./Pechlaner, H./Kaiser, M.-O. (1998): Unternehmertum im Tourismus – Führen mit Erneuerungen. Berlin, S. 69–90.

Bieger, T./Laesser, C. (2010): Tourismustrends – zwischen Nachfragesog und Ange-
  botsdruck. In: Bieger, T./Laesser, C./Beritelli, P. (2010): Trends, Instrumente und
  Strategien im alpinen Tourismus. (= Schweizer Jahrbuch für Tourismus 2009), Berlin. S. 13–34.

Bleile, G. (2000): Management des Wandels – Plädoyer für eine neue Tourismusorganisation – Tourismus verwalten oder professionell und profitabel gestalten.
  (= Akademie für Touristik Freiburg, Schriftenreihe Tourismus, 4), Merdingen.

Bleile, G. (2001): Neue Tourismus Landkarte „D" – Leitfaden für ein marktorientiertes Destination Management. (= Akademie für Touristik Freiburg, Schriftenreihe
  Tourismus, 5), Merdingen.

Böttcher, S./Schulz, J. (2005): Tourismus in der Euregio Bodensee – Eine deskriptive
  Analyse. Konstanz.

Bochert, R. (2010): Politik der Destination – Ordnungspolitik im Incomingtourismus.
  2., veränderte Auflage, Berlin.

Boniface, P./Fowler, P.J. (1993): Heritage and Tourism. London u.a.

Borghardt, J. (2002): Raumbilder und „imaginäre Räume". In: Borghardt, J./Meltzer,
  L./Roeder, S./Scholz, W./Wüstenberg, A. (Hrsg. (2002): ReiseRäume – Touristische
  Entwicklung und räumliche Planung. (= Dortmunder Beiträge zur Raumplanung,
  109), Dortmund, S. 54–62.

Brandenburger A.M./Nalebuff, B.J. (2007): Coopetition: – kooperativ konkurrieren –
  Mit der Spieltheorie zum Unternehmenserfolg. Frankfurt/Main.

Brandenburger A.M./Nalebuff, B.J. (1996): Co-Opetition. New York.

Bratl, H./Schmidt, F. (1998): Destination Management – Ein Weg für starke Tourismusregionen mit dem Mut, wie „ein Unternehmen" zu werden. Wien.

Brittner, A./Kolb, J./Stehen, A. (1999): Einführung in das deutsche Kurwesen – ein
  Überblick. In: Brittner, A./Kolb, J./Stehen, A./Weidenbach, N. (Hrsg.) (1999): Kurorte der Zukunft – Neue Ansätze durch Gesundheitstourismus, interkommunale Kooperation, Gütesiegel Gesunde Region und Inszenierung im Tourismus. (= Materialien zur Fremdenverkehrsgeographie, 49), Trier, S. 8–40.

Bruhn, M./Stauss, B. (2006): Dienstleistungscontrolling – Einführung in die Problem-
  stellungen. In: Bruhn, M./Stauss, B. (Hrsg.) (2006): Dienstleistungscontrolling.
  Wiesbaden, S. 3–29.

Bruhn, M. (2006): Dienstleistungscontrolling für Nonprofit-Organisationen. In:
  Bruhn, M./Stauss, B. (Hrsg.) (2006): Dienstleistungscontrolling. Wiesbaden,
  S. 453–483.

Büro für Tourismus- und Erholungsplanung (BTE) (Hrsg.) (1995): Wirtschaftliche
  Effekte touristischer Entwicklungsstrategien. (= Arbeitsmaterialien für einen umweltschonenden Tourismus), Hannover.

Buhalis, D. (2000): Marketing the Competitive Destination of the Future. In: Tourism
  Management, 21, pp 97–116.

Buhalis, D./Cooper, C. (1998): Competition or Co-Operation? Small and Medium
  Sized Tourism Enterprises at the Destination. In: Laws, B./Faulkner, G. (Ed.)
  (1998): Emracing and Managing Change in Tourism. London, pp 324–346.

Bundesministerium für Wirtschaft und Technologie (Hrsg.) (1999): Tourismuspolitischer Bericht der Bundesregierung. Berlin.

Bundesministerium für Wirtschaft und Technologie (Hrsg.) (2008): Tourismuspolitischer Bericht der Bundesregierung. Berlin.

Bundesministerium für Wirtschaft und Technologie (Hrsg.) (2012): Wirtschaftsfaktor Tourismus Deutschland. Kennzahlen einer umsatzstarken Querschnittsbranche. Berlin.

Burzinski, M. (2003): Vision – Aktion – Controlling: Die Balanced Scorecard als Instrument des Destinations-, Stadt- oder Regionalmanagement. http://www.msp-dortmund.de/Magazin/Magazin_Artikel_ext.php?id=139 vom 07.03.2009.

Butler, R.W. (1980): The Concept of a Tourist Area Cycle of Evolution. Implications for Management of Resources. In: Canadian Geographer, 24, 1, pp 5–12.

Butler, R.W. (Ed.) (2006): The Tourism Area Life Cycle, Volume 1: Applications and Modifications. Cleverdon u.a.

Butler, R.W. (Ed.) (2006): The Tourism Area Life Cycle Volume 2: Conceptual and Theoretical Issues. Cleverdon u.a.

Choy, D.J.L. (1992): Life Cycle Models for Pacific Island Destinations. In: Journal of Travel Research, 30, 3, pp 26–31.

Christaller, W. (1955): Beiträge zu einer Geographie des Fremdenverkehrs. In: Erdkunde, 9, 1, S. 1–19.

Christaller, W. (1963): Some Considerations of Tourism Location in Europe – The Peripheral Regions-Underdeveloped Countries-Recreation Areas. In: Papers of the Regional Science Association, 12, pp 95–105.

Cooper, C. (1994): The Destination Life Cycle – an Update. In: Seaton, A.V. (Ed.) (1994): Tourism – The State of the Art. Chichester, pp 340–346.

Cooper, C./Jackson, S. (1989): Destination Life Cycle. The Isle of Man Case Study. In: Annals of Tourism Research, 16, 3, pp 377–398.

Corsten, H. (1990): Betriebswirtschaftslehre der Dienstleistungsunternehmen. 2., durchgesehene Auflage. München, Wien.

Cairncross, F. (1997): The Death of Distance – How the Communications Revolution Is Changing Our Lives. London.

Crouch, G.I. (2006): Destination Competitiveness – Insights into Attribute Importance. (= Paper International Conference of Trends, Impacts and Policies on Tourism Development), Heraklion.

Crouch, G.I./Ritchie, J.R.B. (1999): Tourism, Competitiveness and Societal Prosperity. In: Journal of Business Research, 44, pp 137–152.

Dettmer, H./Eisenstein, B./Gruner, A./Hausmann, T./Kaspar, C./Oppitz, W./Pircher-Friedrich, A. M./Schoolmann, G. (2005): Managementformen im Tourismus. München.

Deutsche Bundesbank (Hrsg.) (2013): Zahlungsbilanzstatistik. Februar 2013. Frankfurt/Main.

Deutsche Zentrale für Tourismus e.V. (DZT) (Hrsg.) (2009): Incoming-Tourismus Deutschland – Zahlen, Daten, Fakten 2008. Frankfurt/Main.

Deutscher Bundestag (Hrsg.) (2004): Drucksache 15/3031 – Antwort der Bundesregierung auf die Große Anfrage der Abgeordneten Jürgen Klimke, Klaus Brähmig, Dr. Christiane Ruck, weiterer Abgeordneter und der Fraktion der CDU/CSU – Drucksache 15/2027. Berlin.

Deutscher Heilbäderverband e.V. (Hrsg.) (2008): Jahresbericht. Bonn.

Deutscher Tourismusverband e.V. (DTV) (Hrsg.) (2002): 100 Jahre DTV – Die Entwicklung des Tourismus in Deutschland 1902–2002. Bonn.

Deutscher Tourismusverband e.V. (DTV) (Hrsg.) (2007): Tourismus in Deutschland 2006 – Zahlen, Daten, Fakten. Bonn.

Deutscher Tourismusverband e.V. (DTV) (Hrsg.) (2009): Tourismus in Deutschland 2008 – Zahlen, Daten, Fakten. Bonn.

Deutscher Tourismusverband e.V. (DTV) (2013): http://www.deutschertourismusverband.de/themen/marktforschung/allgemeine-touristische-studien/deutscher-reisemonitor.html vom 04.05.2013

Deutscher Tourismusverband e.V./Deutscher Heilbäderverband e.V. (Hrsg.) (2005): Begriffsbestimmungen – Qualitätsstandards für die Prädikatisierung von Kurorten, Erholungsorten und Heilbrunnen. 12. Auflage, Bonn.

Deutsches Institut für Wirtschaftsforschung (DIW) (Hrsg.) (1999): Zur gesamtwirtschaftlichen Bedeutung des Tourismus in Deutschland. Wochenbericht 9/99, Berlin.

Domrös, M. (2003): Nachhaltige Fremdenverkehrsentwicklung durch Tourismus-Isolate auf den Malediven. In: Egner, H. (Hrsg.): Tourismus – Lösung oder Fluch? Die Frage nach der nachhaltigen Entwicklung peripherer Regionen. (= Mainzer Kontaktstudien Geographie, 9), Mainz, S. 95–106.

Domrös, M. (2005): Die Malediven – Authentizität und Nachhaltigkeit des Resortinsel-Tourismus. In: Waibel, K./Thimm, T./Kreisel, W. (Hrsg.) (2005): Fragile Inselwelten – Tourismus, Umwelt und indigene Kulturen. (= Pazifik Forum, 9), Bad Honnef, S. 55–78.

Doxey, G.V. (1975): A Causation Theory of Visitor-Resident Irritants – Methodology and Research Influence. In: Travel and Tourism Research Association (Ed.) (1975): Proceedings – The Impact of Tourism. San Diego, pp 195–208.

Dreyer, A. (2004): Kundenorientierung in touristischen Destinationen. In: Hinterhuber, H. H./Pechlaner, H./Kaiser, M.-O./Matzler, K. (Hrsg.): Kundenmanagement als Erfolgsfaktor. Berlin, S. 29–40.

Eckhoff, M. (2007): Qualität und Qualifizierung im Tourismus – Anforderungen an ein ganzheitliches Qualitäts- und Qualifizierungssystem in einer Destination. (= Schriftenreihe des Instituts für Management und Tourismus (IMT), 2), München.

Eilzer, C. (2007): Besucherleitsysteme – Entwicklung und Anwendung eines Instrumentes zu ihrer Bewertung; dargestellt am Beispiel des Biosphärenreservats Rhön. (Schriftenreihe des Instituts für Management und Tourismus (IMT), 1), München.

Eilzer, C. (2008): Touristische Schriftenreihen. Instrument zum Wissenstransfer vor dem Hintergrund veränderter Qualifizierungsnotwendigkeiten im Tourismus. Saarbrücken.

Eilzer, C./Eisenstein, B./Arlt, W.G. (Ed.) (2008): National Parks and Tourism. Answers to a Global Question from the International Competence Network of Tourism Management (ICNT). (=Schriftenreihe des Instituts für Management und Tourismus (IMT), 3). München.

Eilzer, C./Arlt, W./Eisenstein, B. (Hrsg.) (2011): Global Experiences in Tourism. (= Schriftenreihe des Instituts für Management und Tourismus, 5), München,

Eisenstein, B. (1993): Wirtschaftliche Effekte des Fremdenverkehrs. Trier.

Eisenstein, B. (1995): Wirtschaftliche Effekte des Fremdenverkehrs. 2., aktualisierte Auflage; Trier.

Eisenstein, B. (1996): Verflechtungen zwischen Fremdenverkehr und Weinbau an der Deutschen Weinstraße. Trier.

Eisenstein, B. (2004): Sozialpsychologische Hemmnisse regionaler Tourismusentwicklung. Unveröffentlichtes Vortragsmanuskript, Heide.

Eisenstein, B./Rast, C. (2000): 10 Heider Thesen als Ansätze zur Veränderung der Strukturen im Deutschlandtourismus. In: Fontanari, M./Scherhag, K. (Hrsg.) (2000): Wettbewerb der Destinationen – Erfahrungen, Konzepte, Visionen. Wiesbaden, S. 57–69.

Eisenstein, B./Maschewski, A. et al. (2001): Entwicklung eines Strategischen Erfolgskennziffernsystems im Tourismus (SET) Pilotstudie in der Destination Nordsee Schleswig-Holstein. Heide.

Eisenstein, B./Rosinski, A. (2004): Ökonomische Effekte des Tourismus. In: Becker, C./Hopfinger, H./Steinecke, A. (Hrsg.) (2004): Geographie der Freizeit und des Tourismus – Bilanz und Ausblick. 2. Auflage, München, S. 805–814.

Eisenstein, B./Eilzer, C. (2006): Wein und Tourismus. (=Schriften zur Weinkultur, Sonderheft 2), Grünstadt.

Eisenstein, B./Müller, S./Heubeck, M. (Hrsg.) (2009): Destination Brand 09 – Markenstudie für deutsche Reiseziele. Heide.

Eisenstein, B./Koch, A. (2011): Customer-oriented Brand Value Assessment of the German Source Market for the Destination South Africa. In: Eilzer, C./Arlt, W./ Eisenstein, B. (Hrsg.) (2011): Global Experiences in Tourism. (= Schriftenreihe des Instituts für Management und Tourismus, 5), München, S. 85-100

Enright, M.J./Newton, J. (2004): Tourism Destination Competitiveness – A Quantitative Approach. In: Journal of Travel Research, 21, 4, pp 3–13.

Epler Wood, M. (1998): New Directions in the Ecotourism Industry. In: Lindberg, K./Epler Wood, M./Engeldrum, D. (Ed.) (1998): Ecotourism – A Guide for Planners and Developers. North Bennington, pp 45-62.

Europäische Kommission (1998) (Ed.): Enterprise Policy, Distributive Trades, Tourism and Cooperatives – Fight against Child Sex Tourism. Brüssel.

Ferrante, C.L. (1994): Konflikt und Diskurs im Ferienort – Wirtschaftsethische Betrachtungen am Fallbeispiel Engelberg. (= Berner Studien zu Freizeit und Tourismus, 32), Bern.

Fischer, B./Hansch, A./Werner, K./Sperling, W. (2009): Tourismus in Mecklenburg-Vorpommern – Ergebnisse der Gäste-Befragung und Entwicklung. Rostock.

Fischer, E. (2009): Das kompetenzorientierte Management touristischer Destinationen – Identifikation und Entwicklung kooperativer Kernkompetenzen. (= Dissertation Katholische Universität Eichstätt-Ingolstadt), Wiesbaden.

Fischer, T./Schulz, A. (Hrsg.) (2008): Handbuch Gesundheitstourismus – Grundlagen in Gesundheit, Freizeit und Tourismus. Aachen.

Flagestad, A./Hope, C.A. (2001): Strategic Success in Winter Sports Destinations – a Sustainable Value Creation Perspective. In: Tourism Management, 22, pp 445–461.

Freyer, W. (1997): Tourismus-Marketing. München/Wien.

Freyer, W. (2011): Tourismus – Einführung in die Fremdenverkehrsökonomie. 10., überarbeitete und aktualisierte Auflage, München.

Friedl, H. (2002): Tourismusethik – Theorie und Praxis des umwelt- und sozialverträglichen Reisens. München u.a.

Frietzsche, U. (2001): Externe Faktoren in der Dienstleistungsproduktion – Ansätze zur Lösung von Erfassungs- und Bewertungsproblemen. (= Dissertation Wirtschaftsuniversität Wien) Wiesbaden.

Fronhofer, M./Lütters, H. (2012): Chancen durch Location Based Services für den ländlichen Raum. In: Rein, H./Schuler, A. (Hrsg.) (2012): Tourismus im ländlichen Raum. Wiesbaden, S. 292-315.

F.U.R Forschungsgemeinschaft Urlaub und Reisen e.V. (Hrsg.) (2002)–(2013): Erste Ergebnisse der Reiseanalyse. zum jeweiligen Jahr, Kiel.

F.U.R. Forschungsgemeinschaft Urlaub und Reisen e.V. (2013): http://www.fur.de/index.php?id=ra2013 vom 04.05.2013

Getz, D. (1992): Tourism Planning and the Destination Life Cycle. In: Annals of Tourism Research, 19, 4, pp 752–770.

GfK (2009): http://www.gfkps.com/scopedivisions/retail/tourism/was_steckt_hinter _gfk_travelscope/index.de.html vom 15.05.2009.

GfK SE Panel Services Deutschland/Eisenstein, B. (Hrsg.) (2013a): Kartendarstellung übermittelt vom IMT mit Mail vom 25.04.2013; Datengrundlage: GfK/IMT DestinationMonitor Deutschland.

GfK SE Panel Services Deutschland/Eisenstein, B. (Hrsg.) (2013b): Daten übermittelt vom GfK SE Panel Services Deutschland mit Mail vom 08.05.2013; Datengrundlage: GfK/IMT DestinationMonitor Deutschland.

GfK SE Panel Services Deutschland/Eisenstein, B. (Hrsg.) (2013c): Daten übermittelt vom IMT mit Mail vom 07.05.2013; Datengrundlage: GfK/IMT DestinationMonitor Deutschland.

Gilbert, E.W. (1939): The Growth of Inland and Seaside Health Resorts in England. In: Scottish Geographical Magazine, 55, 1, pp 16–35.

Goodall, B. (1988): How Tourists Choose Their Holidays – An Analytic Framework. In: Goodall, B./Ashworth, G. (Ed.) (1988): Marketing in the Tourism Industry. New York, pp 1–17.

Gormsen, E. (1983): Tourismus in der Dritten Welt – Historische Entwicklung, Diskussionsstand, sozialgeographische Differenzierung. In: Geographische Rundschau, 12/1983, S. 608-617.

Government of the Maldives – Ministry of Planning and National Development (Ed.) (2004): Statistical Yearbook of Maldives. Male.

Grashoff, C. (2002): Destinationsmanagement als neues Steuerungsmodell der Tourismusentwicklung. In: Borghardt, J./Meltzer, L./Roeder, S./Scholz, W./Wüstenberg, A. (Hrsg.) (2002): ReiseRäume – Touristische Entwicklung und räumliche Planung. (= Dortmunder Beiträge zur Raumplanung, 109), Dortmund, S. 87–99.

Grimm, B./Lohmann, M./Heinsohn, K./Richter, C./Metzler, D. (2009): Auswirkungen des demographischen Wandels auf den Tourismus und Schlussfolgerungen für die Tourismuspolitik – Kurzfassung; Kiel, Berlin, München.

Groß, S. (2002): Touristische Leitbildentwicklung am Beispiel von Projekten in der Pfalz. In: Borghardt, J./Meltzer, L./Roeder, S./Scholz, W./Wüstenberg, A. (Hrsg.) (2002): ReiseRäume – Touristische Entwicklung und räumliche Planung. (= Dortmunder Beiträge zur Raumplanung, 109), Dortmund, S. 229–237.

Groß, S. (2005): Mobilitätsmanagement im Tourismus. (= Dissertation Technische Universität Dresden; = Dresdner Schriftenreihe „Tourismus-Forschung", 1), Dresden.

Groß, S. (2011): Tourismus und Verkehr – Grundlagen, Marktanalyse und Strategien von Verkehrsunternehmen. München u.a.

Gustedt, E. (2002): Partizipation in der Tourismusplanung. In: Borghardt, J./Meltzer, L./Roeder, S./Scholz, W./Wüstenberg, A. (Hrsg.) (2002): ReiseRäume – Touristische Entwicklung und räumliche Planung. (= Dortmunder Beiträge zur Raumplanung, 109), Dortmund, S. 31–41.

Haardt, N. (1995): Strategische Tourismusplanung im Großherzogtum Luxemburg. In: Moll, P. (Hrsg.) (1995): Umweltschonender Tourismus – Eine Entwicklungsperspektive für den ländlichen Raum. (= Materialien zur angewandten Geographie, 24), Bonn, S. 85–91.

Haedrich, G./Kaspar, C./Klemm, K./Kreilkamp, E. (Hrsg.) (1998): Tourismus-Management –Tourismus-Marketing und Fremdenverkehrsplanung. 3., völlig neu bearbeitete und wesentlich erweiterte Auflage, Berlin und New York.

Häussler, X. (1930): Der Fremdenverkehr. Eine Studie über seine volkswirtschaftliche Bedeutung und seine Förderung. Unter besonderer Berücksichtigung der Verhältnisse im bayerischen Hochland. Leipzig.

Hall, C.M./Jenkins, J./Kearsley, G. (1997): Tourism Planning and Policy in Australia and New Zealand – Cases, Issues and Practice. Sydney.

Hamm, B. (1982): Einführung in die Siedlungssoziologie. München.

Hammer, R.M. (1995): Unternehmensplanung – Lehrbuch der Planung und strategischen Unternehmensführung. 6. Auflage, München.

Harrer, B. (2004): Wirtschaftsfaktor Tourismus: Berechnungsmethodik und Bedeutung. In: Becker, C./Hopfinger, H./Steinecke, A. (Hrsg.) (2004): Geographie der Freizeit und des Tourismus – Bilanz und Ausblick. 2. Auflage, München, S. 149–158.

Harrer, B./Scherr, S. (2002): Ausgaben der Übernachtungsgäste in Deutschland (= Schriftenreihe des DWIF, 49), München.

Hasse, J. (1988): Tourismusbedingte Probleme im Raum. In: Geographie und Schule, 53, S. 12–18.

Hauff, V. (Hrsg.) (1987): Unsere gemeinsame Zukunft – Der Brundtland-Bericht der Weltkommission für Umwelt und Entwicklung. Greven.

Haywood, K.M. (1986): Can the Tourist-Area Life Cycle Be Made Operational. In: Tourism Management, 7, 2, pp 154–167.

Henkel, G. (1993): Der ländliche Raum. Stuttgart.

Herkner, W. (2001): Lehrbuch Sozialpsychologie. 5., korrigierte und stark erweiterte Auflage, Bern.

Herle, F. B. (2008): Strategische Planung grenzenloser Destinationen – Vertikale und branchenübergreifende Erweiterung touristischer Regionen. (= Schriftenreihe der School of International Business/Internationaler Studiengang für Tourismusmanagement, 4), Stuttgart.

Hinterhuber, H.H./Pechlaner, H. (1999): Verbundsysteme von Tourismusorganisationen und Destinationen. In: Pechlaner, H./Weiermair, K. (Hrsg.) (1999): Destinations-Management – Führung und Vermarktung von touristischen Zielgebieten. (= Schriftenreihe Management und Unternehmenskultur, 2), Wien, S. 227–242.

Hopfinger, H. (2004): Die Geographie der Freizeit und des Tourismus – Standortbestimmung. In: Becker, C./Hopfinger, H./Steinecke, A. (Hrsg.) (2004): Geographie der Freizeit und des Tourismus – Bilanz und Ausblick. 2. Auflage, München, S. 1–24.

Horster, E. (2013). Reputation und Reiseentscheidung im Internet. Grundlagen, Messung und Praxis. Wiesbaden

Hunziker, W./Krapf, K. (1942): Grundriß der Allgemeinen Fremdenverkehrslehre. (= Schriftenreihe des Seminars für Fremdenverkehr an der Handels-Hochschule St.Gallen, 1), Zürich.

IMT (Hrsg.) (2013): DestinationBrand 12 – Markenwerte deutscher Reiseziele. (= Studie des IMT der FH Westküste zu den Markenwerten von über 150 deutschen Reisezielen), Heide.

In-Albon, B. (1983): Die Bestimmung des Fremdenverkehrsvolumens und seiner volkswirtschaftlichen Auswirkungen. Eine Darstellung grundlegender theoretischer und empirischer Aspekte. (= Dissertation Universität Freiburg in der Schweiz), Zürich.

Ioannides, D. (1992): Tourism Development Agents – The Cypriot Resort Cycle. In: Annals of Tourism Research, 19, 4, pp 711–731.

IPK (2009): http://www.ipkinternational.com/de/geschaeftsbereiche/world-travel-monitorsupRsupeuropaeischer-reisemonitorsupRsupdeutscher-reisemonitorsup Rsup/ vom 15.05.2009

International Resources Group (IRG) (Ed.) (1992): Ecotourism – A Viable Alternative für Sustainable Management of Natural Resources in Africa. Washington.

Jafari, J. (1982): Understanding the Structure of Tourism – An Avant Propos to Studying its Costs and Benefits. In: AIEST (Ed.) (1982): Wechselwirkungen zwischen Nutzen und Kosten des touristischen Angebots. St. Gallen, S. 51-72.

Jäger, K. (1935): Die volkswirtschaftliche Bedeutung des Fremdenverkehrs. Nürnberg.

Jamieson, W. (Ed.) (2006): Community Destination Management in Developing Economies. New York u.a.

Jansen, S.A./Schleissing S. (2000): Konkurrenz und Kooperation – Interdisziplinäre Zugänge zur Theorie der Co-opetition. Marburg.

Job, H. (1991): Freizeit und Erholung mit oder ohne Naturschutz? Umweltauswirkungen der Erholungsnutzung und Möglichkeiten ressourcenschonender Erholungsformen, erörtert insbesondere am Beispiel Naturpark Pfälzerwald. (= Pollichia-Buch, 22), Bad Dürkheim.

Job, H. (1995): Besucherlenkung in Großschutzgebieten. In: Moll, P. (Hrsg.) (1995): Umweltschonender Tourismus – Eine Entwicklungsperspektive für den ländlichen Raum. (= Materialien zur angewandten Geographie, 24), Bonn, S. 153–160.

Job, H./Vogt, L. (2004): Freizeit/Tourismus und Umwelt – Umweltbelastungen und Konfliktlösungsansätze. In: Becker, C./Hopfinger, H./Steinecke, A. (Hrsg.) (2004): Geographie der Freizeit und des Tourismus – Bilanz und Ausblick. 2. Auflage, München, S. 851–864.

Kahlenborn, W./Kraack, M./Carius, A. (1999): Tourismus- und Umweltpolitik – Ein politisches Spannungsfeld. Berlin u.a.

Kaspar, C. (1990): Lohn- und Preiseffekte durch den Tourismus. In: Storbeck, D. (Hrsg.) (1990): Moderner Tourismus – Tendenzen und Aussichten. (= Materialien zur Fremdenverkehrsgeographie, 17), 2., unveränderte Auflage, Trier, S. 361–371.

Kaspar, C. (1991): Die Tourismuslehre im Grundriss. 4., überarbeitete und ergänzte Auflage (= St. Galler Beiträge zum Tourismus und zur Verkehrswirtschaft, 1), Bern, Stuttgart.

Kaspar, C. (1995): Management im Tourismus – eine Grundlage für die Führung von Tourismusunternehmen und -organisationen. 2., vollständig überarbeitete und ergänzte Auflage) (= St. Galler Beiträge zum Tourismus und zur Verkehrswirtschaft, 13), Bern u.a.

Kaspar C. (1996): Die Tourismuslehre im Grundriss. 5., überarbeitete und ergänzte Auflage; (= St. Galler Beiträge zum Tourismus und zur Verkehrswirtschaft, 1), Bern u.a.

Kaspar, C. (1998): Das System Tourismus im Überblick. In: Haedrich, G./Kaspar, C./Klemm, K./Kreilkamp, E. (Hrsg.): Tourismus-Management – Tourismus-Marketing und Fremdenverkehrsplanung. 3., völlig neu bearbeitete und wesentlich erweiterte Auflage, Berlin, New York, S. 15–32.

Kaspar, C./Kunz, B.R. (1982): Unternehmensführung im Fremdenverkehr – Eine Grundlage für das Management von Hotels, Restaurants, Sportbahnen und -anlagen, Reisebüros, Kur- und Verkehrsbüros. (= St. Galler Beiträge zum Tourismus und zur Verkehrswirtschaft, 13), Bern, Stuttgart.

Keller, P. (1996): Anforderungen an die Tourismuspolitik in hochentwickelten Ländern. In: Weiermair, K. (Ed.) (1996): Alpine Tourism – Sustainability: Reconsidered and Redesigned, Innsbruck, pp 324–333.

Keller, P. (1999): Nationale Tourismusorganisationen im Wandel. In: Pechlaner, H./Weiermair, K. (Hrsg.) (1999): Destinations-Management – Führung und Vermarktung von touristischen Zielgebieten. (= Schriftenreihe Management und Unternehmenskultur, 2), Wien, S. 209–225.

Keller, P./Koch, K. (1995): Die Globalisierung im Tourismus – Eine Herausforderung für die Schweiz als traditionelles Tourismusland. In: Volkswirtschaft, 5, S. 16–22.

Kirsges, T. (1999): Tourismus im Zeitalter der Globalisierung. In: Tourismus Jahrbuch, 1, S. 139–143.

Klanarongran, P. (2006): Community Participation in the Royal Development Projects. In: Jamieson, W. (Ed.) (2006): Community Destination Management in Developing Economies. New York u.a., pp 53–62.

Klausegger, C./Salzberger, T. (2006): Marketingcontrolling im Tourismus – Empirische Analyse zum Status Quo am Beispiel ausgewählter österreichischer Tourismusbranchen. In: Bruhn, M./Stauss, B. (Hrsg.) (2006): Dienstleistungscontrolling. Wiesbaden, S. 431–452.

Klemm, K. (1983): Methoden der Fremdenverkehrsplanung in der Bundesrepublik Deutschland. (= Materialien zur Fremdenverkehrsgeographie, 5), 2. Auflage, Trier.

Klemm, K. (1998): Umwelt- und sozialverträglicher Tourismus – Rahmenbedingungen von Raumordnung, Regional- und Bauleitplanung. In: Haedrich, G./Kaspar, C./Klemm, K./Kreilkamp, E. (Hrsg.) (1998): Tourismus-Management –Tourismus-Marketing und Fremdenverkehrsplanung. 3., völlig neu bearbeitete und wesentlich erweiterte Auflage, Berlin, New York, S. 79–92.

Koch, A. (1966): Fremdenverkehr als Entwicklungshilfe. In: Deutsches wirtschaftswissenschaftliches Institut für Fremdenverkehr an der Universität München (DWIF) (Hrsg.) (1966): Jahrbuch für Fremdenverkehr, 14. Jahrgang, München, S. 41–45.

Koch, A./Eisenstein, B./Eilzer, C. (2012): Reisetrend „Slow Tourism": Ausgewählte empirische Befunde. In: Antz, C./Eisenstein, B./Eilzer, C. (Hrsg.) (2012): Slow Tourism – Reisen zwischen Langsamkeit und Sinnlichkeit. (= Schriftenreihe des Instituts für Management und Tourismus, 6), München, S. 41–54.

König, N. (2002): Nachhaltigkeit und Tourismus – „Sustainable Development" und „Carrying Capazity" im Tourismus. In: Borghardt, J./Meltzer, L./Roeder, S./Scholz, W./Wüstenberg, A. (Hrsg.) (2002): ReiseRäume – Touristische Entwicklung und räumliche Planung. (= Dortmunder Beiträge zur Raumplanung, 109), Dortmund, S. 73–86.

Kösterke, A. (2000): Urlaubsreisen und interkulturelle Begegnung – Untersuchung zur Ansprechbarkeit der Deutschen auf Aspekte von interkultureller Begegnung im Urlaub unter besonderer Berücksichtigung von Jugendlichen und jungen Erwachsenen. Ammerland.

Kohl, M. (1998): Qualität im Tourismus – Was macht Hotels und Restaurants (besonders) erfolgreich? 2. Neuauflage, Wien.

Kollmann, B./Pechlaner, H. (1999): Von der Tourismusorganisation zur Destinationsorganisation. In: Mussner, R./Pechlaner, H./Schönhuber, A. (Hrsg.) (1999): Destination Management della destinzione. Chur, Zürich, S. 69–79.

Krippendorf, J. (1980): Marketing im Fremdenverkehr. 2., erweiterte und überarbeitete Auflage (= Berner Studien zum Fremdenverkehr, 7); Bern und Frankfurt/Main.

Krippendorf, J. (1984): Die Ferienmenschen. Zürich.

Kronenberg, C./Reiger, E. (2005): Innovative Weiterbildungssysteme im alpinen Raum. In: Pechlaner, H./Tschurtschenthaler, P./Peters, M./Pikkemaat, B./Fuchs, M. (Hrsg.) (2005): Erfolg durch Innovation – Perspektiven für den Tourismus- und Dienstleistungssektor. (= Festschrift für Klaus Weiermair zum 65. Geburtstag), Wiesbaden, S. 505–523.

Krüger, R. (1995): Peripherie 2005 – Tourismus und ländlicher Raum. In: Moll, P. (Hrsg.) (1995): Umweltschonender Tourismus – Eine Entwicklungsperspektive für den ländlichen Raum. (= Materialien zur angewandten Geographie, 24), Bonn, S. 55–64.

Krug, S. (2000): Nachhaltige Tourismusentwicklung aus politischer Sicht. In: Fontanari, M.L./Scherhag, K. (Hrsg.) (2000): Wettbewerb der Destinationen – Erfahrungen, Konzepte, Visionen. Wiesbaden, S. 15–26.

Kulinat, K./Steinecke, A. (1984): Geographie des Freizeit- und Fremdenverkehrs. (= Erträge der Forschung, 212), Darmstadt.

Laesser, C. (2002): Aufgaben des Destinationsmanagements und Herausforderungen für eine zukunftsorientierte Tourismuspolitik. In: Pechlaner, H./Weiermair, K./Laesser, C. (Hrsg.) (2002): Tourismuspolitik und Destinationsmanagement – Neue Herausforderungen und Konzepte. Bern u.a., S. 77–122.

Lagger, S. (1995): Güterbedarf und Güterversorgung im Drittwelt-Tourismus – Wirtschaftliche und soziale Effekte des touristischen Güterkonsums in Drittwelt-Ländern anhand von Beispielen aus den Kleinen Antillen. (= Basler Beiträge zur Geographie, 44; zugleich Dissertation Universität Basel), Basel.

Lang, H.R. (1996): Tourismus, Kur- und Bädereinrichtungen. (= Lektion 6 der Allgemeinen Tourismuslehre im Rahmen des Fernstudiengangs Tourismusbetriebswirtschaft), Stuttgart u.a.

Larbig, C./Kämpf, R./Keller, F./Kozak, A. (2004): Graubündener Destinationsbenchmarking – Der Einsatz eines Geografischen Informationssystems (GIS) als Planungs- und Managementinstrument in touristischen Zielgebieten. In: Tourismus Journal, 8, 1, S. 76–86.

Lehar, G./Hausberger-Hagleitner, K. (2006): Die Zukunft der Aus- und Weiterbildung im Tourismus. In: Pikkemaat, B./Peters, M./Weiermair, K. (Hrsg.) (2006): Innovationen im Tourismus – Wettbewerbsvorteile durch neue Ideen und Angebote. (= Schriften zu Tourismus und Freizeit, 6), Berlin, S. 211–221.

Lehmann, M./Heinemann, A. (2009). Touristische Leitbilder – Der strategische Planungsprozess von Destinationen. (= Heilbronner Reihe Tourismuswissenschaft), Berlin.

Linkenbach, Renate (2009): Innenmarketing im Tourismus – Ein Leitfaden für die Praxis, Gerlingen.

Linne, M. (2008): Tourismus – Ein produkttypologischer Ansatz. Hamburg.

Lohmann, M. (1996): Kein Wachstum ohne Ende. In: Steinecke, A. (Hrsg.) (1996): Der Tourismusmarkt von morgen – zwischen Preispolitik und Kultkonsum. Trier, S. 73–81.

Lüem, T. (1985): Sozio-kulturelle Auswirkungen des Tourismus in Entwicklungsländern – Ein Beitrag zur Problematik des Vergleiches von touristischen Implikationen auf verschiedene Kulturräume der Dritten Welt. (= Dissertation Universität Zürich), Zürich.

Luft, H. (2005): Grundlegende Tourismuslehre – Theorie und Praxis. Meßkirch.

Luft, H. (2007): Destination Management in Theorie und Praxis – Organisation und Vermarktung von Tourismusorten und Tourismusregionen. Meßkirch.

Luger K./Wöhler Kh. (Hrsg.) (2010): Kulturelles Erbe und Tourismus – Rituale, Traditionen, Inszenierungen. (= Tourismus: transkulturell & transdisziplinär, 10), Innsbruck u.a.

Luger K. (2010): Tradition, Ritual, Inszenierung: Kulturelles Erbe im Spannungsfeld von bewahrender Pflege und touristischer Vereinnahmung; In: Luger K./Wöhler Kh. (Hrsg.) (2010): Kulturelles Erbe und Tourismus – Rituale, Traditionen, Inszenierungen. (= Tourismus: transkulturell & transdisziplinär, 10), Innsbruck u.a., S. 15–45.

Lundtrop, S./Wanhill, S. (2001): The Resort Lifecycle Theory – Generating Processes and Estimation. In: Annals of Tourism Research, 28, 4, pp 947–964.

Maleri, R. (1997): Grundlagen der Dienstleistungsproduktion. 4., vollständig überarbeitete und erweiterte Auflage, Berlin u.a.

Maleri, R./Frietzsche U. (2008): Grundlagen der Dienstleistungsproduktion. 5., überarbeitete Auflage, Berlin u.a.

Mandke, P. (2006): Carrying Capacity As a Tool for Tourism Destination Management. In: Jamieson, W. (Ed.) (2006): Community Destination Management in Developing Economies. New York u.a., pp 123–128.

Margraf, M. (2006): Community Based Tourism – Ein Instrument nachhaltiger Entwicklung ehemals benachteiligter Bevölkerungsgruppen am Beispiel Kaymandi, Südafrika. Saarbrücken.

Maschewski, A. (2008): Touristische Vermarktung Deutscher Nationalparke: Stand und Ausblick, in: Eilzer, C./Eisenstein, B./Arlt, W. (Hrsg.) (2008): National Parks and Tourism, Answers to a Global Question from the International Competence Network of Tourism Management (ICNT). (= Schriftenreihe des Instituts für Management und Tourismus, 3). München, S. 9–26.

Maschke, J. (2005): Tagesreisen der Deutschen – (= Schriftenreihe des DWIF, 50), München.

Maschke, J. (2006): Tagesreisen der Deutschen – Teil 2 Jahr 2005. (= Schriftenreihe des DWIF, 51), München.

Maschke, J. (2007): Tagesreisen der Deutschen – Teil 3 Jahr 2006. (= Schriftenreihe des DWIF, 52), München.

Matzler, K./Pechlaner, H. (1999): Kompetenzorientierte Entwicklung von Kundenakquisitionsstrategien für touristische Destinationen. In: Pechlaner, H./Weiermair, K. (Hrsg.) (1999): Destinations-Management – Führung und Vermarktung von touristischen Zielgebieten. (= Schriftenreihe Management und Unternehmenskultur, 2), Wien, S. 137–157.

May, C. (2012): Raum, Tourismus, Kultur – Die Konstruktion des Tourismusraumes „Dänische See". Wien.

May, C./Saretzki, A. (2012): Welterbetourismus – ein interkulturelles Medium? In: TW Zeitschrift für Tourismuswissenschaft 4, 2; S. 151-165.

Meffert C. (2002): Profilierung von Dienstleistungsmarken in vertikalen Systemen – ein präferenzorientierter Beitrag zur Markenführung in der Touristik. (= Dissertation Universität St. Gallen), Wiesbaden.

Meffert, H./Bruhn, M. (2006): Dienstleistungsmarketing – Grundlagen, Konzepte, Methoden. 5. Auflage, Wiesbaden.

Meffert, H./Bruhn, M. (2009): Dienstleistungsmarketing – Grundlagen, Konzepte, Methoden. 6., vollständig neubearbeitete Auflage, Wiesbaden.

Melián-González, A./García-Falcón, J.M. (2003): Competitive Potential of Tourism in Destinations. In: Annals of Tourism Research, 30, 3, pp 720–740.

Messner, D. (1995): Die Netzwerkgesellschaft – Wirtschaftliche Entwicklung und internationale Wettbewerbsfähigkeit als Probleme gesellschaftlicher Steuerung. (= Schriftenreihe des Deutschen Instituts für Entwicklungspolitik, 108), Köln.

Miossec, J.M. (1977): Un modèle de l`espace touristique. In: L`espace géographique, VI, 1, pp 41–48.

Morgan, N./Pritchard, A. (2002): Contextualizing Destination Branding. In: Morgan, N./Pritchard, A./Pride, R. (Ed.) (2002): Destinations Branding – Creating the Unique Destination Proposition. Oxford, pp 11–41.

Morgan, N./Pritchard, A./Pride, R. (Ed.) (2011): Destinations Branding – Creating the Unique Destination Proposition. Third Edition, Oxford.

Müller, H. (1994): Tourismus und Umweltwissenschaften – Neue Forschungsparadigmen. In: La recherche touristique, 36, S. 165–186.

Müller, H. (2007): Tourismus und Ökologie – Wechselwirkungen und Handlungsfelder. 3., überarbeitete Auflage, München, Wien.

Müller, H. (2004): Qualitätsorientiertes Tourismusmanagement. Bern u.a.

Müller, H. (2005): Qualität durch Innovation – Innovation durch Qualität – Erkenntnisse am Beispiel des Schweizer Tourismus. In: Pechlaner, H./Tschurtschenthaler, P./Peters, M./Pikkemaat, B./Fuchs, M. (Hrsg.) (2005): Erfolg durch Innovation – Perspektiven für den Tourismus- und Dienstleistungssektor. (= Festschrift für Klaus Weiermair zum 65. Geburtstag), Wiesbaden, S. 403–416.

Müller, H. (2008): Freizeit und Tourismus – Eine Einführung in Theorie und Politik. (= Berner Studien zu Freizeit und Tourismus, 41), 11. Auflage, Bern.

Müller, H./Scheurer, R. (2004): Tourismus-Destinationen als Erlebniswelt – Ein Leitfaden zur Angebots-Inszenierung. Bern.

Müller, H. /Stettler, J. (1993): Marketing-Arbeit der Verkehrsvereine. (= FIF-Reihe) Bern.

Mundt, J.W. (2002): The Branding of Myths and the Myths of Branding – Some Critical Remarks on the `Branding´ of Destinations. In: Tourism, 50, 4, pp 339–348.

Mundt, J.W. (2004): Tourismuspolitik. München.

Mundt, J.W. (2008): Tourismus. In: Fuchs, W./Mundt, J.W./Zollondz, H.-D. (Hrsg.) (2008): Lexikon Tourismus – Destinationen, Gastronomie, Hotellerie, Reisemittler, Reiseveranstalter, Verkehrsträger. München, S. 691–694.

Mundt, J.W. (2013): Tourismus. 4. Auflage, München.

Murphy, P.E./Price, G.G. (2005): Tourism and sustainable development. In: Theobald, W. F. (Ed.) (2005): Global Tourism. 3. Auflage, pp 167–193, Amsterdam u.a.

Muskat, B. (2007): Total Quality Management im Tourismus. (= Dissertation Universität Trier), Wiesbaden.

Nordseebäderverband Schleswig-Holstein e.V. (Hrsg.) (2006): Mehrwert – Die Bedeutung des Tourismus für die Region und warum wir alle davon profitieren. Husum.

Nordseebäderverband Schleswig-Holstein e.V. (Hrsg.) (2010): Mehrwert – Die Bedeutung des Tourismus für die Region und warum wir alle davon profitieren. Husum.

Normann, R. (1987): Dienstleistungsunternehmen. Hamburg u.a.

Opaschowski, H.W. (2009): Tourismusanalyse 2009. Hamburg.

Oppermann, M. (1995): A Model of Travel Itineraries. In: Journal of Travel Research, 33, 4, pp 57–61.

Oppermann, M. (1998): What is New with the Resort Cycle. In: Tourism Management, 19, pp 179–180.

Pechlaner, H. (1996): Die Auswirkungen der Globalisierung des Tourismus im Alpenraum – eine Herausforderung für das Destinationsmarketing am Beispiel Südtirols. In: AIEST (Ed.): Globalisation and Tourism. St. Gallen, pp 139–156.

Pechlaner, H. (1998): Strategisches Management von Destinationen im Alpenraum. In: Handlbauer, G. et al. (Hrsg.) (1998): Perspektiven im Strategischen Management. S. 219–238, München u.a.

Pechlaner, H. (1999): Destinationsmanagement – Grenzen und Möglichkeiten. In: Mussner, R./Pechlaner, H./Schönhuber, A. (Hrsg.) (1999): Destination Management della destinazione. Chur, Zürich, S. 9–17.

Pechlaner, H. (1999): Produkt- und Marktfähigkeit und Destinationsmanagement. In: Mussner, R./Pechlaner, H./Schönhuber, A. (Hrsg.) (1999): Destination Management della destinzione. S. 66–68, Chur/Zürich.

Pechlaner, H. (2003): Tourismus-Destinationen im Wettbewerb. (= Habilitationsschrift Universität Innsbruck; = neue betriebswirtschaftliche forschung, 312), Wiesbaden.

Pechlaner, H./Abfalter, D. (1998): Deterritorialization of Tasks and Functions for Alpine Tourism Organizations – The Case of Tyrol. In: Turistica, 9, ¾, pp 131–145.

Pechlaner, H./Weiermair, K. (1999a): Neue Qualifikationsanforderungen in Destinationsorganisationen. In: Pechlaner, H./Weiermair, K. (Hrsg.) (1999): Destinations-Management – Führung und Vermarktung von touristischen Zielgebieten. (= Schriftenreihe Management und Unternehmenskultur, 2), S. 79–90, Wien.

Pechlaner, H./Weiermair, K. (1999b): Einführung. In: Pechlaner, H./Weiermair, K. (Hrsg.) (1999): Destinations-Management – Führung und Vermarktung von touristischen Zielgebieten. (= Schriftenreihe Management und Unternehmenskultur, 2), Wien, S. 79–90.

Pechlaner, H,/Fischer, E./Priglinger, P. (2006): Die Entwicklung von Innovationen in Destinationen – Die Rolle der Tourismusorganisation. In: Pikkemaat, B./Peters, M./Weiermair, K. (Hrsg.) (2006): Innovationen im Tourismus – Wettbewerbsvorteile durch neue Ideen und Angebote. (= Schriften zu Tourismus und Freizeit, 6), Berlin, S. 121–136.

Petermann, T./Hutter, C./Wennrich, C. (1998): Folgen des Tourismus – Band 1: gesellschaftliche und technische Dimensionen. (= Studien des Büros für Technikfolgen-Abschätzung beim Deutschen Bundestag, 5), Berlin.

Petermann, T./Wennrich, C. (1999): Folgen des Tourismus – Band 2: Tourismuspolitik im Zeitalter der Globalisierung. (= Studien des Büros für Technikfolgen-Abschätzung beim Deutschen Bundestag, 7), Berlin.

Peters, M./Schuckert, M./Weiermair, K. (2008): Die Bedeutung von Marken im Management von Tourismus-Destinationen. In: Bruhn, M./Stauss, B. (Hrsg.) (2008): Dienstleistungsmarken. Wiesbaden, S. 303–323.

Petersen, D. (1988): Der Tourismus leistet einen Beitrag zur Wirtschaftsentwicklung. In: Fremdenverkehrswirtschaft international (Hrsg.) (1988): Tourismus als Entwicklungspolitik – Brot für die Armen und Devisen für die Bank? (= Sonderdruck), Hamburg, S. 9ff.

Pforr, C. (2008): Nachhaltiger Tourismus. In: Fuchs, W./Mundt, J.W./Zollondz, H.-D. (Hrsg.) (2008): Lexikon Tourismus – Destinationen, Gastronomie, Hotellerie, Reisemittler, Reiseveranstalter, Verkehrsträger. München, S. 473–477.

Pikkemaat, B./Peters, M. (2006): Zur Relevanz von Innovationen im Tourismus – Eine Einführung. In: Pikkemaat, B./Peters, M./Weiermair, K. (Hrsg.) (2006): Innovationen im Tourismus – Wettbewerbsvorteile durch neue Ideen und Angebote. (= Schriften zu Tourismus und Freizeit, 6), Berlin, S. 3–6.

Plog, S.C. (1974): Why Destination Areas Rise and Fall in Popularity. In: Cornell Hotel and Restaurant Administration Quarterly, 14, 4, pp 55–58.

Plog, S.C. (2001): Why Destination Areas Rise and Fall in Popularity – An Update of a Cornell Quarterly Classic. In: Cornell Hotel and Restaurant Administration Quarterly, 42, 6, pp 13–24.

Pörksen, B./Detel H. (2012): Der entfesselte Skandal – Das Ende der Kontrolle im digitalen Zeitalter. Köln.

Pompl, W./Buer, C. (2006): Notwendigkeit, Probleme und Besonderheiten von Innovationen bei touristischen Dienstleistungen. In: Pikkemaat, B./Peters, M./Weiermair, K. (Hrsg.) (2006): Innovationen im Tourismus – Wettbewerbsvorteile durch neue Ideen und Angebote. (= Schriften zu Tourismus und Freizeit, 6), Berlin, S. 21–35.

Porter, M.E. (1992): Wettbewerbsstrategie – Methoden zur Analyse von Branchen und Konkurrenten. 7. Auflage, Frankfurt/Main.

Prideaux, B./Cooper, C. (2002): Marketing and Destination Growth – A Symbiotic Relationship or Simple Coincidence? In: Journal of Vacation Marketing, 9, 1, pp 35–51.

Priestley, G./Mundet, L. (1998): The Post-Stagnation-Phase of the Resort Cycle. In: Annals of Tourism Research, 25, 1, pp 85–111.

Prognos (Hrsg.) (1997): Tourismus und Ökonomie. Basel.

Quack, H.-D. (2012): Windkraft oder Tourismus? - Über tatsächliche und vermeintliche Probleme der Windkraft in Erholungsräumen. (pdf zum Vortrag anlässlich des WindForums Westfalen 7.1.2012 in Siegen) Lüneburg.

Raich, F. (2006): Governance räumlicher Wettbewerbseinheiten – Ein Ansatz für die Tourismus-Destination. (= Dissertation Universität Innsbruck), Wiesbaden.

Raum, S. (2011): Der Markenwert als strategisches Managementinstrument – Herleitung und Überprüfung eines empirischen Messinstruments für Destinationen. München.

Reed, M.G. (1997): Power Relations and Community-Based Tourism Planning. In: Annals of Tourism Research, 24, 3, pp 566–591.

Rein, H./Schuler, A. (Hrsg.) (2012): Tourismus im ländlichen Raum. Wiesbaden.

Rein, H./Schuler, A. (2012): Tourismus im ländlichen Raum. In: Rein, H./Schuler, A. (Hrsg.) (2012): Tourismus im ländlichen Raum. Wiesbaden, S. 3–10.

Revermann, C./Petermann, T. (2002): TA-Projekt Tourismus in Großschutzgebieten – Wechselwirkungen und Kooperationsmöglichkeiten zwischen Naturschutz und regionalem Tourismus – Endbericht. (= TAB Arbeitsbericht, 77), Berlin.

Riekens, S. (1996): Besucherlenkung im naturnahen Raum – Lösungsansätze für den Konflikt Erholung – Naturschutz. (= Schriftenreihe Mensch, Natur, Bewegung, 5), Rüsselsheim.

Ritchie, J.R.B./Crouch, G.I. (2000): The Competitive Destination – A sustainable Perspective. In: Tourism Management, 21, Special Issue, pp 1–7.

Ritchie, J.R.B./Crouch, G.I. (2003): The Competitive Destination – A sustainable Tourism Perspective. Wallingford, Cambridge.

Romeiss-Stracke, F. (1995): Service Qualität im Tourismus. München.

Russell, R. (2006): The Contribution of Entrepreneurship Theory to the TALC Model. In: Butler, R.W. (Ed.) (2006): The Tourism Area Life Cycle – Conceptual and Theoretical Issues. 2. Auflage, Cleverdon u.a., pp 105–123.

Ryan, C. (1991): Recreational Tourism. A Social Science Perspective. London/New York.

Sainaghi, R. (2006): From Contents to Processes: Versus a Dynamic Destination Management Model (DDMM). In: Tourism Management, 27, pp 1053–1063.

Scharpf, H. (1995): Umweltschonender Tourismus – von der Programmatik zur Praxis. In: Moll, P. (Hrsg.) (1995): Umweltschonender Tourismus – Eine Entwicklungsperspektive für den ländlichen Raum. (= Materialien zur angewandten Geographie, 24), Bonn, S. 67–76.

Scharpf, H. (1997): Regionale und kommunale Tourismusentwicklung unter dem Gesichtspunkt der Nachhaltigkeit. In: Köhn, J. (Hrsg.) (1997): Tourismus und Umwelt. Berlin, S. 17–28.

Scherhag, K. (1999): Destinationsmarken. In: Tourismus Jahrbuch, 1, S. 18–44.

Scherhag, K. (2000): Profilierungsstrategien für touristische Regionen. In: Fontanari, M./Scherhag, K. (Hrsg.) (2000): Wettbewerb der Destinationen – Erfahrungen, Konzepte, Visionen. Wiesbaden, S. 149–162.

Scherhag, K. (2003): Destinationsmarken und ihre Bedeutung im touristischen Wettbewerb. Köln.

Scherhag, K./Schneider, S. (1999): Strategische Herausforderung an ein zukunftsweisendes Kooperationsmanagement. In: Deutsches wirtschaftswissenschaftliches Institut für Fremdenverkehr an der Universität München (DWIF) (Hrsg.) (1999): Jahrbuch für Fremdenverkehr, 41. Jahrgang, München, S. 6–30.

Schertler, W. (1994): Dienstleistungseigenschaften begründen Informationsgeschäft – dargestellt am Beispiel von Tourismusdienstleistungen. In: Schertler, W. (Hrsg.) (1994): Tourismus als Informationsgeschäft. Wien, S. 17–42.

Schertler, W. (1998): Kooperationsstrategien und deren Umsetzung im Konzept der Virtuellen Unternehmung. In: Handlbauer, G. et al. (Hrsg.) (1998): Perspektiven im Strategischen Management. Berlin, New York, S. 298–306.

Scheurer, R. (2003): Erlebnis-Setting – Touristische Angebotsgestaltung in der Erlebnisökonomie. (=Berner Studien zu Freizeit und Tourismus, 43), Bern.

Schieban, L. (2008): Unterschiedliche Managementansätze zur Führung von Skidesti-
nationen – Ein europäisch-nordamerikanischer Vergleich anhand ausgewählter Beispiele. Saarbrücken.

Schliephake, K. (1978): Fremdenverkehr in der Gemeinde Ossiach. Strukturwandel in
einer kleinen Gemeinde und die Frage ihrer Belastung und Belastbarkeit. (= Schriftenreihe für Raumforschung und Raumplanung, 16), Klagenfurt.

Smeral, E. (2012): Bestimmungsgründe der Wettbewerbsposition der Tourismusdestination Österreich – Ein modellorientierter Ansatz. In: Zeitschrift für Tourismuswissenschaft, 4/1, S. 5–19.

Schmid, U. (1997): Das Anspruchgruppen-Konzept. In: Das Wirtschaftsstudium, 26,
7, S. 633–635.

Schmied, M./Buchert, M./Hochfeld, C./Schmitt, B./Simón, A./Klüting, R./Wollny, V.
(2002): Umwelt und Tourismus – Daten, Fakten, Perspektiven. Berlin.

Schmitz, S. (2005): Von Bauern zu Dienstleistern? Community Based Sustainable
Tourism – Konflikt mit lokalen Reiseagenturen – Ein Fallbeispiel vom Tititcacasee.
In: Waibel, K./Thimm, T./Kreisel, W. (Hrsg.) (2005): Fragile Inselwelten –
Tourismus, Umwelt und indigene Kulturen. (= Pazifik Forum, 9), Bad Honnef,
S. 179–195.

Schmude, J./Namberger, P. (2010): Tourismusgeographie. Darmstadt.

Schnabel, C.-H. (1925): Der neuzeitliche Fremdenverkehr am Mittelrhein und seine
Einwirkungen auf das Wirtschaftsleben – Eine wirtschaftshistorische Untersuchung.
(= Dissertation Universität Köln), Köln.

Schneider, M. (1998): Prinzipien der Zusammenarbeit – und wie setzen wir sie um.
Partizipative Methoden in der Arbeit des DED. Berlin.

Schrand, A. (1993): Urlaubertypologien. In: Hahn, H./Kagelmann, H-J. (Hrsg.)
(1993): Tourismuspsychologie und Tourismussoziologie – Ein Handbuch zur Tourismuswissenschaft. München, S. 548–554.

Schrand, A. (2008): Sozialverträglichkeit im Tourismus. In: Fuchs, W./Mundt,
J.W./Zollondz, H.-D. (Hrsg.) (2008): Lexikon Tourismus – Destinationen, Gastronomie, Hotellerie, Reisemittler, Reiseveranstalter, Verkehrsträger. München, S.
639–646.

Schuckert, M./Möller, C./Weiermair, K. (2007): Alpine Destination Life Cycles –
Challenges and implications. In: Conrady, R./Buck, M. (Ed.) (2007): Trends and
Issues in Global Tourism 2007. Berlin u.a., pp 121–136.

Schuler, A. (2012): Destinationen im ländlichen Raum. In: Rein, H./Schuler, A.
(Hrsg.) (2012): Tourismus im ländlichen Raum. Wiesbaden, S. 94–108.

Schulz, A. (2009): Verkehrsträger im Tourismus – Luftverkehr, Bahnverkehr, Stra-
ßenverkehr, Schiffsverkehr. München.

Schuppert, G.F. (1989): Markt, Staat, Dritter Sektor – oder noch mehr? ektorspezifi-
sche Steuerungsprobleme ausdifferenzierter Staatlichkeit. In: Ellwein, T./Hesse, J.J./
Mayntz, R./Scharpf, F.W. (Hrsg.) (1989): Jahrbuch zur Staats- und Vewaltungswis-
senschaft. Baden-Baden.

Sharpley, R. (1994): Tourism, Tourist & Society. Huntington.

Siebert, H. (1992): Economics of the Environment – Theory and Policy. 3. durchgesehene und erweiterte Auflage, Berlin u.a.

Simon, V. (2008): Lebenszyklus-Analyse. In: Fuchs, W./Mundt, J.W./Zollondz, H.-D. (Hrsg.) (2008): Lexikon Tourismus – Destinationen, Gastronomie, Hotellerie, Reisemittler, Reiseveranstalter, Verkehrsträger. München, S. 433–435.

Smeral, E. (2003): Die Zukunft des internationalen Tourismus – Entwicklungsperspektiven für das 21. Jahrhundert. Wien.

Smeral, E. (2005): Ansatzpunkte für eine innovative Tourismuspolitik. In: Pechlaner, H./Tschurtschenthaler, P./Peters, M./Pikkemaat, B./Fuchs, M. (Hrsg.) (2005): Erfolg durch Innovation – Perspektiven für den Tourismus- und Dienstleistungssektor. (= Festschrift für Klaus Weiermair zum 65. Geburtstag), Wiesbaden, S. 25–38.

Smeral, E. (2012): Bestimmungsgründe der Wettbewerbsposition der Tourismusdestination Österreich – Ein modellorientierter Ansatz. In: tw – Zeitschrift für Tourismuswissenschaft 4, 1, S. 5–19.

Smith, V.L. (1977) (Ed.): Hosts and Guests – The Antropology of Tourism. o.O.

Smith, V.L. (1989): Introduction. In: Smith, V.L. (1989) (Ed.): Hosts and Guests – The Antropology of Tourism. Philadelphia, pp 1–17.

Socher, K./Tschurtschenthaler, P. (2002): Destination Management – Die ordnungspolitischen Perspektiven und die Rolle flankierter Politikbereiche: Umwelt-, Raumordnungs-, Bildungs-, Verkehrs- und Kulturpolitik. In: Pechlaner, H./Weiermair, K./Laesser, C. (Hrsg.) (2002): Tourismuspolitik und Destinationsmanagement – Neue Herausforderungen und Konzepte. Bern u.a., S. 145–176.

Staber, U. (2007): Sleeping with the Enemy, oder Vorsicht vor falschen Freunden – Sozioökonomische Überlegungen zum Dilemma der Coopetition. In: Schreyögg, G./Sydow, J. (Hrsg.) (2007): Kooperation und Konkurrenz. Wiesbaden, S. 257–286.

Stansfield, C. (1978): Atlantic City and the Resort Cycle – Background to the Legalization of Gambling. In: Annals of Tourism Research, 5, 2, pp 238–251.

Statistisches Bundesamt (Hrsg.) (2003): Tourismus – Ergebnisse der monatlichen Beherbergungsstatistik – Dezember und Jahr 2002. Wiesbaden.

Statistisches Bundesamt (Hrsg.) (2007): Tourismus in Zahlen 2006. Wiesbaden.

Statistisches Bundesamt (Hrsg.) (2009): Qualitätsbericht Monatserhebung im Tourismus. Wiesbaden.

Statistisches Bundesamt (Hrsg.) (2011): Daten aus dem Gemeindeverzeichnis - Bundesländer mit Hauptstädten nach Fläche und Bevölkerung – Gebietsstand: 31.12.2010: https://www.destatis.de/DE/ZahlenFakten/LaenderRegionen/ Regionales/Gemeindeverzeichnis/Administrativ/Aktuell/02Bundeslaender.html vom 11.04.2013.

Statistisches Bundesamt (Hrsg.) (2012a): Binnenhandel, Gastgewerbe, Tourismus – Ergebnisse der Monatserhebung im Tourismus – Juli 2012. Wiesbaden.

Statistisches Bundesamt (Hrsg.) (2012b): Tourismus in Zahlen 2011. Wiesbaden.

Statistisches Bundesamt (Hrsg.) (2013a): Binnenhandel, Gastgewerbe, Tourismus – Ergebnisse der Monatserhebung im Tourismus – Dezember und Jahr 2012. Wiesbaden.

Statistisches Bundesamt (Hrsg.) (2013b): Qualitätsbericht –Monatserhebung im Tourismus. Wiesbaden.

Steingrube, W. (2004a): Freizeit- und Tourismusdestinationen – Management, Struktur, Politik, Planung. In: Becker, C./Hopfinger, H./Steinecke, A. (Hrsg.) (2004): Geographie der Freizeit und des Tourismus – Bilanz und Ausblick. 2. Auflage, München, S. 441–453.

Steingrube, W. (2004b): Erhebungsmethoden der Geographie der Freizeit und des Tourismus. In: Becker, C./Hopfinger, H./Steinecke, A. (Hrsg.) (2004): Geographie der Freizeit und des Tourismus – Bilanz und Ausblick. 2. Auflage, München, S. 138–148.

Steinecke, A. (1997): Inszenierung im Tourismus – Motor der zukünftigen touristischen Entwicklung. In: Steinecke, A./Treinen, M. (Hrsg.) (1997): Inszenierung im Tourismus. Trier, S. 7–17.

Steinecke, A. (2009): Themenwelten im Tourismus – Marktstrukturen, Marketing-Management, Trends. München.

Steinmann, H./Schreyögg G. (1990): Management – Grundlagen der Unternehmensführung. Wiesbaden.

Stiftung für Zukunftsfragen (2013): http://www.tourismusanalyse.de/fileadmin/user_upload/tourismusanalyse/2013/stiftung-fuer-zukunftsfragen_tourismusanalyse-2013.pdf vom 04.05.2013

Storbeck, D. (1990): Ökonomische und soziale Aspekte der Entstehung und Existenz des Massentourismus. In: Storbeck, D. (Hrsg.) (1990): Moderner Tourismus – Tendenzen und Aussichten. (= Materialien zur Fremdenverkehrsgeographie, 17), 2., unveränderte Auflage, Trier, S. 399–423.

Stradner, J. (1905): Der Fremdenverkehr. Eine volkswirtschaftliche Studie. Graz.

Strasdas, W. (2001): Ökotourismus in der Praxis – Zur Umsetzung der sozioökonomischen und naturschutzpolitischen Ziele eines anspruchsvollen Tourismuskonzeptes in Entwicklungsländern. Ammerland.

Suchanek, N. (2001): Die dunklen Seiten des globalisierten Tourismus – Zu den ökologischen, ökonomischen und sozialen Risiken des internationalen Tourismus. (= Aus Politik und Zeitgeschichte, 47), Bonn (zitiert nach: www1.bpb.de/ publikationen/BDMTG6,4,0,Die_dunklen_Seiten_des_globalisierten_Tourismus.html#art4 vom 13.09.2009).

Swaabrooke, J. (1995): The Development and Management of Visitor Attractions. Oxford.

Tamma, M. (1999): Strategische Aspekte des Destinationsmanagements. In: Pechlaner, H./Weiermair, K. (Hrsg.) (1999): Destinations-Management – Führung und Vermarktung von touristischen Zielgebieten. (= Schriftenreihe Management und Unternehmenskultur, 2), Wien, S. 37–63.

Thiem, M. (1994): Tourismus und kulturelle Identität – Die Bedeutung des Tourismus für die Kultur touristischer Ziel- und Quellgebiete. (= Berner Studien zu Freizeit und Tourismus, 30; zgl. Dissertation Universität Bern), Bern.

Tödter, N. (2000): Nicht jeder Urlaubsort kann ein Markenartikel werden – Warum Marketing von Urlaubsorten und Regionen scheitert! In: Fontanari, M./Scherhag, K. (Hrsg.) (2000): Wettbewerb der Destinationen – Erfahrungen, Konzepte, Visionen. Wiesbaden, S. 175–185.

Tourismusverband Schleswig-Holstein e.V./Ministerium für Wissenschaft, Wirtschaft und Verkehr des Landes Schleswig-Holstein (Hrsg.) (2009): Mehr Erfolg durch Kooperation – Ein Leitfaden zur Optimierung der lokalen Strukturen im Tourismus in Schleswig-Holstein – Teil 1: Bildung und Entwicklung Lokaler Tourismus Organisationen. Neuauflage, Kiel.

Trasser, R. (2006): (Destinations-)Marken als innovatives Verkaufsinstrument im alpinen Tourismus am Beispiel des österreichischen Bundeslandes Tirol. In: Pikkemaat, B./Peters, M./Weiermair, K. (Hrsg.) (2006): Innovationen im Tourismus – Wettbewerbsvorteile durch neue Ideen und Angebote. (= Schriften zu Tourismus und Freizeit, 6), Berlin, S. 223–244.

Tschiderer, F. (1980): Ferienortplanung – Eine Anwendung unternehmungsorientierter Planungsmethodik auf den Ferienort. (= St. Galler Beiträge zum Fremdenverkehr und zur Verkehrswirtschaft, 12), Bern.

Tschurtschenthaler, P. (1993a): Methoden zur Berechnung der Wertschöpfung im Tourismus. In: Haedrich, G. et al. (Hrsg.): Tourismus-Management – Tourismus-Marketing und Fremdenverkehrsplanung. Wiesbaden.

Tschurtschenthaler, P. (1993b): Umwelt und Tourismus – Ein Allokations- und Distributionsproblem bei der Nutzung knapper Ressourcen. In: Langer, G./Weiermair, K. (Hrsg.) (1993): Tourismus und Landschaftsbild – Kosten und Nutzen der Landschaftpflege. Thaur u.a., S. 21–49.

Tschurtschenthaler, P. (1999): Destination Management/Marketing als (vorläufiger) Endpunkt der Diskussion der vergangenen Jahre im alpinen Tourismus. In: Pechlaner, H./Weiermair, K. (Hrsg.) (1999): Destinations-Management – Führung und Vermarktung von touristischen Zielgebieten. (= Schriftenreihe Management und Unternehmenskultur, 2), Wien, S. 7–35.

Tschurtschenthaler, P. (2004): Unternehmerische Aus- und Weiterbildung im Tourismus, In: Weiermair, K./Peters, M./Pechlaner, H./Kaiser, M.-O. (Hrsg. (2004): Unternehmertum im Tourismus: Führen mit Erneuerungen. Berlin, S. 105–122.

United Nations (Ed).(1994): Recommendations on Tourism Statistics. New York.

UNWTO (Ed.) (2008): International Recommendations for Tourism Statistics 2008. http://unstats.un.org/unsd/trade/IRTS/IRTS%202008%20unedited.pdf. Madrid, New York.

UNWTO (Ed.) (2009): World Tourism Barometer (7/1). Madrid.

UNWTO (Ed.) (2012): Yearbook of Tourism Statistics: http://databank.worldbank.org/data/views/reports/tableview.aspx, vom 21.03.2013.

UNWTO (Ed.) (2013): World Tourism Barometer (Volume 11). Madrid.

Ullmann, S. (2000): Strategischer Wandel im Tourismus – Dynamische Netzwerke als Zukunftsperspektive. (= Dissertation Universität Trier), Wiesbaden.

Ulrich H. (1968): Die Unternehmung als produktives soziales System. Bern.

Velissariou, E. (1991): Die wirtschaftlichen Effekte des Tourismus dargestellt am Beispiel Kretas. Eine empirische Untersuchung der unmittelbaren und mittelbaren wirtschaftlichen Wirkungen. (= Europäische Hochschulschriften, Reihe V: Volks- und Betriebswirtschaft, 1227), Frankfurt/Main u.a.

Vellas, F./Bécherel, L. (1995): International Tourism. An Economic Perspective. Basingstoke/London.

Viabono (2009): http://www.viabono.de/PhilosophieService/ViabonoTr%c3%a4. Aspx; Einsehdatum: 12.09.2009.

Vielhaber, C. (1986): Vom Fischerdorf zum Zentrum des Fernreisetourismus. Das Beispiel Pattaya/Thailand. Eine Studie vor dem Hintergrund der gesamtstaatlichen Tourismusentwicklung. In: Geographischer Jahresbericht aus Österreich, 43, S. 31–76.

von Friedrichs Grängsjö, Y. (2003): Destination networking – Coopetition in peripheral surroundings. In: International Journal of Physical Distribution and Logistics Management, 33, 5, S. 129-141.

von Weizsäcker, C.C. (1999): Logik der Globalisierung. 3., unveränderte Auflage, Göttingen.

Vorlaufer K. (1984): Ferntourismus und Dritte Welt. Frankfurt/Main u.a.

Vorlaufer K. (1990): Tourismus und Entwicklung in der Dritten Welt. In: Storbeck, D. (Hrsg.) (1990): Moderner Tourismus – Tendenzen und Aussichten. (= Materialien zur Fremdenverkehrsgeographie, 17), 2., unveränderte Auflage, Trier. S. 603–636.

Vorlaufer, K. (1996): Tourismus in Entwicklungsländern – Möglichkeiten und Grenzen einer nachhaltigen Entwicklung durch Fremdenverkehr. Darmstadt.

Vorlaufer, K. (2000): Auslandsreisen der Deutschen. In: Institut für Länderkunde/Becker, C./Job, H. (Hrsg.) (2000): Bundesrepublik Deutschland Nationalatlas – Freizeit und Tourismus. Leipzig, S. 110–103.

Vorlaufer, K. (2003): Tourismus in Entwicklungsländern – Bedeutung, Auswirkungen, Tendenzen. In: Geographische Rundschau 3/2003, S. 4–13.

Walch, S. (1999): Implementierung von Marketingstrategien in Tourismusregionen. (= Dissertation Freie Universität Berlin; zugleich St. Galler Beiträge zum Tourismus und zur Verkehrswissenschaft; Reihe Tourismus, 34), Bern u.a.

Wall, G./Mathieson, A. (2006): Tourism – Change, Impacts and Opportunities. Harlow.

Watzlawick. P. (1996): Wie wirklich ist die Wirklichkeit. Wahn – Täuschung – Verstehen. München und Zurück.

Weick, T./Germer, S. M. (2002): Raumordnung und Tourismus – Freizeit und Erholung als Aufgabe von Raumordnung und Regionalentwicklung. In: Borghardt, J./Meltzer, L./Roeder, S./Scholz, W./Wüstenberg, A. (Hrsg. (2002): ReiseRäume – Touristische Entwicklung und räumliche Planung. (= Dortmunder Beiträge zur Raumplanung, 109), Dortmund, S. 19–30.

Weiermair, K. (1996): Globalisation in Tourism – Impact and Implications for Tourism Manpower, Employment and Systems of Training/Schooling. In: AIEST (Ed.) (1996): Globalisation and Tourism. St. Gallen, pp 245–259.

Weiermair, K. (1998): Mitarbeiterqualifikation im Spannungsfeld zwischen Tourismusentwicklung, Arbeitsmarkt und touristischem Aus- und Weiterbildungssystem. In: Weiermair, K./Peters, M./Pechlaner, H./Kaiser, M.-O. (1998): Unternehmertum im Tourismus – Führen mit Erneuerungen. Berlin, S. 105–122.

Weiermair, K. (2002): Aufgaben der Tourismuspolitik im Rahmen eines zukunfts-orientierten Destinationsmanagements. In: Pechlaner, H./Weiermair, K./Laesser, C. (Hrsg.) (2002): Tourismuspolitik und Destinationsmanagement – Neue Herausfor-derungen und Konzepte. Bern u.a., S. 53–75.

Weiermair, K. (2004): Design und Qualität im Tourismus. In: Weiermair, K./Pikkemaat, B. (Hrsg.) (2004): Qualitätszeichnen im Tourismus – Vermarktung und Wahrnehmung von Leistungen. Berlin, S. 171–180.

Weiermair, K./Peters, M. /Reiger, E. (Hrsg.) (2001): Vom Alten zum Neuen Touris-mus – Beiträge aus Forschung und Praxis. Innsbruck.

Widmann, T. (2004): Regionalwirtschaftliche Bedeutung des Tourismus – kleine Kreisläufe. In: Becker, C./Hopfinger, H./Steinecke, A. (Hrsg.) (2004): Geographie der Freizeit und des Tourismus – Bilanz und Ausblick. 2. Auflage, München, S. 403–414.

Williams, P.W./Gill, A. (2005): Addressing carrying capacity issues in tourism desti-nations through growth management. In: Theobald, W. F. (Ed.) (2005): Global Tou-rism. 3. Auflage, Amsterdam u.a., S. 194–212.

Wöhler, Kh. (1992): Landschaftserleben – Phänomenologische Grundlagen einer Kulturökologie. In: Freizeitpädagogik, 14, S. 166–171.

Wöhler, Kh. (1993): Umweltbewußtsein und Umweltverhalten von Touristen – „Sanf-tes" Tourismuspotential – Eine empirische Studie. In: Zeitschrift für Umweltpolitik & Umweltrecht, 3, S. 311–341.

Wöhler, Kh. (1997): Marktorientiertes Tourismusmanagement – Tourismusorte: Leit-bild, Nachfrage- und Konkurrenzanalyse. Berlin u.a.

Wöhler, Kh. (2001): Tourismusmarketing. In: Tscheulin, D.K./Helmig, B. (Hrsg.) (2001): Branchenspezifisches Marketing. Wiesbaden, S. 189–202.

Wöhler, Kh. (2005): Der Kunde als Innovationsquelle. In: Pechlaner, H./Tschurtschenthaler, P./Peters, M./Pikkemaat, B./Fuchs, M. (Hrsg.) (2005): Erfolg durch Innovation – Perspektiven für den Tourismus- und Dienstleistungssektor. (= Festschrift für Klaus Weiermair zum 65. Geburtstag), Wiesbaden, S. 243–259.

Wöhler Kh. (2010): Kulturelles Erbe – Ausstieg aus der Moderne?; In: Luger K./Wöhler Kh. (Hrsg.) (2010): Kulturelles Erbe und Tourismus – Rituale, Traditio-nen, Inszenierungen. (= Tourismus: transkulturell & transdisziplinär, 10), Innsbruck u.a., S. 47–67

Wöhler, Kh./Saretzki, A. (1996): Tourismus ohne Raum – Preise und Plätze als Rei-seentscheidungsdeterminanten. In: Steinecke, A. (Hrsg.) (1996): Der Tourismus-markt von morgen – Zwischen Preispolitik und Kultkonsum. Trier, S. 26–38.

Wöhler, Kh./Saretzki, A. (1999): Umweltverträglicher Tourismus – Grundlagen, Konzeption, Marketing. Limburgerhof.

Wollesen, A. (2012): Die Balances Scorecard als Instrument der strategischen Steue-rung und Qualitätsentwicklung von Museen – Ein Methodentest unter besonderer Berücksichtigung der Anforderungen an zeitgemäße Freizeit- und Tourismusein-richtungen. (= Schriftenreihe des Instituts für Management und Tourismus, 7), Frankfurt am Main.

Wollesen, A. (2012): Slow Tourism – eine Chance für den Kulturtourismus? In: Antz, C./Eisenstein, B./Eilzer, C. (Hrsg.) (2012): Slow Tourism – Reisen zwischen Langsamkeit und Sinnlichkeit. (= Schriftenreihe des Instituts für Management und Tourismus, 6), Frankfurt am Main u.a.

Woratschek, H./Roth, S./Pastowski, S. (2003): Kooperation und Konkurrenz in Dienstleistungsnetzwerken – Eine Analyse am Beispiel des Destinationsmanagements. In: Bruhn, M./Stauss, B. (Hrsg.) (2003): Dienstleistungsnetzwerke. Wiesbaden, S. 253–286.

WTO – World Tourism Organziation (seit 2005 offiziell UNWTO) (Ed.) (1993): Empfehlungen zur Tourismusstatistik. Madrid.

WTO – World Tourism Organization (seit 2005 offiziell UNWTO) (Ed.) (2003): NTO Marketing Activities – Guidelindes for Evaluation. Luton

WTO – World Tourism Organization (seit 2005 offiziell UNWTO) (Ed.) (2005): Compendium of Tourism Statistics 1999–2003. Madrid.

WTTC (World Travel & Tourism Council) (Ed.) (1995): Travel and Tourism's Economic Perspective – A Special Report from the Travel & Tourism Council. Brüssel.

Zeiner, M./Harrer, B. (2012): Wirtschaftliche Bedeutung des Tourismus im ländlichen Raum. In: Rein, H./Schuler, A. (Hrsg.) (2012): Tourismus im ländlichen Raum. Wiesbaden, S. 11–26.

Stichwortverzeichnis

www.ingramcontent.com/pod-product-compliance
Lightning Source LLC
Chambersburg PA
CBHW061817210326
41599CB00034B/7021